Robin Norwood es una reconocida terapeuta estadounidense experta en problemas de pareja, familia y niños, y especialista en adicciones. Es, además, la aclamada autora de *Las mujeres que aman demasiado*, el best seller que, desde hace cuatro décadas, ha ayudado a más de cinco millones de mujeres a salir del dolor causado por las relaciones destructivas. Hoy este gran clásico sigue inspirando a una nueva generación de lectoras. Norwood es también autora de *Cartas de las mujeres que aman demasiado* y *¿Por qué a mí?*

Papel certificado por el Forest Stewardship Council®

MIXTO
Papel | Apoyando la silvicultura responsable
FSC® C117695

Penguin Random House Grupo Editorial

Título original: *Women Who Love Too Much*

Primera edición con esta encuadernación: febrero de 2026


Diseño de la cubierta: Penguin Random House Grupo Editorial / Laura Jubert



*Printed in Spain* – Impreso en España

ISBN: 978-84-1314-288-3
Depósito legal: B-21.444-2025

Impreso en Liberdúplex
Sant Llorenç d'Hortons (Barcelona)

BB 4 2 8 8 3

# Las mujeres que aman demasiado

**ROBIN NORWOOD**

Traducción de Nora Escoms

July 27, 2015

Dear Readers,

This book which you hold in your hands was first published in the U.S. in 1985 and was an immediate best-seller. Nevertheless, I was surprised when publishers all over the world were interested in *Women Who Love Too Much*. I didn't yet understand that loving too much was a universal phenomenon that knew no geographical or cultural boundaries.

Ediciones B and Vergara have been making my books available in Spain and Latin America since 1986 and for this I am very, very grateful — and my deepest gratitude to you, my Spanish language readers, for continuing to find value in this book and for recommending it to others who might benefit from reading it.

Together we are changing the way the world looks at love.

Muchas gracias,

Robin Norwood

*Este libro está dedicado a los programas de Anónimos, con gratitud por el milagro de recuperación que ofrecen.*

# Agradecimientos

Deseo expresar mi más profundo agradecimiento a tres personas, por su alentador compromiso con la creación de este libro. En primer lugar, agradezco a mi esposo, Bob Calvert, quien cocinó la cena todas las noches durante el último año del desarrollo de este libro; él ha leído todo lo que escribí —seis, siete veces, y más aún— y se ha mantenido enérgico, positivo, animándome y proporcionándome con tacto una respuesta valiosísima, sugerencias útiles y suavísimas críticas al trabajo en desarrollo. A pesar de la considerable cantidad de tiempo, esfuerzo y atención que este libro nos ha costado, siempre ha apoyado maravillosamente el proyecto, tanto con palabras como con acciones.

En segundo lugar, agradezco a mi mecanógrafa, Stephanie Stevens, que demostró una capacidad casi psíquica para descifrar resmas enteras de mi material escrito a mano, acompañado por complicadas instrucciones para el formato. De esas pilas de hojas garabateadas, ella produjo hermosas páginas a tiempo para entregar en el momento adecuado, respondiendo siempre con entusiasmo al material que copiaba. Finalmente, debo agradecer a Laura Golden, la editora de Tarcher, que vio por primera vez el manuscrito y creyó en él. La clara comprensión de Laura del concepto de amar demasiado, además de su perspicaz, impetuoso e incansable asesoramiento para una escritora primeriza, incrementaron ampliamente la relevancia, coherencia y calidad general del libro. Trabajar con ella ha sido una gran bendición y una delicia.

Cada una de estas personas creyó en este libro antes de que fuera realidad, y tengo que agradecer por su dedicación, su cariño y su apoyo.

# Prólogo

Cuando estar enamorada significa sufrir, estamos amando demasiado.

Cuando la mayoría de nuestras conversaciones con amigas íntimas son acerca de él, de sus problemas, sus ideas, sus sentimientos, y cuando casi todas nuestras frases comienzan con «él...», estamos amando demasiado.

Cuando disculpamos su mal humor, su mal carácter, su indiferencia o sus desaires como problemas debidos a una niñez infeliz y tratamos de convertirnos en su psicoterapeuta, estamos amando demasiado.

Cuando leemos un libro de autoayuda y subrayamos todos los pasajes que lo ayudarían a él, estamos amando demasiado.

Cuando no nos gustan muchas de sus conductas, valores y características básicas, pero las soportamos con la idea de que, si tan sólo fuéramos lo suficientemente atractivas y cariñosas, él querría cambiar por nosotras, estamos amando demasiado.

Cuando nuestra relación perjudica nuestro bienestar emocional e incluso, quizá, nuestra salud e integridad física, sin duda estamos amando demasiado.

A pesar de todo el dolor y la insatisfacción que acarrea, amar demasiado es una experiencia tan común para muchas mujeres que casi creemos que es así como deben ser las relaciones de pareja. La mayoría de nosotras hemos amado demasiado por lo menos una vez, y para muchas de nosotras ha sido un tema recurrente en nuestra vida. Algunas nos hemos obsesionado tanto con nuestra pareja y nuestra relación que apenas podemos funcionar como personas.

En este libro examinaremos a fondo los motivos por los que tantas mujeres, en busca de alguien que las ame, parecen encontrar inevitablemente parejas nocivas y sin amor. Analizaremos también por qué, una vez que sabemos que una relación no satisface nuestras necesidades, nos cuesta tanto ponerle fin. Veremos que el amor se convierte en amar demasiado cuando nuestro hombre es inadecuado, desamorado o inaccesible y, sin embargo, no podemos dejarlo; de hecho, lo queremos y lo necesitamos más aún. Llegaremos a entender cómo nuestro deseo de amar, nuestra ansia de amor, nuestro amor mismo, se convierte en una adicción.

«Adicción» es una palabra que asusta. Evoca imágenes de consumidores de heroína que se clavan agujas en los brazos y llevan una vida obviamente autodestructiva. No nos agrada la palabra y no deseamos aplicar el concepto a nuestra forma de relacionarnos con los hombres. Pero muchas, muchas de nosotras hemos sido «adictas a los hombres» y, al igual que cualquier otro adicto, necesitamos admitir la seriedad del problema antes de poder empezar a curarnos.

Si usted alguna vez se vio obsesionada por un hombre, quizás haya sospechado que la raíz de esa obsesión no era el amor sino el miedo. Quienes amamos en forma obsesiva estamos llenas de miedo: miedo a estar solas, miedo a no ser dignas o a no inspirar cariño, miedo a ser ignoradas, abandonadas o destruidas. Damos nuestro amor con la desesperada ilusión de que el hombre por quien estamos obsesionadas se ocupe de nuestros miedos. En cambio, los miedos —y nuestra obsesión— se profundizan hasta que el hecho de dar amor para recibirlo se convierte en la fuerza que impulsa nuestra vida. Y como nuestra estrategia no da resultado, tratamos, amamos más aún. Amamos demasiado.

La primera vez que reconocí este fenómeno de «amar demasiado» como un síndrome de ideas, sentimientos y conductas fue después de varios años de asesorar a alcohólicos y drogadictos. Después de llevar a cabo cientos de entrevistas con adictos y sus familias, hice un descubrimiento sorprendente. A veces, los pacientes a quienes entrevistaba se habían criado en familias con problemas, y a veces, no; pero sus parejas casi siempre provenían de familias con problemas severos, en las cuales habían experimentado tensiones y sufrimientos mayores que los comunes. Al luchar por salir adelante con sus compañeros adictos, estas mujeres (que en el área del tratamiento para el alcoholismo se conocen como «coalcohólicas») inconscientemente recreaban y revivían aspectos significativos de su niñez.

Principalmente a través de las esposas y novias de adictos, comencé a entender la naturaleza del hecho de amar demasiado. Sus historias personales revelaban la necesidad de superioridad y sufrimiento que experimentaban en su papel de «salvadoras» y me ayudaron a comprender la profundidad de su adicción a un hombre que, a su vez, era adicto a una sustancia. Era evidente que, en esas parejas, ambos integrantes necesitaban ayuda por igual, y que ambos estaban literalmente muriendo por sus adicciones: él por los efectos del consumo de sustancias químicas; ella, por los efectos de una tensión extrema.

Esas mujeres coalcohólicas me clarificaron el increíble poder y la influencia de sus experiencias infantiles sobre sus patrones adultos para relacionarse con los hombres. Ellas tienen algo que decirnos a todas quienes hemos amado demasiado acerca de la razón por la cual hemos desarrollado nuestra predilección por las relaciones problemáticas, cómo perpetramos nuestros problemas y, lo más importante, cómo podemos cambiar y mejorar.

No pretendo implicar que las mujeres sean las únicas que aman demasiado. Algunos hombres practican esta obsesión con las relaciones con tanto fervor como podría hacerlo una mujer, y sus sentimientos y conductas provienen de la misma dinámica y las mismas experiencias infantiles. Sin embargo, la mayoría de los hombres que han sido dañados en la niñez no desarrollan una adicción a las relaciones. Debido a una interacción de factores biológicos y culturales, por lo general tratan de protegerse y evitar el dolor mediante objetivos más externos que internos, más impersonales que personales. Tienden a obsesionarse por el trabajo, los deportes o los hobbies, mientras que la mujer, debido a las fuerzas biológicas y culturales que la afectan, tiende a obsesionarse con una relación, tal vez con un hombre así dañado y distante.

Es de esperar que este libro sea útil para cualquiera que ame demasiado, pero está escrito en especial para las mujeres porque el hecho de amar demasiado es principalmente un fenómeno femenino. Su propósito es muy específico: ayudar a reconocer ese hecho a las mujeres que tienen patrones destructivos de relacionarse con los hombres, comprender el origen de esos patrones y obtener las herramientas necesarias para cambiar sus vidas.

Pero si usted es una mujer que ama demasiado, me parece justo prevenirle que este no será un libro fácil de leer. Por cierto, si la definición le va bien y aun así usted lee este libro en forma superficial, sin que la afecte o la conmueva, o si se encuentra aburrida o enojada, o no logra concentrarse en el material aquí presentado, o si sólo piensa en lo mucho que esto podría ayudar a otra persona, le sugiero que pruebe volver a leerlo con posterioridad. Todos necesitamos negar lo que nos resulta demasiado doloroso o amenazador para aceptarlo. La negación es un medio natural de autoprotección, que obra en forma automática y espontánea. Tal vez en una lectura posterior usted podrá enfrentar sus propias experiencias y sus sentimientos más profundos.

Lea despacio, permítase reflexionar tanto intelectual como emocionalmente con estas mujeres y sus historias. Las historias presentadas en este libro podrán parecerle extremas. Le aseguro que son todo lo contrario. Las personalidades, las características y las historias que he encontrado entre cientos de mujeres a quienes he conocido personal y profesionalmente y que entran en la categoría de amar demasiado no están en absoluto exageradas aquí. Sus historias reales son mucho más complicadas y llenas de dolor. Si los problemas de ellas le parecen mucho más graves y angustiosos que los suyos, permítame decir que su reacción inicial es típica de la mayoría de mis pacientes. Cada una cree que su problema «no es tan grave», aun cuando se compadece de la situación de otras mujeres que, en su opinión, tienen «verdaderos» problemas.

Una de las ironías de la vida es que las mujeres podamos responder con tanta compasión y comprensión a la vida de otros y permanecer tan ciegas a (y por) el dolor en nuestra propia vida. Conozco eso muy bien, pues la mayor parte de mi vida fui una mujer que amó demasiado hasta que el efecto nocivo sobre mi salud física y emocional fue tan severo que me vi forzada a examinar a fondo mi forma de relacionarme con los hombres. He pasado los últimos años trabajando mucho para cambiar ese patrón. Han sido los años más gratificantes de mi vida.

Espero que, a todas ustedes que aman demasiado, este libro las ayude a cobrar mayor conciencia de la realidad de su situación, pero que también las aliente a empezar a cambiarla, reencauzando su afecto, no hacia su obsesión por un hombre, sino hacia su propia recuperación y su propia vida.

Aquí cabe una segunda advertencia. En este libro, al igual que en tantos libros de «autoayuda», hay una lista de pasos a seguir a fin de cambiar. Si usted decide que realmente desea seguir esos pasos, necesitará —como en todo cambio terapéutico— años de trabajo y nada menos que su dedicación total. No hay atajos para salir del patrón de amar demasiado en el que usted está atrapada. Es un patrón aprendido a temprana edad y muy bien practicado, y el hecho de abandonarlo será temible, amenazador y un constante desafío. Con esta advertencia no pretendo desalentarla. Después de todo, si usted no cambia su patrón de relaciones, sin duda se enfrentará a una lucha en los años venideros. Pero en ese caso, su lucha no será por crecer sino simplemente por sobrevivir. Si elige iniciar el proceso de recuperación, dejará de ser una mujer que ama a alguien —con tal intensidad que resulta doloroso— para pasar a ser una mujer que se ama a sí misma lo suficiente para detener el dolor.

# Prólogo a la nueva edición

¿Qué puedo deciros a vosotras, mujeres de mi generación que aún no habéis leído este libro, y necesitáis hacerlo? ¿Y cómo puedo, a la vez, llegar hasta aquellas de nosotras que entrabais en la adolescencia cuando se publicó la primera edición de *Las mujeres que aman demasiado*, que habéis crecido en una sociedad ya versada en el concepto del amor adictivo, y que a pesar de todo lo que ya sabéis al respecto, os descubrís amando demasiado?

En 1985, cuando fue publicado este libro, el concepto de que una mujer *podía* amar demasiado era una idea revolucionaria que aparecía en el momento preciso. Yo pensaba que, con la escritura del libro podría modificar la manera en que la cultura piensa sobre el amor, y esperaba también que, en lugar de rodear de un halo de romanticismo toda la desdicha engendrada por vivir obsesionada por un hombre, pudiéramos ser capaces de decir: «¡Eso es amar demasiado!», aprendiendo así una manera mejor y más sana de establecer relaciones afectivas.

El libro ha sido leído por millones de mujeres de todo el mundo, a quienes brindó ayuda para cambiar sus pautas de relación con los hombres. En estos tiempos, el concepto de amar demasiado es tan difundido que títulos y frases similares proliferan por doquier. Abundan las bromas acerca de amar demasiado, o sus numerosos derivados.

Pero a pesar del reconocimiento prácticamente global del problema, muchas, muchas mujeres de todas las edades siguen siendo, no obstante, tan dependientes, tan sometidas, incluso tan desesperadas en sus relaciones con los hombres, como lo eran antes de que la condición de amar demasiado fuera siquiera definida. Esta situación se mantiene, aunque actualmente la mujer disfruta de una libertad mayor que en ningún otro momento de la historia: las restricciones sociales se han distendido en lo referente a las elecciones personales y la expresión; existen más oportunidades igualitarias en educación y en ocupaciones, lo mismo que en las áreas de la concepción y el embarazo. Ya no necesitamos la fuerza física ni el apoyo económico de un hombre para nuestra supervivencia. Pero persiste el problema de amar demasiado. ¿Por qué no está más extendido el reconocimiento de los efectos dañinos de amar demasiado, acoplado a nuestra mayor libertad y nuestras mayores oportunidades de elección, suficientes para terminar con esta conducta?

En primer lugar, parte de la respuesta radica en el hecho de que las mujeres estamos programadas, tanto cultural como biológicamente, para amar, sostener, ayudar y consolar a los demás. Cuando lo que hacemos naturalmente no funciona, casi inevitablemente tendemos a hacerlo con más ahínco. Sólo podemos intentarlo con más fuerzas. Terminamos cautivas de un ciclo adictivo.

En segundo lugar, identificar o comprender un problema no lo elimina automáticamente. No se lo puede detener ni evitar sólo porque por fin haya sido reconocido como conflicto. Aunque ese reconocimiento sea lo que hace posible su tratamiento, la cantidad de personas que siguen desarrollando adicciones de todo tipo va en aumento. Se calcula que cerca del noventa por ciento de los problemas presentados por los pacientes que requieren psicoterapia tiene sus raíces en alguna clase de adicción. Pero, al mismo tiempo, cada vez son más personas que, conscientes de padecer un problema de adicción, solicitan atención psicoterapéutica para solucionarlo. Quienes nos hemos desempeñado en ese campo durante mucho tiempo, sabemos bien que la psicoterapia tradicional no es efectiva en el tratamiento de las adicciones. Una indagación en la historia, la personalidad y la conducta del adicto, y los intentos profesionales por modificar esa conducta, no logran, con el tiempo, terminar con la adicción. Pero la práctica cotidiana de pautas espirituales y de principios como los sugeridos por Alcohólicos Anónimos y demás programas de Doce Pasos, *sí* funciona. En vista de que el tratamiento de las adicciones requiere una base espiritual para tener éxito, ¿es posible que cada caso de adicción sea, en un nivel metafísico, simplemente la puerta de entrada a través de la cual el que la padece puede acceder a una forma de vida más espiritual?

«Espiritualidad» parece ser una palabra que muy raramente se interpreta en su totalidad, pero que, no obstante, actualmente se utiliza con tanta prodigalidad, que corre el riesgo de convertirse en un lugar común, en un *cliché* que no es cabalmente comprendido. A cualquiera que en los últimos tiempos haya tenido oportunidad de viajar por el mundo, le habrá resultado más que evidente la creciente avidez de espiritualidad que se advierte por doquier. Para mucha gente, esta avidez ya no puede ser mitigada dentro del contexto de la práctica de las religiones tradicionales. Nuestra transición, no sólo del siglo veinte al veintiuno, sino de la doblemente milenaria Era de Piscis a la naciente Era de Acuario, probablemente no sea pura casualidad. Estamos viviendo el final de un milenio, y acercándonos al comienzo del siguiente. Esta transición consiste más en un misterioso movimiento energético que en uno lineal y temporal, y nos está afectando a todos de maneras a veces difíciles de explicar. El tiempo parece fluir con mayor rapidez, las presiones se incrementan, los conflictos globales y personales se intensifican. Las antiguas soluciones a las que estamos acostumbrados ya no parecen efectivas, ni siquiera adecuadas.

No hay espacio donde se hagan tan evidentes estas presiones como en el de las relaciones personales. Dentro de él todos, sin excepción, nos sentimos por lo menos un tanto confundidos, si no totalmente perdidos. A lo largo de nuestra vida, muchos de nosotros hemos podido ver cómo las pautas establecidas para las relaciones afectivas, el amor y el matrimonio, se han modificado, han desaparecido o se han opacado hasta volverse invisibles. Todas las reglas han sido tergiversadas, si no quebradas, y lo que alguna vez fue obligatorio ahora es optativo, o incluso obsoleto. Las relaciones sexuales prematrimoniales son el ejemplo más obvio: hasta no hace mucho tiempo consideradas una grave violación de los usos y costumbres de la cultura, en la actualidad son universalmente aceptadas. Más aún, la convivencia anterior al matrimonio, que alguna vez resultó impensable para la sociedad, hoy se considera una investigación de compatibilidad muy práctica, e incluso necesaria. Las consecuencias de este simple cambio están tambaleando, e infinidad de cambios semejantes van a seguir sucediéndose.

Por muy bienvenida que sea, esta nueva era de libertad tiene su precio, que debe ser pagado con la moneda de la incertidumbre. Incluso aquellas personas demasiado jóvenes que no han sido educadas dentro de los rígidos parámetros anteriores, se debaten en la duda tratando de elegir entre las muchas opciones que generaciones anteriores nunca tuvieron que enfrentar. Hoy en día ya no existen mapas de ruta para alcanzar el éxito en la vida, sea cual sea nuestra edad, o estemos o no involucradas en una relación afectiva. Queremos y necesitamos conocer una gran cantidad de respuestas que nadie puede darnos: quiénes somos en realidad; por qué nuestra vida es lo que es; cómo resolver nuestros problemas, especialmente los que tenemos con los seres queridos; cómo arreglarnos con el trabajo, el cuidado de los niños, las tareas de la casa y el manejo del dinero, sin apoyarnos en las viejas funciones o reglas; qué nos están enseñando esas relaciones afectivas sobre nosotras mismas: cómo se relaciona nuestra vida individual con el esquema general, y en qué consiste realmente ese esquema. Aunque la psicología no parece estar preparada para darnos esas respuestas profundas que esperamos porque no reconoce que los seres humanos, con todos nuestros conflictos y limitaciones, poseemos, no obstante, un aspecto divino. Y, de alguna manera, hemos comenzado a sospechar que la mejor guía para orientar nuestra vida está dentro de esa dimensión divina.

De modo que la búsqueda sigue. Estamos buscando algo que no podemos ver, tocar, medir ni probar, algo que no podemos comprar, pero que debemos construir, que no podemos pedirle prestado a nadie, sino que debemos elaborar dentro de nosotras mismas. No sabemos muy bien cómo atravesar un proceso tan misterioso y, por improbable que parezca, nos sentimos afortunadas cuando enfrentamos problemas cuya gravedad nos obliga a aprender. Para muchas de las que lean este libro, ese problema es, justamente, amar demasiado. El dolor que impregna nuestra vida, provocado por nuestras deficientes relaciones afectivas y las ineficaces maneras en que las manejamos, acapara toda nuestra atención. Comienza a crecer una presión que nos obliga a la búsqueda de algo nuevo, a actuar de modo diferente y a aplicar a nuestra vida cotidiana las elevadas verdades que estamos descubriendo. Sin esa presión, nuestros esfuerzos por acceder a una vida espiritual pueden quedar en un plano puramente sentimental, más que práctico, y las lecciones no aprendidas, lo mismo que las costumbres dañinas, permanecerán sin ser abordadas.

Una buena definición de espiritualidad es aquella que la considera «un proceso de constante integración». Esto significa que nuestro concepto de lo sagrado debe estar en permanente expansión, para permitir la inclusión de aspectos previamente excluidos de nosotras mismas, de los demás, y de la vida. De esta manera, la espiritualidad, como la caridad, empieza por casa cuando aceptamos y nos adueñamos de nuestros defectos, nuestras heridas y las lecciones que no aprendimos, aquellos defectos y fallas que nos incapacitan para vivir y amar plenamente, los puntos ciegos y las acciones erradas que nos meten en problemas una y otra vez. La espiritualidad se vuelve práctica cuando nos ponemos en sintonía, a través de la oración, con un Poder Superior a nosotros, al que le pedimos guía y ayuda para enfrentar los problemas de la vida. Someter la personalidad a ese Poder Superior es la base de la verdadera práctica espiritual, pero muy pocos de nosotros estamos dispuestos a renunciar a nuestro albedrío hasta que nos encontramos enfrentados con un problema que no podemos manejar solos. Sin embargo cuando —a pesar de todos nuestros esfuerzos por sentir, pensar y proceder de modo diferente—, los sentimientos, actitudes y conductas anteriores persisten, el único recurso práctico que nos queda es el espiritual. A medida que pedimos sin cesar guía y apoyo, y los aceptamos, nuestra capacidad para vivir sanamente y amar sabiamente se incrementa, porque nuestro yo interior ya está bajo la protección de nuestro Yo Superior. Vivir espiritualmente es así de simple, y exige una entrega de esa naturaleza.

Fundamentalmente, los conceptos aquí vertidos funcionan. Son los mismos que me salvaron la vida cuando inicié mi propia recuperación de un proceso de amar demasiado, allá por 1980. Escribir este libro fue mi manera de ofrecer a otras mujeres lo que me fue ofrecido a mí: un conjunto de pautas y principios espirituales que me sacaron de la desesperación y la depresión en que me hallaba sumida, y me proporcionaron mi primera experiencia de serenidad, a la vez que terminaron respondiendo mis interrogantes más profundos acerca del significado de mi vida y de mis luchas. Cuando las mujeres me dicen: «Su libro me salvó la vida», sé que les enseñó a avanzar más allá de ellas mismas y más allá del libro en sí. Tal vez las haya convencido de que debían pedir ayuda a los profesionales adecuados. Ojalá que también las haya orientado hacia su inclusión en un grupo de pares que estén, a su vez, siguiendo un programa de recuperación. Pero lo más importante es que habrán aprendido a acercarse a ese Poder Superior que puede hacer por nosotros todo aquello que nuestros pequeños egos, nuestras personalidades, no pueden hacer: guiarnos, protegernos, y curarnos. Les habrá otorgado una espiritualidad muy práctica y personal. Que es, precisamente y sobre todo, lo que este libro puede hacer también por ti.

Ojalá que le permitas lograrlo.

# 1

# Amar al hombre que no nos ama

*Víctima del amor,*
*veo un corazón destrozado.*
*Tienes una historia que contar.*

*Víctima del amor;*
*es un papel muy fácil*
*y tú sabes representarlo*
*muy bien.*

*... Creo que sabes*
*a qué me refiero.*
*Caminas por la cuerda floja*
*del dolor y del deseo,*
*buscando el amor.*

Víctima del amor

Era la primera sesión de Jill, y se veía indecisa. Vivaz y menuda, con rizos rubios como los de la huerfanita Annie, estaba sentada, muy tiesa, al borde de la silla, frente a mí. Todo en ella parecía redondo: la forma de su cara, su figura ligeramente rolliza y, en particular, sus ojos azules, que observaban los títulos y certificados colgados en las paredes de mi consultorio.

Hizo algunas preguntas sobre mis estudios universitarios y mi título de consejera y luego mencionó, con visible orgullo, que estudiaba Derecho.

Hubo un breve silencio. Miró sus manos entrelazadas.

—Creo que será mejor que empiece a hablar de por qué estoy aquí —dijo con rapidez, aprovechando el impulso de sus palabras para ganar coraje—. Estoy haciendo esto… me refiero a consultar a una terapeuta, porque soy realmente desdichada. Es por los hombres, claro. Quiero decir, yo y los hombres. Siempre hago algo que los aleja. Todo empieza bien. Realmente me persiguen y todo eso, y después, cuando llegan a conocerme… —se puso visiblemente tensa contra el dolor que se avecinaba—… todo se arruina.

Me miró, con los ojos brillantes por las lágrimas contenidas, y prosiguió más lentamente.

—Quiero saber qué hago mal, qué tengo que cambiar en mí… porque lo haré. Haré todo lo que sea necesario. Realmente soy muy trabajadora. —Comenzaba a acelerarse otra vez—. No es que no esté dispuesta. Es sólo que no sé por qué siempre me pasa esto. Tengo miedo de involucrarme en otra relación. Quiero decir, cada vez que lo hago, no hay más que dolor. Comienzo a tener miedo de los hombres.

Movió la cabeza, sus redondos rizos se balancearon, y explicó con vehemencia:

—No quiero que eso suceda, porque estoy muy sola. En la Escuela de Derecho tengo muchas responsabilidades, y además trabajo para mantenerme. Esas exigencias podrían tenerme ocupada todo el tiempo. De hecho, eso es prácticamente lo único que hice el último año: trabajar, ir a las clases, estudiar y dormir. Pero echaba de menos el hecho de tener un hombre en mi vida.

Prosiguió con rapidez:

—Entonces conocí a Randy, mientras visitaba a unos amigos en San Diego, hace dos meses. Es abogado, y nos conocimos una noche en que mis amigos me llevaron a bailar.

Bueno, hicimos buenas migas de entrada. Había tanto de que hablar... Salvo que creo que fui yo quien más habló. Pero a él parecía gustarle eso. Además, era fantástico estar con un hombre que se interesaba por cosas que para mí también eran importantes.

Jill frunció el entrecejo.

—Parecía realmente atraído hacia mí. Por ejemplo, me preguntó si era casada (soy divorciada, desde hace dos años), si vivía sola. Ese tipo de cosas.

Yo podía imaginar cómo debió notarse el entusiasmo de Jill mientras conversaba alegremente con Randy por sobre la música estrepitosa aquella primera noche. Y el entusiasmo con que lo recibió una semana después, cuando él hizo un viaje por trabajo a Los Ángeles y lo extendió 160 kilómetros más para visitarla.

Durante la cena Jill le ofreció dejarlo dormir en su apartamento para que pudiera postergar el largo viaje de regreso hasta el día siguiente. Randy aceptó la invitación y el romance se inició esa noche.

—Fue fantástico. Me dejó cocinar para él y realmente disfrutaba con que le atendiera. Le planché la camisa antes de que se vistiera, por la mañana. Me encanta atender a los hombres. Nos llevábamos a las mil maravillas.

Jill sonrió con una expresión de añoranza.

Pero al continuar con su historia, resultó evidente que, casi de inmediato, se había obsesionado por completo con Randy.

Cuando él llegó de regreso a su apartamento en San Diego, el teléfono estaba sonando. Jill le informó cálidamente que había estado preocupada por su largo viaje y que le aliviaba saber que había llegado bien.

Cuando tuvo la impresión de que él parecía un poco perplejo por su llamada, se disculpó por haberlo molestado y colgó, pero un intenso malestar comenzó a crecer en ella, atizado por la comprensión de que una vez más sus sentimientos eran mucho más profundos que los del hombre de su vida.

—Una vez Randy me dijo que no lo presionara o simplemente desaparecería. Me asusté mucho. Todo dependía de mí. Se suponía que debía amarlo y al mismo tiempo dejarlo en paz. Yo no podía hacerlo: por eso me asustaba cada vez más. Cuanto más miedo sentía, más perseguía a Randy.

Pronto, Jill comenzó a llamarlo casi todas las noches. Habían acordado turnarse para llamar, pero a menudo, cuando era el turno de Randy, se hacía tarde y Jill se inquietaba demasiado para soportar la espera.

De cualquier manera, no podría dormir, de modo que lo llamaba. Esas conversaciones eran tan vagas como prolongadas.

—Me decía que había olvidado llamarme, y yo le decía: «¿Cómo puedes olvidarlo?». Después de todo, yo nunca lo olvidaba. Entonces empezábamos a hablar de la razón por la que él lo olvidaba, y parecía tener miedo de acercarse a mí y yo quería ayudarlo a superar eso. Siempre decía que no sabía qué quería en la vida, y yo trataba de ayudarlo a aclarar cuáles eran las cosas importantes para él.

Fue así como Jill adoptó el papel de psiquiatra con Randy, tratando de ayudarle a estar emocionalmente más próximo a ella.

El hecho de que Randy no la quisiera era algo que Jill no podía aceptar. Ella ya había decidido que Randy la necesitaba.

En dos oportunidades, Jill voló a San Diego para pasar el fin de semana con él; en la segunda visita, él pasó el domingo ignorándola, mirando televisión y bebiendo cerveza. Fue uno de los peores días que ella podía recordar.

—¿Bebía mucho? —le pregunté. Pareció sorprendida al escucharme.

—Bueno, no, no mucho. En realidad, no lo sé. Nunca lo pensé. Claro que estaba bebiendo la noche en que lo conocí, pero es natural. Después de todo, estábamos en un bar. A veces, cuando hablábamos por teléfono, yo oía el tintineo del hielo en un vaso y bromeaba al respecto... porque bebía solo y esas cosas. En realidad, nunca estuve con él sin que bebiera, pero simplemente supuse que le gustaba beber. Eso es normal, ¿no es cierto?

Hizo una pausa, pensativa:

—¿Sabe? A veces, por teléfono, hablaba de una manera rara, especialmente para un abogado. Parecía vago e impreciso; olvidadizo, poco consistente. Pero nunca pensé que esto sucedía porque estaba bebiendo. Creo que yo misma no me permitía pensar en ello.

Me miró con tristeza.

—Tal vez sí bebía demasiado, pero debía de ser porque yo lo aburría. Creo que simplemente yo no le interesaba lo suficiente y él no deseaba estar conmigo. —Prosiguió con ansiedad—. Mi esposo nunca quería estar conmigo… ¡eso era obvio! —Se le llenaron los ojos de lágrimas al esforzarse por continuar—. Mi padre, tampoco… ¿Qué tengo? ¿Por qué todos sienten lo mismo por mí? ¿Qué es lo que hago mal?

Desde el instante en que Jill tomó conciencia de un problema entre ella y alguien importante para ella, estuvo dispuesta no sólo a tratar de resolverlo sino también a asumir la responsabilidad por haberlo creado. Si Randy, su esposo y su padre no la habían amado, ella sentía que debía ser por algo que ella había hecho o dejado de hacer.

Las actitudes, los sentimientos, la conducta y las experiencias de vida de Jill eran típicas de una mujer para quien estar enamorada significa sufrir. Ella exhibía muchas de las características que tienen en común las mujeres que aman demasiado. A pesar de los detalles específicos de sus historias y luchas, ya sea que hayan soportado una larga y difícil relación con un solo hombre o se hayan visto involucradas en una serie de relaciones infelices con muchos hombres, las mujeres que aman demasiado comparten un perfil común. Amar demasiado no significa amar a demasiados hombres, ni enamorarse con demasiada frecuencia, ni sentir un amor genuino demasiado profundo por otro ser. En verdad, significa obsesionarse por un hombre y llamar a esa obsesión «amor», permitiendo que esta controle nuestras emociones y gran parte de nuestra conducta y, si bien comprendemos que ejerce una influencia negativa sobre nuestra salud y nuestro bienestar, nos sentimos incapaces de librarnos de ella. Significa medir nuestro amor por la profundidad de nuestro tormento.

Al leer este libro, es probable que usted se identifique con Jill, o con otra de las mujeres cuyas historias encontrará aquí, y quizá se pregunte si usted también es una mujer que ama demasiado. Tal vez, aunque sus problemas con los hombres sean similares a los de ellas, le cueste asociarse con los «rótulos» que se aplican a los antecedentes de algunas de estas mujeres. Todos tenemos fuertes reacciones emocionales ante palabras como alcoholismo, incesto, violencia y adicción, y a veces no podemos mirar nuestra vida con realismo porque tememos que nos apliquen esos rótulos a nosotros o a los que amamos. Es triste, pero nuestra incapacidad de usar las palabras cuando sí son aplicables a menudo nos impide conseguir ayuda adecuada. Por otro lado, esos temidos rótulos pueden no ser aplicables en su vida. Es probable que en su niñez haya tenido problemas de naturaleza más sutil. Tal vez su padre, al tiempo que proporcionaba un hogar económicamente seguro, sentía un profundo rechazo y desconfianza hacia las mujeres, y su incapacidad de amarla evitó que usted se amara a sí misma. O quizá la actitud de su madre hacia usted haya sido celosa y competitiva en privado aun cuando en público se enorgulleciera de usted, de modo que usted terminó por necesitar una buena ocasión para ganar su aprobación y, al mismo tiempo, temer la hostilidad que su éxito generaba en ella.

En este libro no podemos cubrir la miríada de formas en que una familia puede ser disfuncional: eso requeriría varios volúmenes de naturaleza bastante diferente. Sin embargo, es importante entender que lo que todas las familias disfuncionales tienen en común es la incapacidad de discutir problemas de raíz. Quizás haya otros problemas que sí se discuten, a menudo hasta el punto de saturación, pero con frecuencia éstos encubren los secretos subyacentes que hacen que la familia sea disfuncional. Es el grado de secreto —la incapacidad de hablar sobre los problemas—, más que la severidad de los mismos, lo que define el grado de disfuncionalidad que adquiere una familia y la gravedad del daño provocado a sus miembros.

Una familia disfuncional es aquella en que los miembros juegan papeles rígidos y en la cual la comunicación está severamente restringida a las declaraciones que se adecuan a esos roles. Los miembros no tienen libertad para expresar todo un espectro de experiencias, deseos, necesidades y sentimientos, sino que deben limitarse a jugar el papel que se adapte al de los demás miembros de la familia. En todas las familias hay papeles, pero a medida que cambian las circunstancias, los miembros también deben cambiar y adaptarse para que la familia siga siendo saludable. De esa manera, la clase de atención materna que necesita una criatura de un año será sumamente inadecuada para un adolescente de trece años, y el papel materno debe alterarse para acomodarse a la realidad. En las familias disfuncionales, los aspectos principales de la realidad se niegan, y los papeles permanecen rígidos.

Cuando nadie puede hablar sobre lo que afecta a cada miembro de la familia individualmente y a la familia como grupo —es más, cuando tales temas son prohibidos en forma implícita (se cambia el tema) o explícita («¡Aquí no se habla de esas cosas!»)— aprendemos a no creer en nuestras propias percepciones o sentimientos. Como nuestra familia niega la realidad, nosotros también comenzamos a negarla. Y eso deteriora severamente el desarrollo de nuestras herramientas básicas para vivir la vida y para relacionarnos con la gente y las situaciones. Es ese deterioro básico lo que opera en las mujeres que aman demasiado. Nos volvemos incapaces de discernir cuándo alguien o algo no es bueno para nosotros. Las situaciones y la gente que otros evitarían naturalmente por peligrosas, incómodas o perjudiciales no nos repelen, porque no tenemos manera de evaluarlas en forma realista o autoprotectora. No confiamos en nuestros sentimientos, ni los usamos para guiarnos. En cambio, nos vemos arrastradas hacia los mismos peligros, intrigas, dramas y desafíos que otras personas con antecedentes más sanos y equilibrados naturalmente evitarían. Y por medio de esa atracción nos dañamos más, porque gran parte de aquello hacia lo cual nos vemos atraídas es una réplica de lo que vivimos mientras crecíamos. Volvemos a lastimarnos una y otra vez.

Nadie se convierte en una mujer así, una mujer que ama demasiado, por casualidad. Crecer como miembro femenino de esta sociedad y en una familia así puede generar algunos patrones previsibles. Las siguientes características son típicas de las mujeres que aman demasiado, mujeres como Jill y, tal vez, como usted.

1. Típicamente, usted proviene de un hogar disfuncional que no satisfizo sus necesidades emocionales.
2. Habiendo recibido poco afecto, usted trata de compensar indirectamente esa necesidad insatisfecha proporcionando afecto, en especial a hombres que parecen, de alguna manera, necesitados.
3. Debido a que usted nunca pudo convertir a su(s) progenitor(es) en los seres atentos y cariñosos que usted ansiaba, reacciona profundamente ante la clase de hombres emocionalmente inaccesibles a quienes puede volver a intentar cambiar, por medio de su amor.
4. Como le aterra que la abandonen, hace cualquier cosa para evitar que una relación se disuelva.
5. Casi ninguna cosa es demasiado problemática, tarda demasiado tiempo o es demasiado costosa si «ayuda» al hombre con quien usted está involucrada.
6. Acostumbrada a la falta de amor en las relaciones personales, usted está dispuesta a esperar, conservar esperanzas y esforzarse más para complacer.
7. Está dispuesta a aceptar mucho más del cincuenta por ciento de la responsabilidad, la culpa y los reproches en cualquier relación.
8. Su amor propio es críticamente bajo, y en el fondo usted no cree merecer la felicidad. En cambio, cree que debe ganarse el derecho de disfrutar la vida.

9. Necesita con desesperación controlar a sus hombres y sus relaciones, debido a la poca seguridad que experimentó en la niñez. Disimula sus esfuerzos por controlar a la gente y las situaciones bajo la apariencia de «ser útil».
10. En una relación, está mucho más en contacto con su sueño de cómo podría ser que con la realidad de su situación.
11. Es adicta a los hombres y al dolor emocional.
12. Es probable que usted esté predispuesta emocionalmente y, a menudo, bioquímicamente, para volverse adicta a las drogas, al alcohol y/o a ciertas comidas, en particular los dulces.
13. Al verse atraída hacia personas que tienen problemas por resolver, o involucrada en situaciones que son caóticas, inciertas y emocionalmente dolorosas, usted evita concentrarse en su responsabilidad para consigo misma.
14. Es probable que usted tenga una tendencia a los episodios depresivos, los cuales trata de prevenir por medio de la excitación que proporciona una relación inestable.
15. No la atraen los hombres que son amables, estables, confiables y que se interesan por usted. Esos hombres «agradables» le parecen aburridos.

Jill tenía casi todas esas características, en mayor o menor grado. Fue tanto porque ella encarnaba muchos de los atributos mencionados como por cualquier otra cosa que ella me hubiera dicho y que me hizo sospechar que Randy podía tener un problema de alcoholismo. Las mujeres que tienen esta clase de características emocionales se ven atraídas una y otra vez hacia hombres que son emocionalmente inaccesibles por una razón u otra. La adicción es una forma primaria de ser emocionalmente inaccesible.

Desde el comienzo, Jill estuvo dispuesta a aceptar más responsabilidad que Randy por el inicio de la relación y por mantenerla en marcha. Al igual que tantas otras mujeres que aman demasiado, era obvio que Jill era una persona muy responsable, una gran emprendedora que tenía éxito en muchas áreas de su vida, pero que no obstante tenía muy poco amor propio. La realización de sus objetivos académicos y laborales no bastaba para equilibrar el fracaso personal que soportaba en sus relaciones de pareja. Cada llamada telefónica que Randy olvidaba hacer asestaba un duro golpe a la frágil imagen que Jill tenía de sí misma, la cual ella luego se esforzaba heroicamente por apuntalar tratando de obtener alguna señal de cariño por parte de él. Su voluntad para aceptar toda la culpa por una relación frustrada era típica, al igual que su incapacidad de evaluar la situación con realismo y de cuidarse abandonando la relación al hacerse evidente la falta de reciprocidad.

Las mujeres que aman demasiado tienen poca consideración por su integridad personal en una relación amorosa. Dedican sus energías a cambiar la conducta o los sentimientos de la otra persona hacia ellas, mediante manipulaciones desesperadas, tales como las costosas llamadas de larga distancia y los vuelos a San Diego de Jill. (No olvidemos que su presupuesto era sumamente limitado.) Sus «sesiones terapéuticas» de larga distancia con él, más que un intento de ayudarlo a descubrir quién era, eran un intento de convertirlo en el hombre que ella necesitaba que fuera. En realidad, Randy no quería ayuda para descubrir quién era. Si le hubiera interesado ese viaje de autodescubrimiento, él mismo habría hecho la mayor parte del trabajo en lugar de permanecer pasivamente sentado mientras Jill trataba de obligarlo a analizarse. Ella hacía esos esfuerzos porque su otra única alternativa era reconocerlo y aceptarlo tal como era: un hombre a quien no le importaban sus sentimientos ni la relación.

Volvamos a la sesión de Jill para comprender mejor qué la había llevado aquel día a mi consultorio.

Ahora hablaba de su padre.

—Era un hombre muy obstinado. Juré que algún día ganaría una discusión con él.

Reflexionó un momento.

—Sin embargo, nunca lo logré. Tal vez sea por eso que me dediqué al Derecho. ¡Me encanta la idea de discutir un caso y ganar!

Esbozó una amplia sonrisa al pensarlo y luego volvió a ponerse seria.

—¿Sabe lo que hice una vez? Lo obligué a decirme que me quería, y a darme un abrazo.

Jill trataba de contarlo como una simple anécdota de sus años adolescentes, pero no le salió así. Se percibía la sombra de una niña herida.

—Jamás lo habría hecho si no lo hubiera obligado. Pero me quería. Sólo que no podía demostrármelo. Nunca pudo volver a decirlo. Por eso me alegro de haberlo obligado. Si no, nunca lo habría oído decírmelo. Hacía años y años que esperaba eso. Yo tenía dieciocho años cuando le dije: «Vas a decirme que me quieres», y no me moví hasta que me lo dijo. Después le pedí un abrazo y, en realidad, tuve que abrazarle yo primero. Él apenas me abrazó y me palmeó el hombro un poco, pero bastó. Realmente necesitaba eso de él.

Las lágrimas habían vuelto, y esta vez rodaron por sus redondas mejillas.

—¿Por qué le costaba tanto hacerlo? Parece *una cosa* tan básica poder decir a una hija que uno la quiere.

Volvió a contemplar sus manos entrelazadas.

—Lo intenté tanto... Tal vez por eso discutía y peleaba tanto con él. Yo pensaba que si alguna vez ganaba, él tendría que enorgullecerse de mí. Tendría que admitir que lo hacía bien. Yo quería su aprobación, que supongo que significa su amor, más que nada en el mundo...

Al hablar más con Jill, se volvió evidente que su familia adjudicaba el rechazo por parte de su padre al hecho de que él había querido un hijo varón y en cambio había tenido una hija mujer. Esa explicación fácil de la frialdad de su padre hacia ella era mucho más sencilla para todos, inclusive para Jill que aceptar la verdad sobre él. Pero después de un tiempo considerable en terapia, Jill reconoció que su padre no tenía lazos emocionales cercanos con nadie, que había sido virtualmente incapaz de expresar amor, calidez o aprobación a nadie en su esfera personal. Siempre había habido «razones» para su contención emocional, tales como discusiones y diferencias de opinión o hechos irreversibles, como el que Jill fuera mujer. Cada miembro de la familia prefería aceptar esas razones como válidas en lugar de examinar la calidad siempre distante de sus relaciones con él.

En realidad, a Jill le costaba más aceptar la incapacidad básica de amar de su padre que continuar culpándose a sí misma. Mientras la culpa fuera suya, también habría esperanzas… de que algún día ella pudiera cambiar lo suficiente para provocar un cambio en él.

Es verdad en todos nosotros que, cuando sucede algo emocionalmente doloroso y nos decimos que la culpa es nuestra, en realidad estamos diciendo que tenemos control sobre ello: si nosotros cambiamos, el dolor desaparecerá.

Esta dinámica subyace a gran parte de la culpabilidad que se adjudican las mujeres que aman demasiado. Al culparnos, nos aferramos a la esperanza de que podremos descubrir lo que estamos haciendo mal y corregirlo, controlando así la situación y deteniendo el dolor.

Este patrón en Jill quedó bien en claro durante una sesión, poco después, en la cual describía su matrimonio. Inexorablemente atraída hacia alguien con quien pudiera recrear el clima emocionalmente carente de su niñez con su padre, su matrimonio fue una oportunidad de que volviera a intentar ganar un amor reprimido.

Mientras Jill relataba cómo conoció a su esposo, recordé una máxima que había oído de labios de un colega: La gente hambrienta hace malas compras. Desesperadamente hambrienta de amor y aprobación, y familiarizada con el rechazo aunque nunca lo identificara como tal, Jill estaba destinada a encontrar a Paul.

Me dijo:

—Nos conocimos en un bar. Yo había estado lavando mi ropa en un lavadero público y salí unos minutos para ir al bar de al lado, un lugar pequeño y barato. Paul estaba jugando al pool y me preguntó si quería jugar. Le dije que sí y así empezó todo. Me invitó a salir. Le dije que no, que yo no salía con hombres que conocía en los bares. Bien, me siguió hasta el lavadero y siguió hablándome. Finalmente le di mi número telefónico y salimos la noche siguiente.

»Usted no va a creer esto, pero terminamos viviendo juntos dos semanas después. Él no tenía dónde vivir y yo tenía que dejar mi apartamento, de modo que conseguimos uno para los dos. Nada en la relación era tan estupendo, ni el sexo, ni el compañerismo, ni nada. Pero pasó un año y mi madre empezó a ponerse nerviosa por lo que yo estaba haciendo, entonces nos casamos.

Otra vez Jill sacudía sus rizos.

A pesar de ese comienzo casual, pronto se obsesionó. Debido a que Jill había crecido tratando de enmendar todo lo que estuviera mal, naturalmente trasladó ese patrón de pensamientos y conducta a su matrimonio.

—Me esforzaba mucho. Quiero decir, realmente lo amaba y estaba decidida a lograr que él también me amara. Yo sería la esposa perfecta. Cocinaba y limpiaba como loca, y al mismo tiempo trataba de ir a las clases. Gran parte del tiempo él no trabajaba. Estaba por ahí o desaparecía varios días. Era un infierno, la espera y el hecho de no saber nada de él. Pero aprendí a no preguntar dónde había estado porque... —Vaciló y cambió su posición en la silla—. Me cuesta admitir esto. Yo estaba tan segura de que podía hacer que todo funcionara bien si tan sólo me esforzaba lo suficiente, pero a veces me enojaba después de que él desaparecía y entonces él me pegaba.

»Nunca había dicho esto a nadie. Siempre me sentí tan avergonzada... Yo misma nunca me vi de esa manera, ¿sabe? Como alguien que se dejaría pegar.

El matrimonio de Jill terminó cuando su esposo encontró otra mujer en una de sus prolongadas ausencias del hogar. A pesar de la angustia en que se había convertido su matrimonio, Jill quedó desolada cuando Paul se marchó.

—Yo sabía que, fuera quien fuese esa mujer, era todo lo que yo no era. En realidad podía ver por qué me había abandonado Paul. Yo sentía que ya no tenía nada para ofrecerle, ni a él ni a nadie. No lo culpaba por haberme dejado. Me refiero a que, después de todo yo tampoco podía soportarme.

Gran parte de mi trabajo con Jill consistió en ayudarla a comprender el proceso de enfermedad en que había estado inmersa durante tanto tiempo: su adicción a las relaciones condenadas al fracaso con hombres emocionalmente inaccesibles. El aspecto adictivo de la conducta de Jill en sus relaciones puede compararse con el uso adictivo de una droga. Al comienzo de sus relaciones había un período «alto» inicial, una sensación de euforia y entusiasmo mientras ella creía que al fin podrían satisfacerse sus más profundas necesidades de amor, atención y seguridad emocional. Al creer eso, Jill se volvía cada vez más dependiente del hombre y de la relación para sentirse bien. Luego, al igual que un adicto que debe consumir más droga cuando esta produce menos efecto, comenzaba a dedicarse a la relación con mayor intensidad ya que esta le proporcionaba menos satisfacción. En un intento de conservar lo que una vez había parecido tan maravilloso, tan prometedor, Jill acosaba servilmente a su hombre, pues necesitaba más contacto, más consuelo, más amor, al tiempo que recibía cada vez menos. Cuanto peor se volvía la situación, más le costaba desembarazarse de ella debido a la profundidad de su necesidad. No podía renunciar.

Jill tenía veintinueve años la primera vez que vino a verme. Hacia siete años que su padre había muerto, pero seguía siendo el hombre más importante de su vida. En cierto modo, era el único hombre de su vida, porque en cada relación con otro hombre por quien se sentía atraída, en realidad se relacionaba con su padre, esforzándose aún por ganar el amor de aquel hombre que no podía darlo debido a sus propios problemas.

Cuando las experiencias de nuestra niñez son particularmente dolorosas, a menudo nos vemos obligados inconscientemente a recrear situaciones similares durante toda la vida, en un impulso de obtener el control sobre ellas.

Por ejemplo, si nosotros, al igual que Jill, hemos amado y necesitado a un progenitor que no nos correspondía, a menudo nos comprometemos con una persona similar, o con una serie de ellas, en la edad adulta, en un intento de «ganar» la vieja lucha por ser amados. Jill personificaba esta dinámica al sentirse atraída por un hombre inadecuado tras otro.

Hay un viejo chiste acerca de un miope que ha perdido sus llaves a altas horas de la noche y las está buscando a la luz de un farol callejero. Otra persona llega y se ofrece a ayudarlo a buscarlas, pero le pregunta: «¿Está seguro de que las perdió aquí?». El hombre responde: «No, pero aquí hay luz».

Jill, al igual que el hombre del chiste, buscaba lo que faltaba en su vida, no donde tenía esperanzas de encontrarlo, sino donde le resultaba más fácil buscarlo, ya que era una mujer que amaba demasiado.

En este libro analizaremos qué es amar demasiado, por qué lo hacemos y cómo podemos transformar nuestra forma de amar en una forma más sana de relacionarnos. Volvamos a examinar las características de las mujeres que aman demasiado, esta vez una por una.

### 1. Típicamente, usted proviene de un hogar disfuncional que no satisfizo sus necesidades emocionales.

Tal vez la mejor manera de enfocar la comprensión de esta característica sea comenzar por la segunda mitad: «... que no satisfizo sus necesidades emocionales». Por necesidades emocionales no entendemos solamente las necesidades de amor y atención. Si bien ese aspecto es importante, más crítico aún es el hecho de que sus percepciones y sentimientos hayan sido, en su mayor parte, ignorados o negados en lugar de ser aceptados y valorados. Un ejemplo: Los padres están peleando. La hija tiene miedo. La hija pregunta a la madre: «¿Por qué estás enojada con papá?». La madre responde: «No estoy enojada», pero se ve furiosa y perturbada. Ahora la hija se siente confundida, más temerosa y dice: «Yo te oí gritar». La madre responde, enfadada: «¡Te dije que no estoy enojada, pero lo estaré si insistes con esto!». Ahora la hija siente miedo, confusión, enojo y culpa. Su madre ha implicado que sus percepciones son incorrectas, pero si eso es verdad, ¿de dónde provienen esos sentimientos de miedo? Ahora la niña debe elegir entre saber que tiene razón y que su madre le ha mentido deliberadamente, o pensar que se equivoca en lo que oye, ve y siente. A menudo se conforma con la confusión y deja de expresar sus percepciones para no tener que experimentar la aflicción de que se las invaliden. Eso deteriora la capacidad de una niña de confiar en sí misma y en sus percepciones, tanto en la niñez como en la edad adulta, especialmente en las relaciones cercanas.

La necesidad de afecto también puede ser negada o satisfecha en forma insuficiente. Cuando los padres están peleando o atrapados en otro tipo de luchas, es probable que quede poco tiempo y atención para los hijos. Eso hace que la niña sienta hambre de amor y, al mismo tiempo, no sepa cómo confiarlo o aceptarlo y se sienta inmerecedora de él.

Ahora bien, en cuanto a la primera parte de la característica —provenir de un hogar disfuncional— los hogares disfuncionales son aquellos en que se dan uno o más de los rasgos siguientes:

- abuso de alcohol y/u otras drogas (prescriptas o ilegales).
- conducta compulsiva como, por ejemplo, una forma compulsiva de comer, de trabajar, limpiar, jugar, gastar, hacer dieta, hacer gimnasia, etc.; estas prácticas son con-

ductas adictivas, además de procesos de enfermedad progresivos. Entre muchos de sus efectos, alteran y evitan el contacto sincero y la intimidad en una familia.

- maltrato del cónyuge y/o de los hijos.
- conducta sexual inapropiada por parte de uno de los progenitores para con un hijo o hija, desde seducción hasta incesto.
- discusiones y tensión constantes.
- lapsos prolongados en que los padres se rehúsan a hablarse.
- padres que tienen actitudes o principios opuestos o que exhiben conductas contradictorias que compiten por la lealtad de los hijos.
- padres que compiten entre sí o con sus hijos.
- uno de los progenitores no puede relacionarse con los demás miembros de la familia y por eso les evita activamente, al tiempo que les culpa por esa efusividad.
- rigidez extrema con respecto al dinero, la religión, el trabajo, el uso del tiempo, las demostraciones de afecto, el sexo, la televisión, el trabajo de la casa, los deportes, la política, etc. Una obsesión por alguno de esos temas puede impedir el contacto y la intimidad, porque el énfasis no se coloca en relacionarse sino en acatar las reglas.

Si uno de los progenitores exhibe alguno de estos tipos de conducta u obsesiones, resulta perjudicial para el hijo. Si ambos padres están atrapados en alguna de esas prácticas nocivas, los resultados pueden ser más perjudiciales aún. A menudo los padres practican tipos de patología complementarios. Por ejemplo, una persona alcohólica a menudo se casa con otra que come compulsivamente, y entonces cada uno lucha por controlar la adicción del otro. Con frecuencia, los padres también se equilibran mutuamente en formas dañinas, cuando una madre abrumadora y sobreprotectora está casada con un padre irascible que tiende al rechazo, en realidad las actitudes y la conducta de cada uno de ellos inducen al otro para continuar relacionándose con los hijos en una forma destructiva.

Las familias disfuncionales presentan muchos estilos y variedades, pero todas comparten un mismo efecto sobre los hijos que crecen en ellas: esos hijos sufren cierto grado de daño en su capacidad de sentir y relacionarse.

**2. Habiendo recibido poco afecto, usted trata de compensar indirectamente esa necesidad insatisfecha proporcionando afecto, especialmente a hombres que parecen, de alguna manera, necesitados.**

Piense en cómo se comportan las criaturas, especialmente las niñas, cuando les falta el amor y la atención que quieren y necesitan. Mientras que un varón puede enfadarse y reaccionar con una conducta destructiva y pelear, en una niña es más frecuente que desvíe su atención hacia una muñeca preferida. La acuna y la mima; al identificarse con ella en algún nivel, esa niñita está haciendo un esfuerzo indirecto para recibir el afecto y la atención que necesita. Al llegar a adultas, las mujeres que aman demasiado hacen algo muy similar, sólo que tal vez en forma ligeramente más sutil. En general, nos convertimos en personas que proporcionamos afecto en la mayoría de las áreas de nuestra vida, si no en todas. Las mujeres que provienen de hogares disfuncionales (y especialmente, según he observado, las que provienen de hogares alcohólicos) se encuentran en enorme cantidad en las profesiones asistenciales, trabajando como enfermeras, consejeras, terapeutas y asistentes sociales. Nos vemos atraídas hacia los necesitados; nos identificamos con compasión con su dolor y tratamos de aliviarlos para poder disminuir el nuestro. El hecho de que los hombres que más nos atraen sean aquellos que parecen necesitados tiene sentido si entendemos que la raíz de esa atracción es nuestro propio deseo de ser amadas.

Un hombre que nos atraiga no necesariamente tiene que estar en bancarrota o tener mala salud. Quizá sea incapaz de relacionarse bien con los demás, o puede ser frío y desenamorado, obstinado o egoísta, malhumorado o melancólico. Tal vez sea un poco rebelde e irresponsable, o incapaz de comprometerse o de ser fiel. O quizá nos diga que nunca ha podido amar a nadie. Según nuestros propios antecedentes, respondemos a distintas variedades de necesidad. Pero sin duda respondemos, con la convicción de que ese hombre necesita nuestra ayuda, nuestra compasión y nuestra sabiduría para mejorar su vida.

**3. Debido a que usted nunca pudo convertir a su(s) progenitor(es) en los seres atentos y cariñosos que usted ansiaba, reacciona profundamente ante la clase de hombres emocionalmente inaccesibles a quienes puede volver a intentar cambiar, por medio de su amor.**

Quizá su lucha haya sido con uno solo de sus padres, quizá con ambos. Pero lo que haya estado mal, lo que haya faltado o haya sido doloroso en el pasado es lo que usted está tratando de corregir en el presente.

Ahora comienza a ser evidente que sucede algo muy nocivo y frustrante. Sería bueno que trasladáramos toda nuestra compasión, nuestro apoyo y comprensión a relaciones con hombres sanos, hombres con quienes hubiera alguna esperanza de satisfacer nuestras propias necesidades. Pero no nos atraen los hombres sanos que podrían darnos lo que necesitamos. Nos parecen aburridos. Nos atraen los hombres que reproducen la lucha que soportamos con nuestros padres, cuando tratábamos de ser lo suficientemente buenas, cariñosas, dignas, útiles e inteligentes para ganar el amor, la atención y la aprobación de aquellos que no podían darnos lo que necesitábamos, debido a sus propios problemas y preocupaciones. Ahora funcionamos como si el amor, la atención y la aprobación no tuvieran importancia a menos que podamos obtenerlos de un hombre que también es incapaz de dárnoslos, debido a sus propios problemas y preocupaciones.

**4. Como la aterra que la abandonen, hace cualquier cosa para evitar que una relación se disuelva.**

«Abandono» es una palabra muy fuerte. Implica ser dejadas, posiblemente para morir, porque quizá no podamos sobrevivir solas. Hay abandono literal y abandono emocional. Todas las mujeres que aman demasiado han experimentado por lo menos un profundo abandono emocional con todo el terror y el vacío que eso implica. Como adultas, el hecho de ser abandonadas por un hombre que representa en tantos aspectos a aquellas personas que nos abandonaron primero, hace aflorar una vez más todo ese terror. Claro que haríamos cualquier cosa por evitar sentir eso otra vez. Esto nos lleva a la siguiente característica.

**5. Casi ninguna cosa es demasiado problemática, tarda demasiado tiempo o es demasiado costosa si «ayuda» al hombre con quien usted está involucrada.**

La teoría que subyace a toda esa ayuda es que, si da resultado, el hombre se convertirá en todo lo que usted necesita que sea, lo cual significa que usted ganará esa lucha para obtener lo que ha deseado durante tanto tiempo.

Por eso, mientras que a menudo somos frugales e incluso austeras para con nosotras mismas, llegaremos a cualquier extremo para ayudarlo a él. Algunos de nuestros esfuerzos por él incluyen lo siguiente:

- comprarle ropa para mejorar la imagen que tiene de sí mismo.
- encontrarle un terapeuta y rogarle que vaya a verlo.
- financiar hobbies costosos para ayudarlo a aprovechar mejor su tiempo.
- soportar perturbadoras reubicaciones geográficas porque «él no es feliz aquí».
- darle la mitad o el total de nuestras propiedades y posesiones para que no se sienta inferior a nosotras.

- proporcionarle un lugar donde vivir para que se sienta seguro.
- permitir que abuse de nosotras emocionalmente porque «antes nunca le dejaron expresar sus sentimientos».
- encontrarle empleo.

Ésta es solamente una lista parcial de las maneras en que tratamos de ayudar. Rara vez cuestionamos lo apropiado de nuestras acciones a favor de él. De hecho, gastamos mucho tiempo y energías tratando de idear nuevos enfoques que podrían funcionar mejor que los que ya hemos probado.

**6. Acostumbrada a la falta de amor en las relaciones personales, usted está dispuesta a esperar, conservar esperanzas y esforzarse más para complacer.**

Si otra persona con antecedentes distintos se encontrara en nuestras circunstancias, sería capaz de decir: «Esto es horrible. No seguiré haciéndolo más». Pero nosotras suponemos que, si no da resultado y no somos felices, hay algo que no hemos hecho bien. Vemos cada matiz de conducta como algo que quizás indique que nuestra pareja finalmente está cambiando. Vivimos con la esperanza de que mañana será diferente. Esperar que él cambie en realidad es más cómodo que cambiar nosotras y nuestra propia vida.

**7. Está dispuesta a aceptar mucho más del cincuenta por ciento de la responsabilidad, la culpa y los reproches en cualquier relación.**

A menudo aquellas que provenimos de hogares disfuncionales tuvimos padres irresponsables, inmaduros y débiles. Crecimos con rapidez y nos convertimos en pseudo-adultas mucho tiempo antes de estar listas para la carga que suponía ese papel. Pero también nos complacía el poder que nos conferían nuestra familia y los demás. Ahora, como adultas, creemos que depende de nosotras hacer que nuestras relaciones funcionen bien, y a menudo formamos equipo con hombres irresponsables que nos culpan y contribuyen a nuestra sensación de que todo realmente depende de nosotras. Somos expertas en llevar esa carga.

**8. Su amor propio es críticamente bajo, y en el fondo usted no cree merecer la felicidad. En cambio, cree que debe ganarse el derecho de disfrutar la vida.**

Si nuestros padres no nos encuentran dignas de su amor y atención, ¿cómo podemos creer que realmente somos buenas personas? Muy pocas mujeres que aman demasiado tienen la convicción, en el centro de su ser, de que merecen amar y ser amadas simplemente porque existen. En cambio, creemos que albergamos terribles defectos o fallas y que debemos hacer buenas obras para compensarlos. Vivimos sintiéndonos culpables por tener esas deficiencias y temerosas de que nos descubran. Nos esforzamos mucho en tratar de parecer buenas, porque no creemos serlo.

**9. Necesita con desesperación controlar a sus hombres y sus relaciones, debido a la poca seguridad que experimentó en la niñez. Disimula sus esfuerzos por controlar a la gente y las situaciones bajo la apariencia de «ser útil».**

Al vivir en cualquiera de los tipos más caóticos de familia disfuncional, como una familia alcohólica, violenta e incestuosa, es inevitable que una niña sienta pánico por la falta de control de la familia. No puede contar con las personas de las que depende porque están demasiado enfermas para protegerla. De hecho, a menudo esa familia constituye una fuente de amenazas y daños más que la fuente de seguridad y protección que ella necesita. Debido a que esa clase de experiencia es tan abrumadora, tan devastadora, aquellas que hemos sufrido en esa forma buscamos cambiar posiciones, por así decirlo. Al ser fuertes y útiles para los demás nos protegemos del pánico que surge al estar a merced de otro. Necesitamos estar con gente a quien podamos ayudar, a fin de sentirnos seguras y bajo control.

### 10. En una relación, está mucho más en contacto con su sueño de cómo podría ser que con la realidad de la situación.

Cuando amamos demasiado vivimos en un mundo de fantasía, donde el hombre con quien somos tan infelices o estamos tan insatisfechas se transforma en lo que estamos seguras de que puede llegar a ser, y en lo que se convertirá con nuestra ayuda. Dado que sabemos tan poco cómo es ser feliz en una relación y tenemos muy poca experiencia en el hecho de que alguien a quien queremos satisfaga nuestras necesidades emocionales, ese mundo de ensueño es lo máximo que nos atrevemos a acercamos para tener lo que queremos.

Si ya tuviéramos a un hombre que fuera todo lo que quisiéramos, ¿para qué nos necesitaría? Y todo ese talento (y compulsión) para ayudar no tendría dónde operar. Una parte importante de nuestra identidad estaría desempleada. Por eso elegimos un hombre que no es lo que queremos… y seguimos soñando.

### 11. Es adicta a los hombres y al dolor emocional.

Según las palabras de Stanton Peele, autor de *Amor y adicción*: «Una experiencia adictiva es aquella que absorbe la conciencia de una persona y, al igual que los analgésicos, alivia su sensación de ansiedad y dolor. Quizá no haya nada tan bueno para absorber nuestra conciencia como una relación amorosa de cierta clase. Una relación adictiva se caracteriza por un deseo de tener la presencia tranquilizadora de otra persona... El segundo criterio es que disminuye la capacidad de una persona para prestar atención a otros aspectos de su vida y para ocuparse de los mismos».

Usamos nuestra obsesión con los hombres a quienes amamos para evitar nuestro dolor, vacío, miedo y furia. Usamos nuestras relaciones como drogas, para evitar experimentar lo que sentiríamos si nos ocupáramos de nosotras mismas. Cuanto más dolorosas son nuestras interacciones con nuestro hombre, mayor es la distracción que nos proporcionan. Una relación verdaderamente horrible cumple para nosotras la misma función que una droga fuerte. No tener un hombre en quien concentrarnos es como suspender el consumo de una droga, a menudo con muchos de los mismos síntomas físicos y emocionales que acompañan la verdadera suspensión de una droga: náuseas, sudor, escalofríos, temblor, ansiedad, una forma obsesiva de pensar, depresión, imposibilidad de dormir, pánico y ataques de angustia. En un esfuerzo por aliviar esos síntomas, volvemos a nuestra última pareja o buscamos una nueva con desesperación.

## 12. Es probable que usted esté predispuesta emocionalmente y, a menudo, bioquímicamente, para volverse adicta a las drogas, al alcohol y/o a ciertas comidas, en particular los dulces.

Esto se aplica especialmente a muchas mujeres que aman demasiado que son hijas de adictos a cierta sustancia. Todas las mujeres que aman demasiado cargan con la acumulación emocional de experiencias que podrían llevarlas a abusar de sustancias que alteran la mente a fin de escapar de sus sentimientos. Pero los hijos de padres adictos tienden a heredar una predisposición genética de desarrollar sus propias adicciones.

Tal vez porque el azúcar refinado es casi idéntico en su estructura molecular al alcohol etílico, muchas hijas de alcohólicos desarrollan una adicción a ella y adquieren una forma compulsiva de comer. El azúcar refinado no es una comida sino una droga. No tiene valor alimenticio; sólo calorías vacías. Puede alterar en forma dramática la química cerebral y es una sustancia altamente adictiva para mucha gente.

**13. Al verse atraída hacia personas que tienen problemas por resolver, o involucrada en situaciones que son caóticas, inciertas y emocionalmente dolorosas, usted evita concentrarse en su responsabilidad para consigo misma.**

Si bien somos muy buenas para intuir lo que otra persona siente o para descubrir lo que otra persona necesita o debería hacer, no estamos en contacto con nuestros propios sentimientos y somos incapaces de tomar decisiones acertadas en aspectos importantes de nuestra vida que son problemáticos para nosotras. A menudo no sabemos en realidad quiénes somos, y el hecho de estar enredadas en problemas dramáticos nos impide tener que detenernos a averiguarlo.

Nada de esto significa que no podamos emocionarnos. Podemos llorar y gritar y aullar. Pero no somos capaces de usar nuestras emociones para guiarnos en la tarea de tomar las decisiones necesarias e importantes en nuestra vida.

**14. Es probable que usted tenga una tendencia a los episodios depresivos, los cuales trata de prevenir por medio de la excitación que le proporciona una relación inestable.**

Un ejemplo: una de mis pacientes, que tenía antecedentes de depresión y estaba casada con un alcohólico, comparaba la vida con él a tener un accidente automovilístico todos los días. Los terribles altibajos, las sorpresas, las maniobras, lo imprevisible y la inestabilidad de la relación presentaba en forma acumulativa una conmoción constante y diaria para su sistema. Si usted alguna vez tuvo un accidente automovilístico en el cual no sufrió heridas graves, quizás haya experimentado una sensación de euforia un día o dos después del accidente. Eso se debe a que su cuerpo sufrió una conmoción extrema y de pronto tuvo cantidades inusualmente altas de adrenalina. Esa adrenalina explica la euforia. Si usted es alguien que lucha con la depresión, inconscientemente buscará situaciones que la mantengan excitada, en forma muy similar al accidente automovilístico (o al matrimonio con un alcohólico), a fin de mantenerse demasiado eufórica para deprimirse.

La depresión, el alcoholismo y los desórdenes en la comida están estrechamente relacionados y parecen tener una conexión genética. Por ejemplo, la mayoría de las anoréxicas con quienes he trabajado y muchas de mis pacientes con problemas de depresión tenían por lo menos un progenitor alcohólico. Si usted proviene de una familia alcohólica, tiene doble probabilidad de tener problemas de depresión, debido a su pasado y a su herencia genética. Es irónico, pero la excitación de una relación con alguien que padezca esa enfermedad puede ejercer una fuerte atracción en usted.

### 15. No la atraen los hombres que son amables, estables, confiables y que se interesan por usted. Esos hombres «agradables» le parecen aburridos.

El hombre inestable nos resulta excitante; el hombre que no es confiable nos parece un desafío; el hombre imprevisible, romántico; el hombre inmaduro, encantador; el hombre malhumorado, misterioso. El hombre furioso necesita nuestra comprensión. El hombre desdichado necesita nuestro consuelo. El hombre inadecuado necesita nuestro aliento, y el hombre frío necesita nuestra calidez. Pero no podemos «arreglar» a un hombre que está bien tal como es, y si es amable y nos quiere tampoco podemos sufrir. Lamentablemente, si no podemos amar demasiado a un hombre, por lo general, no podemos amarlo.

En los capítulos siguientes, cada una de las mujeres que usted conocerá tienen, al igual que Jill, una historia que contar acerca de amar demasiado. Quizá sus historias la ayuden a comprender los patrones de su propia vida con mayor claridad. Entonces también podrá emplear las herramientas dadas hacia el final del libro para cambiar esos patrones y transformarlos en una nueva configuración de autorrealización, amor y alegría. Éste es mi deseo para usted.

# 2

## Buen sexo en malas relaciones

*Oh, mi hombre, lo amo tanto;*
*él nunca sabrá,*
*toda mi vida no es más que*
*desesperación; pero no me importa.*
*Cuando él me toma en sus brazos*
*el mundo se ilumina...*

Mi hombre

La joven sentada frente a mí estaba inmersa en la desesperación. Su rostro bonito exhibía rastros amarillos y verdes de los terribles golpes recibidos un mes antes, cuando deliberadamente se lanzó a un precipicio con su automóvil.

—Salió en el periódico —me dijo lenta y dolorosamente—, todo sobre el accidente, con fotografías del auto colgado allí... pero él nunca se puso en contacto conmigo.

Levantó la voz un poco, y hubo una insinuación apenas perceptible de saludable ira antes de que volviera a caer en su desolación.

Tilly, que había estado a punto de morir por amor, planteó entonces lo que para ella era la pregunta central, la que hacía inexplicable y casi insoportable el hecho de haber sido abandonada por su amante:

—¿Cómo podía ser tan bueno el sexo entre nosotros,

hacernos sentir algo tan maravilloso y acercamos tanto cuando en realidad no había nada más que nos uniera? ¿Por qué eso funcionaba bien cuando ninguna otra cosa lo hacía? —Comenzó a llorar, con todo el aspecto de una niña muy pequeña y muy herida—. Yo creía que estaba logrando que me amara, al entregarme a él. Le di todo, todo lo que podía dar. —Se inclinó hacia adelante con los brazos cruzados sobre el vientre y balanceándose hacia adelante y hacia atrás—. Pero duele saber que hice todo eso para nada.

Tilly permaneció doblada en dos, sollozando durante un largo rato, perdida en el vacío en que había vivido su mito de amor.

Cuando pudo volver a hablar, continuó con el mismo lamento apagado.

—Lo único que me importaba era hacer feliz a Jim y mantenerlo conmigo. No pedía nada salvo que pasara el tiempo conmigo.

Después de que Tilly volvió a llorar un rato, recordé lo que me había dicho sobre su familia y le pregunté suavemente:

—¿No era eso lo mismo que quería tu madre de tu padre? ¿Básicamente que pasara el tiempo con ella?

De pronto, se enderezó en su asiento.

—¡Oh, Dios mío! Tiene razón. Incluso estoy hablando como mi madre. La persona a quien menos quería parecerme, la que intentaba suicidarse para salirse con la suya. ¡Oh, Dios mío! —repitió, y luego me miró, con el rostro bañado en lágrimas, y agregó en voz baja—: Es realmente horrible.

Hizo una pausa y hablé yo.

Muchas veces nos descubrimos haciendo las cosas que hacía nuestro progenitor de nuestro mismo sexo, las mismas acciones que nos prometimos no hacer nunca, jamás. Es porque aprendimos de las acciones de ellos, incluso de sus sentimientos, lo que es ser un hombre o una mujer.

—Pero yo no traté de matarme para vengarme de Jim —protestó Tilly—. Fue sólo que no podía soportar lo horrible que me sentía, inútil e indeseable. —Otra pausa—. Tal vez así era como se sentía también mi madre. Supongo que así termina sintiéndose una cuando trata de conservar a alguien que tiene otras cosas más importantes que hacer.

Tilly lo había intentado, sí, y el aliciente que había utilizado fue el sexo.

En una sesión posterior, cuando el dolor ya no estaba tan fresco, volvió a surgir el tema del sexo.

—Siempre he respondido bien sexualmente —informó con una mezcla de orgullo y culpa—, tanto que en la escuela secundaria tenía miedo de ser ninfómana. Lo único que podía pensar era en la próxima vez que mi novio y yo podríamos estar juntos para hacer el amor. Siempre trataba de disponer todo para que pudiéramos tener un sitio adonde ir y estar solos. Dicen que se supone que son los hombres quienes siempre buscan el sexo. Yo sé que lo deseaba más que él. Al menos, me preocupaba mucho más que él para hacerlo.

Tilly tenía dieciséis años la primera vez que ella y su novio de la escuela secundaria «pasaron a mayores, como dijera ella misma. Él era un jugador de fútbol que se tomaba muy en serio los entrenamientos. Parecía creer que una excesiva actividad sexual con Tilly disminuiría su destreza en el campo de juego. Mientras que él se excusaba por no quedarse hasta tarde antes de un juego, ella se disponía trabajar como niñera por la tarde; de esa manera, podía seducirlo en el sofá de la sala mientras el bebé dormía en su cuarto, cerca de allí. A la larga, sin embargo, los esfuerzos más creativos de Tilly por transformar la pasión de su novio por los deportes en una pasión por ella fracasaron, y el joven, gracias a una beca deportiva, se marchó a una universidad lejana.

Después de un tiempo de llorar todas las noches y de regañarse por no haber sido capaz de persuadirlo de que la prefiriera a ella en lugar de sus ambiciones atléticas, Tilly estuvo lista para volver a intentarlo.

Era el verano en que había terminado la escuela secundaria y estaba por empezar la universidad y aún vivía con sus padres, en un hogar que se estaba desmoronando. Después de varios años de amenazar hacerlo, la madre de Tilly finalmente había iniciado los procedimientos de divorcio y había contratado a un abogado conocido por su disposición a jugar sucio. El matrimonio de sus padres había sido de los más tormentosos, donde la afición compulsiva de su padre por el trabajo se oponía a los esfuerzos fervientes, a veces violentos y ocasionalmente autodestructivos de su madre por forzarlo a pasar más tiempo con ella y sus dos hijas, Tilly y su hermana mayor, Beth. Rara vez estaba él en casa, y cuando se encontraba allí era por períodos tan breves que su esposa comparaba cáusticamente esas estadías con las paradas de reparación que hacen los pilotos durante las carreras automovilísticas.

—Eran como esas paradas, sí —recordaba Tilly—. Sus visitas siempre degeneraban en peleas horribles y largas; mamá gritaba y lo acusaba de que no quería a ninguna de nosotras, y papá insistía en que trabajaba tanto por nuestro bien. El tiempo que pasaba en casa siempre parecía terminar con los dos gritándose. Por lo general papá se marchaba, dando un portazo y gritando: «¡No es de extrañar que nunca quiera venir a casa!», pero a veces, si mamá había llorado lo suficiente o si había vuelto a amenazarlo con el divorcio, o quizá si había tomado muchas píldoras y estaba en el hospital, él cambiaba durante un tiempo, venía a casa temprano y pasaba un cierto período con nosotras. Mamá empezaba a cocinar esas comidas estupendas, para recompensarlo, supongo, por haber venido a casa con su familia. —Frunció el entrecejo—. Después de dos o tres noches, volvía a demorarse y llamaba por teléfono. «Ah, ¿sí? ¡No me digas!», decía mi madre, muy fríamente. Enseguida empezaba a gritarle obscenidades y después colgaba el teléfono de un golpe. Y allí estábamos Beth y yo, bien arregladas porque papá vendría a cenar a casa. Tal vez habíamos puesto la mesa de una manera especial, como nos decía siempre mamá que la pusiéramos cuando papá debía venir, con velas y flores. Y allí estaba mamá, descargando su furia en la cocina, gritando y entrechocando cacerolas e insultando horriblemente a papá. Después se calmaba, volvía a ponerse fría y salía a decirnos que comeríamos solas, sin él. Eso era aún peor que los gritos. Nos servía y se sentaba, sin mirarnos. Nosotras nos poníamos muy nerviosas, Beth y yo, con tanto silencio. No nos atrevíamos a hablar, y no nos atrevíamos a dejar de comer. Nos quedábamos en la mesa, tratando de hacer las cosas mejores para mamá, pero en realidad no había nada que pudiéramos hacer por ella. Después de esas comidas, por lo general yo me descomponía en mitad de la noche, con terribles náuseas y vómitos. —Tilly meneó la cabeza con estoicismo—. Sin duda, no era bueno para la digestión.

—Ni para aprender patrones sanos de relación —agregué, pues en ese clima había aprendido Tilly lo poco que sabía sobre la forma de tratar a alguien a quien quería—. ¿Qué sentías mientras pasaba todo esto? —le pregunté.

Tilly pensó un momento y luego asintió al responder, enfatizando lo correcto de su respuesta.

—Mientras estaba pasando tenía miedo, pero en general me sentía sola. Nadie me miraba ni se preguntaba qué sentía o qué hacía yo. Mi hermana era tan tímida que nunca hablábamos mucho. Ella se escondía en su habitación, cuando no tomaba clases de música. La mayor parte del tiempo tocaba la flauta, creo, para no oír las discusiones y para darse una excusa para estar fuera del camino de los demás; yo también aprendí a no causar problemas. Permanecía callada, fingía no advertir lo que se estaban haciendo mis padres y, de hecho, no decía lo que pensaba. Trataba de ir bien en la escuela. A veces parecía que eso era lo único en que mi padre me prestaba atención: «Muéstrame tus calificaciones», me decía, y entonces hablábamos un poco de eso los dos. Él admiraba cualquier tipo de logro, por eso yo trataba de cumplir para él.

Tilly se frotó la frente y prosiguió, pensativa:

—También hay otro sentimiento. Tristeza. Creo que me sentía triste todo el tiempo, pero nunca se lo dije a nadie. Si alguien me hubiera preguntado: «¿Qué sientes dentro de ti?», yo habría dicho que me sentía bien, absolutamente bien. Aun cuando hubiese podido decir que estaba triste, jamás habría podido explicar por qué. ¿Cómo podía justificar el sentirme así? No estaba sufriendo. En mi vida no faltaba nada importante. Me refiero a que nunca nos faltaba comida, teníamos todo cuanto necesitábamos.

Tilly aún era incapaz de reconocer la profundidad de su aislamiento emocional en esa familia. Había sufrido una carencia de afecto y atención debido a un padre que era virtualmente inaccesible y a una madre consumida por la ira y la frustración que sentía hacia su esposo. Eso había dejado a Tilly y a su hermana hambrientas emocionalmente.

Lo ideal habría sido que Tilly, al crecer, hubiese podido practicar el hecho de compartir con sus padres lo que era ella, a cambio del amor y la atención de ellos, pero sus padres eran incapaces de recibir ese regalo de ella; estaban demasiado atrapados en su lucha de voluntades. Por eso, cuando Tilly se hizo mayor, se dirigió con su regalo de amor (bajo la forma del sexo) a otra parte. Pero se ofreció a hombres igualmente inaccesibles o renuentes. Después de todo, ¿qué otra cosa sabía hacer? Nada más le habría parecido «correcto» o habría concordado con la falta de amor y atención a la que ya estaba acostumbrada.

Mientras tanto, el conflicto entre sus padres recobraba intensidad en el nuevo escenario de la corte de divorcio. En medio de la fiesta, la hermana de Tilly se escapó con su profesor de música. Sus padres apenas hicieron un alto en la batalla el tiempo suficiente para registrar el hecho de que su hija mayor había abandonado el estado con un hombre que la doblaba en edad y que apenas podía mantenerse. Tilly también buscaba amor; salía con hombres en una carrera frenética y se acostaba con casi todos ellos. En el fondo creía que los problemas de sus padres eran por culpa de su madre, que esta había alejado a su padre con sus reproches y amenazas. Tilly juró que nunca, jamás, sería la clase de mujer iracunda y exigente que, a sus ojos, era su madre. En cambio, ganaría a su hombre con amor, comprensión, y su total entrega. Ya había intentado una vez, con el futbolista, ser devotamente cariñosa y generosa hasta el punto de ser irresistible, pero su enfoque no había dado resultado. Su conclusión no fue que había utilizado un enfoque incorrecto, ni que el objeto de su enfoque había sido una mala elección, sino que ella no había dado lo suficiente. Entonces siguió intentando, siguió dando y, sin embargo, ninguno de los hombres con quienes salía se quedaba con ella.

Comenzó el semestre de otoño y pronto Tilly conoció a un hombre casado, Jim, en una de sus clases en la universidad local. Era policía y estaba estudiando teoría de la aplicación de la ley para conseguir un ascenso. Tenía treinta años, dos hijos y una esposa embarazada. Una tarde, mientras tomaban un café, contó a Tilly lo joven que se había casado y la poca felicidad que sentía en su relación con su esposa. Le advirtió, de forma paternal, que no cayera en la misma trampa doméstica casándose joven y atándose a las responsabilidades. Tilly se sintió halagada por el hecho de que él le confiara algo tan privado como su desencanto con la vida marital. Parecía amable y, en cierta forma, vulnerable, un poco solo e incomprendido. Jim le dijo lo mucho que había significado para él hablar con ella, que nunca antes había hablado con alguien como ella... y le pidió que volvieran a encontrarse. Tilly aceptó de inmediato, pues, si bien aquella conversación había sido más parecida a un monólogo, en el que Jim hablaba la mayor parte del tiempo, había creado una mayor comunicación de la que Tilly había experimentado en su familia. Esa charla le dio a probar un poco de la atención que ella anhelaba. Dos días más tarde volvieron a hablar, esta vez durante una caminata por las colinas cercanas a la universidad y, al final del paseo, Jim la besó. En una semana, comenzaron a encontrarse en el apartamento de un policía de servicio, tres tardes de las cinco que Tilly pasaba en la escuela, y su vida comenzó a girar alrededor de ese tiempo que pasaban juntos. Tilly se rehusaba a ver de qué manera la afectaba su relación con Jim. Faltaba a sus clases y, por primera vez, comenzó a fallar en sus estudios. Mentía a sus amigos acerca de sus actividades y luego llegó a evitarlos por completo para no tener que seguir mintiendo. Anuló casi todas sus actividades sociales, pues sólo le importaba estar con Jim cuando podía y pensar en él cuando no podía verlo. Quería estar disponible para él en caso de que hubiera una hora extra aquí o allí que pudieran pasar juntos.

A cambio, Jim le proporcionaba mucha atención y muchos halagos. Él se las ingeniaba para decir exactamente lo que ella necesitaba oír: lo maravillosa, especial y adorable que era, cómo le hacía más feliz de lo que había sido jamás. Sus palabras le llevaban a esforzarse más aún por complacerlo y deleitarlo. Primero compró hermosas prendas interiores para usar sólo para él; luego perfumes, que él le advirtió que no usara porque su esposa podría notar su aroma y preguntarse qué estaba ocurriendo. Sin amilanarse, Tilly leyó libros sobre técnicas sexuales y aplicó con él todo lo que aprendía. El éxtasis de Jim la alentaba a seguir. Para ella no había mejor afrodisíaco que el hecho de poder excitar a aquel hombre. Respondía intensamente a la forma en que ella lo atraía. No era su propia sexualidad lo que expresaba, sino más bien su sensación de ser valorada por las respuestas sexuales de Jim hacia ella. Debido a que, en realidad, Tilly estaba más en contacto con la sexualidad de Jim que con la propia, cuanto más respondía él, más gratificada se sentía. Interpretaba el tiempo que él robaba a su otra vida para estar con ella como la aprobación de su valor, lo cual ansiaba. Cuando no estaba con él ideaba nuevas maneras de encantarlo. Finalmente sus amigos dejaron de invitarla a salir, y la vida de Tilly se redujo a una sola obsesión: hacer a Jim más feliz de lo que había sido jamás. Sentía la excitación de la victoria en cada encuentro con él, victoria sobre el desencanto de Jim con su vida, su incapacidad de experimentar amor y plenitud sexual. El hecho de poder hacerlo feliz la hacía feliz. Al fin, su amor estaba obrando magia en la vida de otra persona. Eso era lo que siempre había querido. Ella no era como su madre, que alejaba a su esposo con sus exigencias.

En cambio, estaba creando un vínculo basado por entero en el amor y el desinterés. Se enorgullecía de lo poco que pedía a Jim.

—Me sentía muy sola cuando no estaba con él, lo cual sucedía la mayor parte del tiempo. Lo veía solamente dos horas, tres veces por semana, y fuera de esos horarios él nunca se ponía en contacto conmigo. Él recibía clases los lunes, miércoles y viernes, y nos encontrábamos después de clase. El tiempo que teníamos juntos lo pasábamos haciendo el amor. Cuando al fin estábamos solos nos arrojábamos el uno en brazos del otro. Era tan intenso, tan excitante, que a veces nos costaba creer que el sexo pudiera ser tan maravilloso para alguien más en el mundo. Y después, por supuesto, teníamos que despedirnos. Todo el resto de la semana, cuando no estaba con él, me parecía vacío. Pasaba la mayor parte del tiempo que estábamos separados preparándome para volver a verlo. Me lavaba el cabello con un champú especial, me arreglaba las uñas y divagaba, pensando en él. No quería pensar demasiado en su esposa y en su familia. Yo pensaba que lo habían atrapado en el matrimonio mucho antes de que tuviera la edad suficiente para saber lo que quería, y el hecho de que no tuviera intenciones de abandonarlos, de huir de sus obligaciones, me hacía quererlo más aún.

«... y me hacía sentir más cómoda con él», bien podría haber agregado Tilly. Ella no era capaz de mantener una relación íntima estable, de modo que el obstáculo que constituían el matrimonio y la familia de Jim en realidad eran bienvenidos por ella, al igual que la renuencia del futbolista para estar con ella. Sólo nos sentimos cómodos al relacionamos de mancras con las que estamos familiarizados, y Jim le proporcionaba tanto la distancia como la falta de compromiso que Tilly conocía tan bien por la relación de sus padres con ella.

El segundo semestre de clases casi había terminado; el verano se aproximaba y Tilly preguntó a Jim qué pasaría con ellos cuando terminaran las clases y ya no contaran con esa excusa conveniente para encontrarse. Él frunció el entrecejo y respondió vagamente: «No estoy seguro. Ya pensaré en algo». El entrecejo fruncido bastó para detener a Tilly. Lo único que los mantenía unidos era la felicidad que ella podía darle. Si él no era feliz, todo podría terminar. No debía hacer que él frunciera el entrecejo.

Las clases terminaron y Jim no había pensado nada. «Te llamaré», le dijo. Tilly esperó. El padre de un amigo le ofreció un empleo por el verano en su hotel turístico. Varios de sus amigos también trabajarían allí e insistieron en que fuera con ellos. Sería divertido, le prometieron, trabajar todo el verano en el lago. Tilly rechazó la oferta, temerosa de perderse la llamada de Jim. Si bien ella rara vez salió de la casa en tres semanas, la llamada nunca llegó.

Una tarde calurosa a mediados de julio, Tilly había ido al centro para hacer unas compras. Salió de una tienda con aire acondicionado, parpadeó por el brillo del sol, y allí estaba Jim: bronceado, sonriente, de la mano de una mujer que sólo podía ser su esposa. Junto a ellos había dos niños, un varón y una niña, y sobre el pecho de Jim en un portabebé azul, una criatura. Los ojos de Tilly buscaron los de Jim. Él la miró brevemente; luego apartó la vista y pasó junto a ella con su familia, su esposa, su vida.

De alguna manera, Tilly llegó a su automóvil, a pesar del dolor en el pecho que casi le impedía respirar. Permaneció allí, sentada en el caluroso estacionamiento, sollozando y jadeando hasta mucho después de la caída del sol. Luego, lenta y débilmente, condujo hasta la universidad y las colinas que estaban más allá, las colinas donde ella y Jim habían tenido su primer paseo, su primer beso. Condujo hasta un punto donde el camino hacía una curva cerrada, y siguió derecho donde debía haber doblado.

Fue un milagro que sobreviviera a la caída más o menos ilesa. También fue una gran decepción para ella. Tendida en su cama del hospital, juró volver a intentarlo en cuanto la dieran de alta. Pasó por el traslado a la sección de psiquiatría, las drogas sedantes, la entrevista obligatoria con el psiquiatra. Sus padres venían a verla en turnos separados, escogidos elaboradamente en el horario de visitas. Las visitas de su padre daban como resultado severos sermones sobre todo lo que ella tenía por vivir, durante los cuales Tilly contaba en silencio las veces que él echaba un vistazo a su reloj. Por lo general terminaba con un impotente. «Ahora sabes que tu madre y yo te queremos, querida. Prométeme que no volverás a hacer esto.» Tilly cumplía y se lo prometía, forzando una leve sonrisa, fría por la soledad de tener que mentir a su padre acerca de algo tan importante. Esas visitas eran seguidas por las de su madre, que se paseaba por la habitación, preguntando constantemente: «¿Cómo pudiste hacerte esto? ¿Cómo pudiste hacernos esto? ¿Por qué no me dijiste que algo andaba mal? De todos modos, ¿qué diablos te pasa? ¿Estás preocupada por tu padre y por mí?». Luego su madre se sentaba en una de las sillas para visitantes y ofrecía una descripción detallada de cómo iba el trámite de divorcio, lo cual se suponía que debía tranquilizar a Tilly. Las noches siguientes a esas visitas, Tilly sufría descomposturas de estómago.

En su última noche en el hospital, una enfermera se sentó junto a ella y le hizo algunas preguntas discretamente indagatorias. Toda la historia surgió plenamente. Finalmente la enfermera le dijo: «Sé que estás pensando en volver a intentarlo. ¿Por qué no habrías de hacerlo? Nada ha cambiado desde hace una semana. Pero antes de que lo hagas, quiero que vayas a ver a una persona». La enfermera, ex paciente mía, la envió a verme.

Entonces Tilly y yo iniciamos nuestro trabajo juntas, el trabajo de curar su necesidad de dar más amor del que recibía, de dar y dar a partir de un lugar ya vacío en su interior. En los siguientes dos años hubo algunos hombres más en la vida de Tilly, que la capacitaron para analizar la forma en que ella usaba el sexo en sus relaciones. Uno de ellos fue un profesor de la universidad donde se había inscrito. Era un adicto al trabajo del calibre de su padre, y, al principio, Tilly se dedicó de lleno al intenso esfuerzo de alejarlo de su trabajo y atraerlo a sus brazos amorosos. Sin embargo, esta vez sintió claramente la frustración de su lucha por cambiarlo, y lo abandonó después de cinco meses. En el comienzo el desafío había sido estimulante, y cada vez que «ganaba» la atención de él por una noche se veía aprobada, pero Tilly sentía que cada vez dependía más de él emocionalmente, mientras que él, en cambio, le daba cada vez menos. Durante una sesión me informó:

—Anoche estuve con David y lloré al decirle lo importante que era él para mí. Comenzó a darme su respuesta habitual de que yo tendría que comprender que él tenía compromisos importantes en su trabajo y... bueno, dejé de escucharlo. De todos modos, ya había oído todo eso antes. De pronto vi con claridad que ya había vivido esa escena con mi novio futbolista. Me estaba arrojando sobre David de la misma manera que lo había hecho con él.

Sonrió con tristeza.

—Usted no tiene idea de los extremos a los que he llegado para ganar la atención de los hombres. Anduve por ahí quitándome la ropa y soplando en sus oídos y probando todos los trucos de seducción que conozco. Aún estoy tratando de obtener la atención de alguien que no se interesa mucho por mí. Creo que lo que más me complace al hacer el amor con David es que he podido excitarlo lo suficiente para distraerle de lo que preferiría estar haciendo. Odio admitir esto, pero eso siempre me ha excitado mucho, el solo hecho de lograr que David o Jim o cualquiera me presten atención. Creo que el sexo me ha dado mucho alivio porque me he sentido tan mal en cada relación. Parece disolver por un momento todas las barreras y unirnos. Y he deseado tanto esa sensación de estar juntos. Pero no estoy dispuesta a seguir regalándome a David. Me parece demasiado degradante.

Aun así, David no fue el último de los hombres imposibles para Tilly. Su siguiente novio fue un joven corredor de bolsa que además se dedicaba a las competencias de triatlón. Ella competía con la misma dedicación que él, pero por su atención, tratando de apartarlo de sus rigurosos horarios de entrenamiento con la constante premisa de su cuerpo dispuesto. Gran parte del tiempo, cuando hacía el amor, él estaba demasiado cansado o demasiado poco interesado para conseguir o mantener una erección.

Un día, en mi consultorio, Tilly estaba describiendo su más reciente intento fracasado de hacer el amor y de pronto se echó a reír.

—¡Cuando lo pienso, es demasiado! Nadie se ha esforzado más que yo por hacer el amor con alguien que preferiría no hacerlo. —Más risas. Finalmente, dijo con más firmeza—: Tengo que dejar de hacer esto. Voy a dejar de buscar. Siempre parecen atraerme los hombres que no tienen nada que ofrecerme, y ni siquiera quieren lo que yo tengo para ofrecerles.

Ésa fue una decisión importante para Tilly. Había llegado a ser más capaz de quererse mediante el proceso de la terapia, y ahora podía evaluar una relación como no gratificante, en lugar de llegar a la conclusión de que ella no era digna de ser querida y que debía esforzarse más. El fuerte impulso de utilizar su sexualidad para establecer una relación con una pareja renuente o imposible disminuyó notablemente, y después de dos años, cuando abandonó la terapia, salía con varios jóvenes y no se acostaba con ninguno.

—Es tan distinto salir con alguien y realmente prestar atención respecto de si me gusta, si lo estoy pasando bien, si me parece una persona agradable. Nunca pensé en estas cosas antes. Siempre trataba de agradar a quienquiera que estuviese conmigo, de asegurarme de que él lo pasara bien conmigo y pensara que yo era una persona agradable.

¿Sabe?, después de una cita nunca pensaba si quería volver a ver a esa persona. Estaba demasiado ocupada preguntándome si yo le gustaba lo suficiente para que él volviera a invitarme a salir. ¡Lo hacía todo al revés!

Cuando Tilly decidió abandonar la terapia, ya no lo hacía al revés. Podía distinguir con facilidad una relación imposible, y aun cuando hubiera alguna chispa de atracción entre ella y su renuente acompañante, se apagaba con rapidez al evaluar con serenidad al hombre. Tilly ya no estaba en el mercado para el dolor y el rechazo. Quería alguien que realmente pudiera ser una pareja para ella, o bien a nadie. Nada intermedio le serviría. Pero persistía el hecho de que no sabía nada sobre cómo vivir con lo opuesto al dolor y el rechazo: el bienestar y el compromiso. Ella nunca había conocido el grado de intimidad que surge de la clase de relación que ahora requería. Si bien había ansiado la intimidad con su pareja, nunca había tenido que funcionar en un clima de verdadera intimidad. El hecho de que la atrajeran hombres que la rechazaban no fue casual; Tilly tenía muy poca tolerancia para una verdadera intimidad. Era su familia no había habido intimidad mientras ella crecía: sólo peleas y treguas, y cada tregua marcaba, más o menos, el comienzo de la siguiente pelea. Había habido dolor, tensión y, ocasionalmente, cierto alivio del dolor y la tensión, pero nunca una verdadera forma de compartir, una verdadera intimidad ni verdadero amor. En reacción a las manipulaciones de su madre, la fórmula de Tilly para amar había sido entregarse sin pedir nada a cambio. Cuando la terapia le ayudó a salir de la trampa de su martirio sacrificado, sabía con claridad lo que no debía hacer, lo cual era un gran adelanto. Pero apenas había recorrido la mitad del camino.

La siguiente tarea para Tilly era aprender a estar simplemente en compañía de hombres a quienes considerara agradables, aun cuando además le parecieran un poco aburridos. El aburrimiento es la sensación que a menudo experimentan las mujeres que aman demasiado cuando se encuentran con un hombre «agradable»: no se oyen campanas, no explotan cohetes, no caen estrellas del cielo. En la ausencia de excitación, se sienten inquietas, irritables y torpes: un estado generalmente incómodo que se cubre con el rótulo de aburrimiento. Tilly no sabía comportarse en presencia de un hombre amable, considerado y realmente interesado en ella; al igual que todas las mujeres que aman demasiado, su habilidad para relacionarse estaba preparada para los desafíos, no para disfrutar simplemente la compañía de un hombre. Si no tenía que maniobrar y manipular a fin de mantener una relación, le resultaba difícil relacionarse con ese hombre, sentirse cómoda con él. Como estaba acostumbrada a la excitación y al dolor, a la lucha y la victoria o la derrota, un intercambio que carecía de esos poderosos elementos le parecía demasiado insípido para ser importante, además de perturbador. Por irónico que resulte, había más incomodidad en presencia de sujetos estables, confiables y alegres de la que había habido con hombres que no respondían, emocionalmente distantes, inaccesibles o no interesados.

Una mujer que ama demasiado está acostumbrada a los rasgos y conductas negativos, y se siente más cómoda con ellos que con sus opuestos a menos que se esfuerce mucho por cambiar ese hecho por sí misma. A menos que Tilly pudiera aprender a relacionarse cómodamente con un hombre que considerara sus intereses tan importantes como los propios, no tenía esperanza de lograr una relación gratificante.

Antes de su recuperación, una mujer que ama demasiado por lo general exhibe las siguientes características con respecto a su forma de sentir y de relacionarse con los hombres sexualmente:

- Pregunta «¿Cuánto me ama (o necesita)?» y no «¿Cuánto lo quiero?».
- La mayoría de sus interacciones sexuales con él están motivadas por «¿Cómo puedo hacer que me ame (o necesite) más?»
- Su impulso de entregarse sexualmente a otros a quienes percibe como necesitados, puede dar como resultado una conducta que ella misma considera promiscua, pero esta apunta principalmente a la gratificación de otra persona, en lugar de a ella misma.
- El sexo es una de las herramientas que usa para manipular o cambiar a su pareja.
- A menudo las luchas de poder de la manipulación mutua le parecen muy excitantes. Se comporta en forma

seductora para conseguir lo que quiere y se siente estupendamente cuando da resultado y muy mal cuando no es así. El hecho de no obtener lo que quiere por lo general la lleva a esforzarse más.

- Confunde angustia, miedo y dolor con amor y excitación sexual. A la sensación de tener un nudo en el estómago la llama «amor».
- Se excita a partir de la excitación de él. No sabe sentirse bien por sí misma; de hecho, se siente amenazada por sus propios sentimientos.
- A menos que tenga el desafío de una relación no gratificante, se vuelve inquieta. No la atraen sexualmente los hombres con quienes no lucha. En cambio, los llama «aburridos».
- A menudo forma equipo con un hombre de menor experiencia sexual, para poder sentirse en control.
- Anhela la intimidad física, pero debido a que teme verse envuelta por otro y/o abrumada por su propia necesidad de afecto, sólo se siente cómoda con la distancia emocional creada y mantenida por la tensión de la relación. Se vuelve temerosa cuando un hombre está dispuesto a acompañarla emocional y sexualmente. Huye de él o bien se aleja.

La conmovedora pregunta de Tilly al iniciar nuestro trabajo juntas («¿Cómo podía ser tan bueno el sexo entre nosotros, hacernos sentir algo tan maravilloso y acercarnos tanto cuando en realidad no había nada más que nos uniera?») merece ser analizada, porque las mujeres que aman demasiado a menudo se enfrentan al dilema del buen sexo en una relación infeliz o imposible. A muchas de nosotras nos han enseñado que «buen» sexo significa «verdadero» amor y que, a la inversa, el sexo no podía ser realmente satisfactorio y gratificante si la relación entera no estaba bien para nosotras. Nada podría estar más lejos de la verdad para las mujeres que aman demasiado. Debido a la dinámica que opera en todos los niveles de nuestras interacciones con los hombres, inclusive el nivel sexual, una mala relación en realidad puede contribuir a que el sexo sea excitante, apasionado y apremiante.

Quizá nos veamos en dificultades para explicar a la familia y los amigos cómo alguien que no es particularmente admirable ni siquiera muy agradable puede despertar en nosotras un estremecimiento de deseo y una intensidad jamás igualada por lo que sentimos por alguien más agradable o más presentable. Es difícil expresar que nos encanta el sueño de evocar todos los atributos positivos —el amor, el cariño, la atención, la integridad y la nobleza— que, estamos seguras, están latentes en nuestro amante, esperando para florecer con la calidez de nuestro amor. Las mujeres que aman demasiado a menudo se dicen que el hombre con quien están involucradas nunca ha sido realmente amado antes, ni por sus padres ni por sus anteriores esposas o novias. Lo vemos como un ser dañado y, de inmediato, asumimos la tarea de compensar todo lo que ha faltado en su vida desde mucho tiempo antes de que lo conociéramos. En cierto modo, la trama es una versión con los sexos invertidos del cuento de La Bella Durmiente, que dormía bajo un hechizo, en espera de la liberación que llegaría con el primer beso de su verdadero amor. Nosotras queremos ser quienes quiebren el hechizo, liberar a ese hombre de lo que consideramos su cautiverio. Interpretamos su inaccesibilidad emocional, su ira o su depresión, su crueldad o su indiferencia, su deshonestidad o su adicción, como señales de que no lo han amado lo suficiente. Oponemos nuestro amor a sus defectos, a sus flaquezas, e incluso a su patología. Estamos decididas a salvarlo mediante el poder de nuestro amor.

El sexo es una de las formas principales en las que tratamos de llevarle a la salud con nuestro amor. Cada encuentro sexual lleva toda nuestra lucha por cambiarlo. Con cada beso y cada caricia, tratamos de comunicarle lo especial y digno que es, cuánto lo admiramos y adoramos. Sentimos la seguridad de que, una vez que esté convencido de nuestro amor, se transformará en su verdadero yo, y despertará a todo lo que queremos y necesitamos que sea.

En cierto modo, el sexo en tales circunstancias es bueno porque necesitamos que lo sea; ponemos mucha energía para hacerlo funcionar, para hacerlo maravilloso. Cualquier reacción que logremos nos alienta a esforzarnos más, a ser más convincentes. Y hay también otros factores en juego. Por ejemplo, sí bien parecería que una relación sexual plenamente satisfactoria no sería muy probable en una pareja infeliz, es importante recordar que un clímax sexual constituye una descarga de tensiones tanto físicas como emocionales. Mientras que una mujer puede evitar el contacto sexual con su pareja cuando hay conflictos y tensiones entre ambos, es posible que a otra mujer, en circunstancias similares, el sexo le resulte una manera sumamente efectiva de liberar gran parte de esa tensión, al menos en forma temporal. Para una mujer que vive una relación infeliz o tiene una pareja que no es la más adecuada para ella, el acto sexual puede ser el único aspecto gratificante de la relación, y la única manera efectiva de relacionarse con el otro.

De hecho, el grado de descarga sexual que ella experimente puede guardar una relación directa con el grado de incomodidad que sienta con su pareja. Esto es fácil de comprender. Muchas parejas, tengan una relación sana o no, experimentan un contacto sexual particularmente bueno después de una pelea. Luego de un conflicto, hay dos elementos que contribuyen a un acto sexual de intensidad y éxtasis especiales. Uno es la ya mencionada descarga de tensiones: el otro involucra una tremenda inversión, después de una pelea, en hacer que el sexo «funcione», a fin de cimentar el vínculo de la pareja, que se ha visto amenazado por la pelea. El hecho de que la pareja disfrute una experiencia sexual particularmente placentera y satisfactoria en tales circunstancias, quizá parezca ratificar la relación en general: «Mira qué unidos estamos, qué cariñosos podemos ser, qué bien podemos hacernos sentir. Realmente debemos estar juntos», puede ser el sentimiento generado.

El acto sexual, cuando es muy gratificante en el aspecto físico, tiene el poder de crear lazos profundamente sentidos entre dos personas. En especial para las mujeres que amamos demasiado, la intensidad de nuestra lucha con un hombre puede contribuir a la intensidad de nuestra experiencia sexual con él y, por consiguiente, al vínculo que nos une a él. Y la inversa también es verdad. Cuando nos relacionamos con un hombre que no es un desafío tan grande, es posible que a la dimensión sexual le falte fuego y pasión. Debido a que no estamos en un estado casi constante de excitación por él, y a que el sexo no se usa para demostrar nada, es probable que una relación más fácil y tranquila nos resulte algo insulsa. En comparación con los estilos tempestuosos de relación que hemos conocido, esa clase de experiencia más inocua sólo parece verificar que la tensión, la lucha, el dolor y el drama realmente equivalen al «verdadero amor».

Esto nos lleva a una discusión acerca de qué es el amor verdadero. Si bien el amor parece ser muy difícil de definir, yo pienso que esto se debe a que en esta cultura tratamos de combinar en una sola definición dos aspectos muy opuestos e incluso, según parece, mutuamente excluyentes. De esta manera, cuanto más decimos sobre el amor, más nos contradecimos, y cuando vemos que un aspecto del amor se opone a otro, nos damos por vencidos, confundidos y frustrados, y decidimos que el amor es demasiado personal, demasiado misterioso y demasiado enigmático para ser analizado con precisión.

Los griegos eran más listos. Utilizaban palabras distintas, *eros y ágape*, para distinguir estas dos maneras profundamente diferentes de experimentar lo que llamamos «amor». Eros, claro está, se refiere al amor apasionado, mientras que ágape describe la relación estable y comprometida, libre de pasión, que existe entre dos individuos que se quieren profundamente.

El contraste entre *eros y ágape* nos permite entender nuestro dilema cuando buscamos ambas clases de amor de una sola vez, en una sola relación con una sola persona. Nos ayuda también a ver que tanto *eros* como *ágape* tienen sus defensores, aquellos que afirman que uno o el otro son la única forma verdadera de experimentar el amor, pues, por cierto, cada uno tiene su valor, verdad y belleza muy especiales. Y cada clase de amor también carece de algo muy valioso, que sólo la otra puede ofrecer. Veamos cómo describirían los defensores de estas dos formas el hecho de estar enamorado.

*Eros*: El verdadero amor es un anhelo consumidor y desesperado por el ser amado, a quien se percibe como diferente, misterioso y elusivo. La profundidad del amor se mide por la intensidad de la obsesión por el ser amado. Hay poco tiempo y atención para otros intereses o propósitos, debido a que se concentra tanta energía en recordar encuentros pasados o imaginar otros futuros. A menudo hay que vencer grandes obstáculos y, por lo tanto, en el verdadero amor hay un elemento de sufrimiento. Otro índice de la profundidad del amor es la voluntad de soportar el dolor y penurias por el bien de la relación. Al verdadero amor se asocian sentimientos de excitación, embeleso, drama, ansiedad, tensión, misterio y anhelo.

*Ágape*: El verdadero amor es una sociedad con la cual dos personas que se quieren están profundamente comprometidas. Esas personas comparten muchos valores, intereses y objetivos básicos, y toleran de buen grado sus diferencias individuales. La profundidad del amor se mide por la confianza y el respeto mutuos. La relación permite a cada integrante de la pareja ser más plenamente expresivo, creativo y productivo en el mundo. Hay mucha alegría en las experiencias compartidas, pasadas y presentes, al igual que en las venideras. Cada integrante de la pareja ve al otro como su amigo más querido. Otra medida de la profundidad del amor es la voluntad de verse a sí mismo con honestidad a fin de promover el crecimiento de la relación y la profundización de la intimidad. Al verdadero amor se asocia sentimientos de serenidad, seguridad, devoción, comprensión, compañerismo, apoyo mutuo y bienestar.

El amor apasionado, *eros*, es lo que en general siente la mujer que ama demasiado por el hombre que es imposible. Es más, el hecho de que haya tanta pasión se debe a que él es imposible. Para que exista la pasión, es necesario que haya una lucha continua, obstáculos que superar, un anhelo por más de lo que se dispone. Pasión significa literalmente sufrimiento, y a menudo sucede que cuanto mayor es el sufrimiento, más profunda es la pasión. La excitante intensidad de un romance apasionado no puede ser igualada por el solaz más benigno de una relación estable y comprometida, de modo que si la mujer al fin recibiera del objeto de su pasión lo que tan ardientemente ha deseado, el sufrimiento desaparecería y la pasión pronto se consumiría. Entonces, quizás, ella se diría que ya no está enamorada, porque ya no tendría ese dolor agridulce.

La sociedad en que vivimos y la constante presencia de los medios de comunicación que nos rodean y saturan nuestra conciencia confunden constantemente las dos clases de amor. Nos prometen de mil maneras que una relación apasionada (eros) nos traerá plenitud y satisfacción (ágape). Esto sugeriría que con una pasión suficientemente grande se forjará una unión duradera. Todas las relaciones fracasadas que se basaron inicialmente en una inmensa pasión pueden atestiguar que esa premisa es falsa. La frustración, el sufrimiento y el anhelo no contribuyen a una relación estable, duradera y sana, aunque sí hay factores que contribuyen poderosamente a una relación apasionada.

Hacen falta intereses comunes, valores y objetivos comunes, y capacidad para una intimidad profunda y duradera si se desea que el encantamiento erótico inicial de una pareja a la larga se transforme en una devoción afectuosa y comprometida que soporte el paso del tiempo. Sin embargo, lo que sucede a menudo es esto: en una relación apasionada, cargada como debe estarlo de la excitación, el sufrimiento y la frustración de un nuevo amor, existe la sensación de que falta algo muy importante. Lo que se necesita es compromiso, un medio para estabilizar esa experiencia emocional caótica y proporcionar una sensación de seguridad y solidez. Si se superaran los obstáculos que les impiden estar juntos y se forjara un compromiso genuino, sería probable que llegase el momento en que esas dos personas se miraran y se preguntaran adónde se ha ido la pasión. Se sienten seguros, cálidos y afectuosos el uno hacia el otro, pero también se sienten un poco estafados, porque ya no arden de deseo mutuo.

El precio que pagamos por la pasión es el miedo, y el mismo dolor y el mismo miedo que alimentan al amor apasionado también pueden destruirlo. El precio que pagamos por un compromiso estable es el aburrimiento, y la misma seguridad y la solidez que cimentan una relación así también pueden hacerla rígida y sin vida.

Si debe haber un desafío y una excitación constantes en la relación luego del compromiso, éstos deben basarse no en la frustración ni en el ansia, sino en una exploración cada vez más profunda de lo que D. H. Lawrence llama «los misterios gozosos» entre un hombre y una mujer que están comprometidos mutuamente. Según lo sugiere Lawrence, es probable que eso dé mejores resultados con una sola persona como pareja, puesto que la confianza y la honestidad del ágape deben combinarse con el coraje y la vulnerabilidad de la pasión a fin de crear una verdadera intimidad. Una vez oí a un alcohólico en tratamiento expresarlo en forma muy simple y bella. Dijo: «Cuando bebía, me acostaba con muchas mujeres y básicamente tenía la misma experiencia muchas veces. Desde que estoy sobrio, sólo me acuesto con mi esposa, pero cada vez que estamos juntos es una experiencia nueva».

La excitación y la emoción que se obtiene, no al excitar y excitarnos sexualmente, sino al conocer y ser conocidos es demasiado infrecuente. La mayoría de quienes tenemos una relación comprometida y estable nos conformamos con lo previsible, el bienestar y el compañerismo porque tenemos miedo de explorar los misterios que personificamos como hombre y como mujer, la exposición de nuestro yo más profundo. Sin embargo, en ese temor a lo desconocido que existe dentro de nosotros y entre nosotros, ignoramos y evitamos el mismo don que nuestro compromiso pone a nuestro alcance: la verdadera intimidad.

Para las mujeres que aman demasiado, el desarrollo de una verdadera intimidad con su pareja puede darse sólo después de la recuperación. Más adelante en el libro volveremos a encontrarnos con Tilly, cuando se enfrente a ese desafío de recuperación que nos espera a todas.

# 3

# Si sufro por ti, ¿me amarás?

*Niña, niña, por favor, no te vayas.*
*Creo que me está excitando*
*esta depresión.*

Canción del último blues

Tuve que inclinarme por encima de varios cuadros apilados para poder leer el poema enmarcado que estaba colgado en el centro de la pared de la sala del atestado apartamento. Viejo y gastado, el anticuado paisaje con su poema impreso decía así:

Mi Querida Madre

*Madre, querida madre,*
*Cuando pienso en ti*
*Quiero ser*
*Todo lo que es bueno,*
*Lo que es verdadero.*
*Todo lo que es digno*
*Noble o maravilloso*
*Ha venido de ti, Madre,*
*De tu mano que me guía.*

Lisa, una artista de ingresos muy modestos cuyo apartamento hacía también las veces de estudio de arte, señaló el poema y rió con jovialidad.

—Es demasiado, ¿verdad? ¡Tan cursi!

Pero sus siguientes palabras delataron un sentimiento más profundo.

—Lo rescaté cuando una amiga mía se mudó; ella iba a tirarlo. Lo había comprado como broma en una tienda barata. Pero yo creo que tiene algo de verdad, ¿no le parece? —Volvió a reír y agregó con tristeza—: El hecho de amar a mi madre me ha traído muchos problemas con los hombres.

En ese punto, Lisa hizo una pausa y reflexionó. Alta, de grandes ojos verdes y cabello oscuro y lacio, era una belleza. Me indicó que me sentara en un colchón cubierto por una manta que estaba en un rincón relativamente más despejado del suelo y me ofreció té. Mientras lo preparaba, guardó silencio unos instantes.

Lisa había acudido a mi atención por medio de una amiga mutua que me había contado parte de su historia. Por haber crecido con el alcoholismo en su familia, Lisa era coalcohólica. La palabra coalcohólico simplemente se refiere a alguien que ha desarrollado un patrón dañino de relacionarse con los demás como consecuencia de haber estado involucrado de cerca con alguien que padece la enfermedad del alcoholismo. Ya sea que el alcohólico haya sido uno de sus padres, un cónyuge, hijo o amigo, la relación por lo general provoca el desarrollo de ciertos sentimientos y ciertas conductas en el coalcohólico: escaso amor propio, necesidad de ser necesitado, un fuerte deseo de cambiar y controlar a los demás, y voluntad de sufrir. De hecho, todas las características de las mujeres que aman demasiado por lo general están presentes en las hijas y esposas de alcohólicos y otros adictos.

Yo ya sabía que los efectos de una niñez pasada intentando cuidar y proteger a su madre alcohólica habían influido profundamente en la forma en que Lisa se relacionaría con los hombres más tarde en su vida. Esperé con paciencia y pronto comenzó a ofrecerme algunos detalles.

Lisa era la segunda de tres hijos, nacida entre una hermana mayor que había ocasionado el apresurado matrimonio de sus padres y un hermano menor que había sido otra sorpresa, nacido ocho años después de Lisa, mientras su madre aún bebía. Lisa era el producto de su único embarazo planeado.

—Siempre pensé que mi madre era perfecta, tal vez porque yo necesitaba tanto que lo fuera. La convertí en la madre que yo quería y luego me dije que yo sería exactamente como ella. ¡En qué fantasía vivía! —Lisa sacudió la cabeza y prosiguió—. Yo nací cuando ella y mi padre estaban más enamorados que nunca, por eso fui su favorita. Aunque ella decía que nos quería a todos por igual, yo sabía que era muy especial para ella. Siempre pasábamos juntas todo el tiempo que podíamos. Cuando yo era muy pequeña supongo que me cuidaba, pero después de un tiempo intercambiamos los roles y yo empecé a cuidarla a ella.

»Mi padre se comportaba de una manera horrible, la mayor parte del tiempo. La trataba con grosería y perdía todo nuestro dinero en el juego. Tenía un buen sueldo como ingeniero, pero nosotros nunca teníamos nada y siempre estábamos mudándonos.

»¿Sabe? Ese poema describe la forma en que yo quería que fuera mucho más que como era en realidad. Finalmente comienzo a ver eso. Toda mi vida quise que mi madre fuera la persona que describe ese poema, pero la mayor parte del tiempo ella no podía siquiera acercarse a ser mi madre ideal porque estaba ebria. Siendo muy joven aún, comencé a darle todo mi amor y todas mis energías, con la esperanza de recibir lo que necesitaba de ella, de recibir lo que yo estaba dando. —Lisa hizo una pausa y sus ojos se empañaron un momento—. Estoy aprendiendo todo esto con la terapia, y a veces duele mucho ver cómo fue en realidad en lugar de cómo siempre pensé que podía lograr que fuera.

»Mi madre y yo éramos muy unidas, pero a muy temprana edad (tanto que ni siquiera recuerdo cuándo sucedió) comencé a actuar como si yo fuera la madre y ella, la hija.

Me preocupaba por ella y trataba de protegerla de mi padre. Hacía pequeñeces para alegrarla. Me esforzaba por hacerla feliz porque ella era todo lo que tenía. Sabía que me quería porque a menudo me decía que me sentara a su lado y nos quedábamos así mucho tiempo, muy juntas y sin hablar en realidad, simplemente abrazadas. Ahora, al recordarlo, me doy cuenta de que siempre temí por ella, siempre esperando que pasara algo horrible, algo que yo debía haber sido capaz de evitar si tan sólo hubiese tenido el cuidado suficiente. Es una manera dura de vivir cuando uno está creciendo, pero nunca conocí otra cosa. Y tuvo su efecto. Cuando era adolescente, comencé a tener graves episodios de depresión.

Lisa rió suavemente.

—Lo que más me asustaba de la depresión era que cuando me sucedía no podía cuidar bien a mi madre. Verá, yo era muy concienzuda... y tenía tanto miedo de dejarla, aunque fuese sólo por un momentito. La única forma de dejarla era aferrarme a otra persona.

Lisa trajo el té en una bandeja laqueada roja y negra y la colocó en el suelo, delante de nosotras.

—A los diecinueve años, tuve la oportunidad de ir a México con dos amigas. Era la primera vez que dejaba a mi madre. Nos quedaríamos tres semanas, y la segunda semana que estuve allí conocí a aquel mexicano tremendamente apuesto que hablaba inglés a la perfección y era muy galante y atento conmigo. En la tercera semana de mis vacaciones, todos los días me pedía que me casara con él. Decía que estaba enamorado de mí y que no soportaba la idea de estar sin mí ahora que me había encontrado. Bueno, quizás ese fuera el mejor argumento para usar conmigo. Me refiero a que me decía que me necesitaba, y todo en mí respondía al hecho de ser necesitada. Además, creo que en algún nivel yo sabía que tenía que alejarme de mi madre. En casa todo era oscuro, deprimente y sombrío. Y aquel hombre me prometía una vida maravillosa. Su familia era adinerada. Él tenía una buena educación. No hacía nada, por lo que yo veía, pero yo creía que era porque tenían tanto dinero que él no necesitaba trabajar. El hecho de que él tuviera todo ese dinero y aun así creyera necesitarme para ser feliz me hacía sentir inmensamente importante y útil.

»Llamé a mi madre y se lo describí entusiasmada. Ella me dijo: "Confío en que tomes la decisión correcta". Pues bien, no debió hacerlo. Decidí casarme con él, lo cual fue definitivamente un error.

»Verá, yo no tenía idea de lo que sentía con respecto a nada. No sabía si lo amaba ni si él era lo que yo quería. Sólo sabía que al fin había alguien que decía que él me amaba a mí. Yo había salido con muy pocos muchachos, no sabía casi nada sobre los hombres. Había estado demasiado ocupada encargándome de las cosas en casa. Estaba tan vacía por dentro, y aquella persona me ofrecía lo que me parecía una enormidad. Y decía que me amaba. Durante tanto tiempo había sido yo quien daba amor, y ahora parecía haber llegado mi turno de recibirlo. Y justo a tiempo. Sabía que estaba casi totalmente agotada, que no me quedaba nada para dar.

»Bueno, nos casamos de prisa, sin que lo supieran sus padres. Ahora parece algo muy loco, pero en aquel momento parecía demostrar lo mucho que me quería... que estaba dispuesto a desafiar a sus padres con tal de estar conmigo. Entonces yo pensaba que se rebelaba al casarse conmigo, una rebelión suficiente para enfurecer a sus padres, pero no tanto como para que lo echaran. Ahora lo veo de otra manera. Después de todo, él tenía secretos que guardar respecto de su identidad y conducta sexuales, y el hecho de tener una esposa lo hacía aparecer más "normal" que el no tenerla. Supongo que a eso se refería al decir que me necesitaba. Y, por supuesto, yo fui una elección perfecta, pues al ser estadounidense siempre resultaría fuera de lugar, sospechosa. Cualquier otra mujer, especialmente de su propia clase social, al ver lo que yo vi, tarde o temprano se lo habría dicho a alguien. Entonces toda la ciudad se habría enterado. Pero, ¿a quién iba a decírselo yo? ¿Quién hablaba conmigo? ¿Y quién iba a creerme?

»Sin embargo, no creo que nada de eso haya sido deliberado o calculado de su parte, como no lo eran mis motivos para casarme con él. Simplemente encajábamos juntos y, al principio, pensamos que era amor.

»De todos modos, después de la boda, ¿adivine qué pasó? ¡Tuvimos que ir a vivir con aquella gente que ni siquiera estaba al tanto de nuestro matrimonio! Oh, fue horrible. Ellos me odiaban y yo tenía la impresión de que hacía ya cierto tiempo que estaban enfadados con él. Yo no hablaba una palabra de español. Todos en su familia sabían hablar inglés, pero no querían. Yo estaba totalmente desconectada y aislada, y desde el comienzo tuve mucho miedo. Él me dejaba sola por las noches con mucha frecuencia, de modo que me quedaba en nuestra habitación y finalmente aprendí a dormirme, hubiera llegado él o no. Yo ya sabía sufrir. Lo había aprendido en casa. En cierta forma, creía que ese era el precio que debía pagar por estar con alguien que me amaba, que eso era lo normal.

»A menudo él regresaba borracho y cariñoso, pero eso era realmente horrible. Yo podía sentir el perfume de otras mujeres en él.

»Una noche, yo ya había estado dormida por algún tiempo y me despertó un ruido. Allí estaba mi esposo, borracho, admirándose frente al espejo, con mi bata puesta. Le pregunté qué estaba haciendo y me dijo: "¿No crees que me veo bonito?". Hizo un gesto femenino y vi que tenía los labios pintados.

»Finalmente, algo sé cortó. Supe que tenía que salir de allí. Hasta entonces había sido desdichada, pero estaba segura de que la culpa era mía, de que, de alguna manera, yo podía ser más cariñosa y hacer que él deseara quedarse conmigo, hacer que sus padres me aceptaran e incluso que me tuvieran cariño. Estaba dispuesta a esforzarme más, al igual que con mi madre. Pero eso era diferente. Eso era una locura.

»No tenía dinero ni manera de conseguirlo, entonces al día siguiente le dije que si no me llevaba a San Diego contaría a sus padres lo que había hecho. Mentí y le dije que ya había llamado a mi madre y que ella me esperaba, y que si me llevaba allá no volvería a molestarlo. No sé de dónde saqué el coraje, porque en realidad pensaba que él me mataría o algo así, pero dio resultado. Él tenía mucho miedo de que sus padres se enteraran. Me llevó hasta la frontera sin decir palabra y me dio dinero para un pasaje en autobús a San Diego y unos quince dólares. Así fue como terminé en San Diego, en casa de una amiga. Me quedé allí hasta que conseguí empleo y después alquilé una vivienda con tres personas más e inicié un estilo de vida bastante loco.

»A esa altura ya no tenía absolutamente ningún sentimiento propio. Estaba completamente insensibilizada. Pero seguía sintiendo aquella tremenda compasión, la cual me metió en muchos problemas. En los siguientes tres o cuatro años salí con muchos hombres sólo porque sentía pena por ellos. Tuve suerte de que las cosas nunca escaparan a mi control. La mayoría de los hombres con quienes me involucré tenía problemas de drogas o de alcohol. Los conocía en fiestas u, ocasionalmente, en bares, y ellos también parecían necesitar que los comprendiera, que los ayudara, y eso era como un imán para mí.

La atracción que sentía Lisa hacia esa clase de hombres tenía sentido perfectamente desde el punto de vista de su historia con su madre. Lo más cercano al hecho de ser amada que había experimentado Lisa consistía en ser necesitada, de modo que cuando un hombre parecía necesitarla, en realidad le estaba ofreciendo amor. No era necesario que fuera amable, generoso ni cariñoso. El hecho de que estuviera necesitado bastaba para reavivar los viejos sentimientos que ella ya conocía e incitar su reacción de proporcionar cuidados.

La historia de Lisa continuaba.

—Mi vida era un desastre, y también la de mi madre. Sería difícil decir cuál de las dos estaba más enferma. Yo tenía veinticuatro años cuando mi madre dejó de beber. Lo hizo de la manera más difícil. Sola en la sala, hizo esa llamada a

A.A. y pidió ayuda. Enviaron a dos personas que hablaron con ella y la llevaron a una reunión esa tarde. Desde entonces no ha bebido más.

Lisa sonrió ligeramente por el coraje de su madre.

—Realmente debió de llegar a ser insoportable, porque era una dama muy orgullosa, demasiado orgullosa para llamar a menos que estuviera desesperada. Gracias a Dios, yo no estuve allí para verlo. Seguramente me habría esforzado tanto para hacerla sentir mejor que ella nunca habría recibido verdadera ayuda.

»Mi madre había comenzado a beber realmente mucho cuando yo tenía unos nueve años. Yo volvía de la escuela y ella estaba tendida en el sofá, dormida, con una botella a su lado. Mi hermana mayor se enojaba conmigo y me decía que yo no quería ver la realidad porque jamás admitiría lo mala que era, pero yo amaba demasiado a mi madre para permitirme siquiera advertir que ella estaba haciendo algo malo.

»Estábamos muy unidas, por eso, cuando las cosas empezaron a desmoronarse entre ella y papá, quise compensarla. Su felicidad era para mí lo más importante del mundo. Yo sentía que tenía que compensarla por las cosas que hacía mi padre y que la lastimaban, y lo único que yo sabía hacer era ser buena. Entonces, era buena en todas las maneras en que sabía serlo. Le preguntaba si necesitaba ayuda con algo. Cocinaba y limpiaba sin que me lo pidiera. Trataba de no necesitar nada para mí.

»Pero nada daba resultado. Ahora comprendo que yo asumía dos fuerzas de increíble poder: el deterioro del matrimonio de mis padres y el creciente alcoholismo de mi madre. No tenía oportunidad de solucionarlo, pero eso no evitaba que lo intentara... y que me culpara a mí misma cuando fracasaba.

»Verá, la infelicidad de mi madre me dolía mucho. Y sabía que había áreas en que yo podía mejorar. Mi trabajo en la escuela, por ejemplo. En eso no me iba demasiado bien porque, por supuesto, en casa estaba bajo mucha presión, tratando de cuidar a mi madre, preparando las comidas y finalmente trabajando afuera para ayudar. En la escuela sólo me quedaban energías para un trabajo brillante por año. Lo planeaba con esmero y lo mostraba para que las maestras vieran que no era idiota. Pero el resto del tiempo apenas pasaba. Ellas decían que no me esforzaba de verdad. ¡Ja! No sabían cuánto me esforzaba... para mantener todo bien en casa. Pero mis calificaciones no eran buenas, y mi padre gritaba y mi madre lloraba. Yo me culpaba por no ser perfecta. Y seguía esforzándome más que nunca.

En un hogar gravemente disfuncional como este, donde hay dificultades aparentemente insalvables, la familia se concentra en otros problemas más simples, que en cierto modo prometen ser solucionables. De esta manera, el trabajo y las calificaciones escolares de Lisa se convirtieron en el foco de atención de todos, incluso de Lisa misma. La familia necesitaba creer que ese problema, de ser rectificado, traería armonía.

Había una intensa presión sobre Lisa. No sólo trataba de solucionar los problemas de su padre al tiempo que cargaba con las responsabilidades de su madre, sino que también se la identificaba como la causa de esa desdicha. Debido a las proporciones monumentales de su tarea, nunca experimentó el éxito, a pesar de sus esfuerzos heroicos.

Naturalmente, su sentido del propio valor se resintió en forma terrible.

—Una vez llamé a mi mejor amiga y le dije: «Por favor, déjame hablarte. Si quieres, puedes leer un libro. Sólo necesito a alguien del otro lado de la línea». ¡Ni siquiera creía merecer que alguien escuchara mis problemas! Pero ella me escuchó, por supuesto. Su padre era un alcohólico en recuperación que asistía a A.A. Me costaba muchísimo admitir que algo andaba mal, a menos que la culpa fuese de mi padre. Realmente le odiaba.

Lisa y yo bebimos nuestro té en silencio unos momentos mientras ella luchaba con amargos recuerdos. Cuando pudo continuar, dijo simplemente:

—Mi padre nos dejó cuando yo tenía dieciséis años. Mi

hermana ya se había ido. Ella tenía tres años más que yo, y en cuanto cumplió los dieciocho consiguió un empleo de tiempo completo y se marchó de casa. Entonces quedamos solamente mi madre, mi hermano y yo. Creo que comenzaba a ceder la presión que yo misma me imponía para mantenerla a salvo y feliz, y para cuidar a mi hermano. Entonces fui a México y me casé, volví y me divorcié, y después anduve con muchos hombres durante años.

»Unos cinco meses después de que mi madre ingresó al programa de A.A., conocí a Gary. El primer día que pasé un rato con él estaba drogado. Paseamos en el auto con mi amiga, que lo conocía, y él estaba fumando marihuana. Le agradé y me agradó, y ambos por separado nos pasamos esa información a través de mi amiga, de modo que pronto me llamó y vino a visitarme. Hice que posara para mí mientras yo lo dibujaba, sólo por diversión, y recuerdo que me sentí abrumada de sentimientos por él. Era la sensación más poderosa que había tenido por un hombre.

»Otra vez estaba drogado y, sentado allí, hablando lentamente (usted sabe, como hablan bajo el efecto de la "hierba"), y tuve que dejar de dibujar porque mis manos empezaron a temblar tanto que no podía hacer nada. Sostenía el bloc de dibujo inclinado, apoyado sobre mis rodillas, para que él no pudiera ver cómo me temblaban las manos.

»Hoy sé que a lo que yo reaccionaba era al hecho de que él hablaba como lo hacía mi madre cuando había estado bebiendo todo el día. Las mismas pausas largas y palabras cuidadosamente seleccionadas que salían como demasiado recalcadas. Todo el amor y el cariño que yo sentía por mi madre se combinaban con mi atracción física hacia él como hombre apuesto. Pero por entonces yo no tenía idea de por qué estaba reaccionando así; entonces, por supuesto, lo llamé amor.

El hecho de que la atracción de Lisa hacia Gary y su relación con él empezaran tan poco tiempo después de que su madre dejara de beber no fue una casualidad. El vínculo que unía a ambas mujeres nunca se había cortado. Aun cuando las separaba una considerable distancia geográfica, su madre siempre había sido la primera responsabilidad y el vínculo más profundo para Lisa. Cuando la joven comprendió que su madre estaba cambiando, que se estaba recuperando de su alcoholismo sin su ayuda, reaccionó por miedo a que no la necesitaran. Pronto, Lisa estableció una nueva relación de profundidad con otro individuo adicto. Después de su matrimonio, sus relaciones con los hombres habían sido superficiales, hasta que llegó la sobriedad de su madre. Se «enamoró» de un adicto, cuando su madre recurrió a Alcohólicos Anónimos en busca de ayuda y apoyo para recuperarse. Lisa necesitaba una relación con una persona activamente adicta para sentirse «normal».

Lisa siguió describiendo la relación de seis años que tuvo con Gary. Gary se mudó al apartamento de ella casi de inmediato y dejó en claro, durante sus primeras semanas juntos, que en caso de que alguna vez tuvieran que elegir entre comprar droga y pagar el alquiler, para él la droga siempre estaría primero. Sin embargo, Lisa estaba segura de que cambiaría, que llegaría a valorar lo que tenían juntos y querría preservarlo. Estaba segura de que podría hacer que la amara como ella lo amaba.

Gary rara vez trabajaba y cuando lo hacía, fiel a su palabra, utilizaba sus ingresos para pagar la marihuana o el hachís más costosos. Al principio Lisa lo acompañó en el consumo de drogas, pero al ver que interfería con su capacidad de ganarse la vida lo dejó. Después de todo, era responsable por mantener a ambos, y tomaba su responsabilidad en serio. Cada vez que pensaba en decir a Gary que se marchara —después de que él había vuelto a sacarle dinero del bolso o cuando al volver, exhausta, del trabajo, encontraba una fiesta en el apartamento, o cuando él no había venido a casa en toda la noche— él compraba una bolsa de comida o la esperaba con la cena lista o le decía que había comprado un poco de cocaína especialmente para compartirla con ella, y la decisión de Lisa se esfumaba mientras se decía a sí misma que, después de todo, Gary la amaba.

Las historias que él le contaba de su niñez la hacían llorar de pena, y Lisa estaba segura de que, si lo amaba lo suficiente, podría compensarlo por todo lo que había sufrido. Sentía que no debía culparle ni hacerle responsable de su comportamiento, puesto que lo habían dañado cuando niño, y al concentrarse en remediar el pasado de Gary llegaba a olvidar su propio doloroso pasado.

Una vez, durante una discusión en que ella se negó a darle un cheque que le había enviado su padre como regalo de cumpleaños, Gary clavó un cuchillo en todos los cuadros del apartamento.

Lisa prosiguió con su historia.

—Por aquel entonces estaba tan enferma que llegué a pensar: «la culpa es mía; no debí hacer que se enojara tanto». Seguía culpándome por todo, tratando de reparar lo irreparable.

»El día siguiente fue un sábado. Gary había salido un rato y yo estaba limpiando todo, llorando y tirando las pinturas de tres años. Tenía el televisor encendido para distraerme, y estaban entrevistando a una mujer que había sido golpeada por su esposo. No se le veía la cara, pero hablaba de cómo había sido su vida y describió algunas escenas bastante horribles y después dijo: "No me parecía tan malo porque yo aún podía soportarlo".

Lisa sacudió la cabeza lentamente.

—Eso es lo que yo estaba haciendo: seguía en aquella situación terrible porque aún podía soportarla. Cuando oí a esa mujer, dije en voz alta: «¡Pero tú mereces algo más de lo peor que puedas soportar!». Y de pronto me oí y empecé a llorar mucho porque comprendí que yo también. Yo merecía más que el dolor y la frustración y la pérdida y el caos. Con cada pintura arruinada me dije: "Ya no viviré así".

Cuando Gary volvió, sus cosas estaban empacadas, esperándolo afuera. Lisa había llamado a su mejor amiga, que había traído a su esposo, y esta pareja ayudó a Lisa a tener el coraje de decir a Gary que se marchara.

—No hubo una escena porque estaban mis amigos, por

eso simplemente se marchó. Más tarde empezó a llamarme y a amenazarme, pero yo no reaccionaba de ninguna manera, de modo que después de un tiempo se dio por vencido.

»Sin embargo, quiero que entienda que no lo hice sola; me refiero a no reaccionar. Esa tarde, cuando todo había pasado, llamé a mi madre y le conté todo. Ella me dijo que comenzara a ir a las reuniones de A.A. para hijos adultos de alcohólicos. Solamente le hice caso porque estaba sufriendo demasiado.

Se trata de una comunidad de parientes y amigos de alcohólicos que se reúnen para ayudarse entre sí y a sí mismos a recuperarse de su obsesión por el alcohólico que hay en sus vidas. Las reuniones de hijos adultos son para hijos de alcohólicos que desean recuperarse de los efectos de haber vivido con el alcoholismo cuando niños. Esos efectos incluyen la mayoría de las características de amar demasiado.

—Entonces comencé a entenderme. Gary, para mí, era lo que el alcohol había sido para mi madre: era una droga de la que yo no podía prescindir. Hasta el día en que lo eché, siempre me había aterrado la idea de que se marchara, por eso hacía todo cuanto podía para complacerlo. Hice todas las cosas que había hecho cuando niña: trabajar duro, ser buena, no pedir nada para mí y encargarme de lo que era responsabilidad de otro.

»Como el sacrificio propio siempre había sido mi patrón de vida, no habría sabido quién era yo sin alguien a quien ayudar o algún sufrimiento que soportar.

El profundo apego de Lisa a su madre y el gran sacrificio de sus propias necesidades que requería ese vínculo la prepararon para posteriores relaciones de pareja que involucraban sufrimientos más que cualquier tipo de realización personal. Cuando niña, ella había tomado una profunda decisión de rectificar cualquier dificultad en la vida de su madre a través del poder de su propio amor y desinterés.

Esa decisión pronto se volvió inconsciente, pero continuó impulsándola. Totalmente desacostumbrada a evaluar formas de asegurar su propio bienestar pero experta en promover el bienestar de los demás, asumía relaciones que prometían otra oportunidad de enmendarlo todo para otra persona mediante la fuerza de su amor. Fiel a su historia, el hecho de no ganar ese amor a través de sus esfuerzos sólo la hacía esforzarse más.

Gary, con su adicción, su dependencia emocional y su crueldad, combinaba todos los peores atributos de la madre y el padre de Lisa. Irónicamente, eso explicaba su atracción hacia él. Si la relación que tuvimos con nuestros padres fue esencialmente sana, con expresiones adecuadas de afecto, interés y aprobación, entonces, como adultas, tendemos a sentirnos cómodas con las personas que engendran sentimientos similares de seguridad, calidez y una dignidad positiva. Más aún, tendemos a evitar a la gente que nos hace sentir menos positivas con respecto a nosotras mismas a través de sus críticas o de su manipulación para con nosotras. Su conducta nos resultará repelente.

Sin embargo, si nuestros padres se relacionaron con nosotras en forma hostil, crítica, cruel, manipuladora, dictatorial, demasiado dependiente, o en otras formas inadecuadas, eso es lo que nos parecerá «correcto» cuando conozcamos a alguien que exprese, quizá de manera muy sutil, matices de las mismas actitudes y conductas. Nos sentiremos cómodas con personas con quienes se recrean nuestros patrones infelices de relación, y tal vez nos sentiremos incómodas e inquietas con individuos más apacibles, más amables o más sanos en otros aspectos. O bien, debido al desafío de intentar cambiar a alguien a fin de hacer feliz a esa persona o de ganar afecto o aprobación reprimidos, tal vez simplemente nos sintamos aburridas con la gente más sana. A menudo el aburrimiento encubre sentimientos leves a intensos de malestar, que las mujeres que aman demasiado tienden a sentir cuando no están en el ya conocido papel de ayudar, esperar y prestar más atención al bienestar ajeno que al propio. En la mayoría de los hijos de alcohólicos, como también en los de otras clases de hogares disfuncionales, hay una fascinación con las personas que implican problemas y una adicción a la excitación, especialmente a la excitación negativa. Si el drama y el caos siempre estuvieron presentes en nuestra vida y si como sucede con tanta frecuencia, nos vimos forzados a negar muchos de nuestros sentimientos mientras crecíamos, a menudo necesitaremos acontecimientos dramáticos para poder engendrar un sentimiento. De esta manera, necesitamos la excitación que nos proporcionan la incertidumbre, el dolor, la decepción y la lucha sólo para sentirnos vivos.

Lisa concluyó su historia.

—La paz y la tranquilidad de mi vida después de la partida de Gary me enloquecían. Necesité todo mi esfuerzo para no llamarlo y volver a empezarlo todo. Pero poco a poco me fui acostumbrando a una vida más normal.

»Ahora no estoy saliendo con nadie. Sé que todavía estoy demasiado enferma para tener una relación saludable con un hombre. Sé que saldría a buscar otro Gary. Por eso, por primera vez, mi proyecto seré yo misma en lugar de tratar de cambiar a otra persona.

Lisa, en relación con Gary, al igual que su madre en relación con el alcohol, sufría un proceso de enfermedad, una compulsión destructiva sobre la cual ella sola no ejercía control alguno. Tal como su madre había desarrollado una adicción al alcohol y era incapaz de dejar de beber por sus propios medios, Lisa había desarrollado lo que también era una relación adictiva con Gary. No hago esta analogía ni empleo la palabra adictiva a la ligera al comparar la situación de ambas mujeres. La madre de Lisa se había vuelto dependiente de una droga, el alcohol, para evitar experimentar la intensa angustia y la desesperación que le producía su situación en la vida. Cuanto más utilizaba el alcohol para evitar sentir el dolor, más obraba la droga en su sistema nervioso para producir los mismos sentimientos que ella quería evitar. En última instancia, el alcohol aumentaba su dolor en vez de disminuirlo. Entonces, por supuesto, bebía más aún. Así fue como entró en la espiral de la adicción.

Lisa también trataba de evitar la angustia y la desesperación. Sufría una profunda depresión subyacente, cuyas raíces se remontaban a su dolorosa infancia. Esa depresión subyacente constituye un factor común en los hijos de todo tipo de hogares gravemente disfuncionales, y sus maneras de enfrentarla o, lo que es más típico, de evitarla, varían según el sexo, la disposición y el papel que tuvieron en la familia durante la niñez. Cuando llegan a la adolescencia, muchas jóvenes como Lisa, mantienen su depresión a raya desarrollando el estilo de amar demasiado. Al desarrollar relaciones caóticas pero estimulantes, que las distraen, con hombres inadecuados, están demasiado excitadas para hundirse en la depresión que está latente justo por debajo del nivel de la conciencia.

De esta manera, un hombre cruel, indiferente, deshonesto o difícil en otros aspectos se convierte, para esas mujeres, en el equivalente de una droga, y crea así un medio de evitar sus propios sentimientos, de la misma forma que el alcohol y otras sustancias que alteran el estado de ánimo crean en los drogadictos una vía de escape temporal, de la que no se atreven a separarse. Tal como sucede con el alcohol y las drogas, estas relaciones inmanejables que proporcionan la distracción necesaria también acarrean su carga de dolor. En un paralelo con el desarrollo de la enfermedad del alcoholismo, la dependencia en la relación se profundiza hasta el punto de la adicción. El hecho de estar sin la relación —es decir, estar sola con una misma— se puede experimentar como algo peor que el mayor sufrimiento producido por la relación, porque estar sola significa sentir el nuevo despertar del gran dolor del pasado combinado con el del presente.

Las dos adicciones son paralelas en ese aspecto, e igualmente difíciles de vencer. La adicción de una mujer a su pareja o a una serie de parejas inapropiadas puede deber su génesis a una variedad de problemas familiares. Aunque resulte irónico, los hijos adultos de alcohólicos tienen más suerte que los de otros antecedentes disfuncionales porque, al menos en las grandes ciudades, a menudo existen grupos de Alcohólicos Anónimos para apoyarlos mientras tratan de solucionar sus problemas con el amor propio y con las relaciones.

La recuperación de una adicción a una relación implica conseguir ayuda de un grupo de apoyo adecuado a fin de quebrar el ciclo de la adicción y de aprender a buscar sentimientos de valor propio y bienestar en otras fuentes, no en un hombre incapaz de fomentar esos sentimientos. La clave radica en aprender a vivir una vida sana, satisfactoria y serena sin depender de otra persona para ser feliz.

Es triste, pero para quienes están enredados en relaciones adictivas y quienes están atrapados en la telaraña de la adicción química, la convicción de que pueden manejar el problema por sí solos a menudo evita que busquen ayuda y, por lo tanto, anula la posibilidad de recuperación.

Debido a esa convicción —«puedo hacerlo solo»— a veces las cosas deben empeorar mucho antes de que puedan empezar a mejorar para tanta gente que lucha con alguna de esas enfermedades de adicción. La vida de Lisa tuvo que llegar a ser irremediablemente inmanejable para que ella pudiera admitir que necesitaba ayuda para vencer su adicción al dolor.

Por otra parte, no le ayudaba el hecho de que nuestra cultura otorga un viso romántico al sufrimiento por amor y a la adicción a una relación. Desde las canciones populares hasta la ópera, desde la literatura clásica hasta los romances arlequinescos, desde las telenovelas diarias hasta los filmes y obras de teatro aclamadas por la crítica, estamos rodeados por innumerables ejemplos de relaciones inmaduras e insatisfactorias que se ven glorificadas y ensalzadas. Una y otra vez, esos modelos culturales nos inculcan que la profundidad del amor se puede medir por el dolor que causa y que aquellos que sufren de verdad, aman de verdad. Cuando un cantante canta con voz suave y melancólica acerca de no poder dejar de amar a alguien a pesar de lo mucho que eso lo hace sufrir, hay algo en nosotros —tal vez a fuerza de vernos repetidamente expuestos a ese punto de vista— que acepta que lo que expresa el cantante es lo correcto. Aceptamos que ese sufrimiento es parte natural del amor y que la voluntad de sufrir por amor es un rasgo positivo en lugar de negativo.

Existen muy pocos modelos de personas que se relacionan con sus pares en forma sana, madura, honesta, no manipuladora y no explotadora, y esto quizá se deba a dos razones. En primer lugar, con toda sinceridad, tales relaciones son bastante escasas en la vida real. En segundo lugar, dado que la calidad de la interacción emocional en las relaciones sanas a menudo es mucho más sutil que el flagrante drama de las relaciones insatisfactorias, su potencial dramático tiende a ser pasado por alto en la literatura, el teatro y las canciones. Si nos vemos acosados por estilos perjudiciales de relacionarnos, tal vez sea porque eso es casi todo lo que vemos y sabemos.

Debido a la escasez de ejemplos de amor maduro y comunicación sana en los medios, durante años he tenido la fantasía de escribir un episodio de cada una de las telenovelas principales. En mi episodio, todos los personajes se comunicarían de forma honesta, cariñosa y no a la defensiva. No habría mentiras, ni secretos, ni manipulaciones, nadie que estuviera dispuesto a ser la víctima de otra persona y nadie sería el victimario. En cambio, los espectadores que vieran el episodio de ese día verían personas comprometidas en tener relaciones sanas entre sí, sobre la base de la genuina comunicación.

Este estilo de relación no sólo se opondría mucho al formato normal de esos programas sino que además ilustraría, por medio del extremo contraste, lo saturados que estamos de las representaciones de explotación, manipulación, sarcasmo, búsquedas de venganza, trampas deliberadas, celos, mentiras, amenazas, coerción, etc.; ninguna de estas cosas contribuye a una interacción saludable. Cuando uno piensa en el efecto que tendría un segmento que presentara una comunicación honesta y un amor maduro sobre la calidad de estas sagas, habría que considerar también el efecto que tendría la misma alteración en la vida de cada uno de nosotros.

Todo sucede en un contexto, inclusive nuestra forma de amar. Necesitamos tener conciencia de los defectos nocivos de nuestra visión social del amor y resistirnos a la inmadurez superficial y contraproducente en las relaciones personales que esta idealiza. Necesitamos desarrollar conscientemente una forma de relacionarnos más madura y abierta que la que parece apoyar nuestro medio cultural, para poder cambiar el torbellino y la excitación por una intimidad más profunda.

# 4

# La necesidad de ser necesitadas

*Es una mujer de buen corazón*
*enamorada de un oportunista*
*lo ama a pesar de sus modales perversos*
*que ella no entiende.*

Mujer de buen corazón

«No sé cómo lo hace todo. Yo me volvería loca si tuviera que soportar todo lo que soporta ella.»

«¡Y nunca la oí quejarse!»

«¿Por qué lo tolera?»

«De todos modos, ¿qué ve en él? Podría llevar una vida mucho mejor.»

La gente tiende a decir esta clase de cosas sobre una mujer que ama demasiado, al observar lo que parecen ser sus nobles esfuerzos por mejorar una relación aparentemente insatisfactoria. Pero las pistas que permiten explicar el misterio de su devoto apego, por lo general se pueden encontrar en las experiencias que tuvo cuando era niña. La mayoría de nosotras crecemos y continuamos en los papeles que adoptamos en nuestra familia de origen. Para muchas mujeres que aman demasiado, esos papeles a menudo implicaban negar nuestras propias necesidades e intentar satisfacer las de otros miembros de la familia. Tal vez las circunstancias nos obligaron a crecer demasiado rápido, a asumir prematuramente responsabilidades de adultas porque nuestra madre o nuestro padre estaban demasiado enfermos física o emocionalmente para cumplir con sus funciones propias. O quizás alguno de nuestros padres estuvo ausente debido a su muerte o a un divorcio y nosotras tratamos de tomar su lugar, ayudando a cuidar tanto a nuestros hermanos como al progenitor que nos quedaba. Tal vez nos convertimos en la madre de la familia mientras nuestra madre trabajaba para mantenernos. O quizá vivimos con ambos padres, pero debido a que uno de ellos estaba furioso o frustrado o infeliz y el otro no reaccionaba a eso con apoyo, nos encontramos en el papel de confidentes, oyendo detalles de su relación que eran demasiada carga para que pudiéramos manejarla emocionalmente. Escuchábamos porque teníamos miedo de las consecuencias que podrían aquejar al progenitor que sufría si no lo hacíamos, y miedo de la pérdida de amor si no cumplíamos el papel que nos había tocado en suerte. Por eso no nos protegíamos, y nuestros padres tampoco nos protegían, porque necesitaban vernos más fuertes de lo que éramos en realidad. Si bien éramos demasiado inmaduras para esa responsabilidad, terminamos protegiéndolos a ellos. Al ocurrir esto, aprendimos a edad demasiado temprana y demasiado bien a cuidar a todos, menos a nosotras mismas. Nuestra propia necesidad de amor, atención, cariño y seguridad quedó insatisfecha mientras fingíamos ser más poderosas y menos temerosas, más adultas y menos necesitadas, de lo que realmente nos sentíamos. Y habiendo aprendido a negar nuestro propio anhelo de que nos cuidaran, crecimos buscando más oportunidades de hacer lo que habíamos aprendido a hacer tan bien: preocuparnos por las necesidades y exigencias de los demás en lugar de admitir nuestro miedo, nuestro dolor y nuestras necesidades insatisfechas. Hace tanto tiempo que fingimos ser adultas, que pedimos tan poco y hacemos tanto, que ahora nos parece demasiado tarde para esperar nuestro turno, entonces seguimos ayudando, con la esperanza de que nuestro miedo desaparecerá y nuestra recompensa será el amor.

La historia de Melanie viene al caso como ejemplo de la manera en que el hecho de crecer demasiado rápido con demasiadas responsabilidades —en este caso, la de reemplazar a un progenitor ausente— puede crear una compulsión de atender a los demás.

El día en que nos conocimos, al terminar una charla que yo había dado a un grupo de estudiantes de enfermería, no pude evitar notar que su rostro era un estudio en contrastes. La nariz pequeña y respingada, con sus pecas, y las mejillas con profundos hoyuelos y muy blancas le daban un atractivo aire travieso. Esos rasgos vivaces parecían fuera de lugar en el mismo semblante que revelaba ojeras tan oscuras bajo sus claros ojos grises. Desde debajo de su cabello castaño ondeado, parecía un duende pálido y cansado.

Había esperado a un lado, mientras yo conversaba durante bastante tiempo con cada uno de los estudiantes que se habían quedado luego del fin de mi conferencia. Tal como sucedía a menudo siempre que tocaba el tema de la enfermedad familiar del alcoholismo, varios estudiantes querían hablar de cuestiones demasiado personales para plantearlas en el período de preguntas y respuestas siguiente a mi exposición.

Cuando se marchó el último de sus compañeros, Melanie me permitió un momento de descanso; luego se presentó y estrechó mi mano con calidez y firmeza sorprendentes en alguien tan menudo y delicado como ella.

Había esperado tanto tiempo y con tanta paciencia para hablar conmigo que, a pesar de su aparente seguridad, sospeché que la conferencia de esa mañana había tocado en ella un sentimiento profundo. Para darle una oportunidad de explayarse, la invité a caminar por el parque universitario. Mientras yo recogía mis cosas y salíamos de la sala de conferencias, ella conversaba con afabilidad, pero una vez que salimos al gris mediodía de noviembre se volvió silenciosa y meditativa.

Caminamos por un sendero desierto, donde el único sonido era bajo nuestros pies, el crujido de las hojas caídas de los sicomoros.

Melanie se detuvo para tocar con el pie un par de hojas en forma de estrella, con sus puntas curvadas hacia arriba como estrellas de mar secas, que dejaban al descubierto su pálido reverso. Después de un momento, dijo suavemente:

—Mi madre no era alcohólica, pero por lo que usted dijo esta mañana sobre la forma en que esa enfermedad afecta a una familia, es como si lo hubiera sido. Era una enferma mental, realmente muy loca, y eso finalmente la mató. Sufría profundas depresiones, iba muchas veces al hospital, y a veces permanecía allí mucho tiempo. Las drogas que utilizaban para «curarla» sólo parecían empeorar su estado. En lugar de ser una loca despierta, la convertían en una loca ida. Pero a pesar del efecto de esas drogas, a la larga se las ingenió para que uno de sus intentos de suicidio diera resultado. Si bien tratábamos de no dejarla sola nunca, aquel día todos habíamos salido un rato. Se ahorcó en el garaje. Mi padre la encontró.

Melanie sacudió la cabeza con rapidez, como para dispersar los oscuros recuerdos que se habían congregado en ella, y prosiguió:

—Esta mañana oí muchas cosas con las que pude identificarme, pero usted dijo en su conferencia que los hijos de alcohólicos o de otros hogares disfuncionales con mucha frecuencia eligen como pareja a un alcohólico o un adicto a otras drogas, y eso se aplica a Sean. A él no le gusta mucho beber ni drogarse, gracias a Dios. Pero tenemos otros problemas.

Apartó la vista, levantando el mentón.

—Por lo general puedo encargarme de todo —prosiguió, bajando el mentón—, pero está comenzando a afectarme. —Luego me miró de frente, sonrió y se encogió de hombros—. Me estoy quedando sin comida, sin dinero y sin tiempo, eso es todo.

Dijo eso como si fuera la culminación ingeniosa de un

chiste, a la que hubiera que reaccionar con diversión, sin tomarlo en serio. Tuve que estimularla para que me diera detalles, lo cual hizo en tono desapasionado.

—Sean se ha marchado otra vez. Tenemos tres hijos: Susie, de seis años; Jimmy, de cuatro, y Peter, que tiene dos y medio. Estoy trabajando parte del tiempo como empleada en un hospital, trato de conseguir mi título de enfermera y de mantener la casa. En general Sean cuida a los niños cuando no está en la escuela de arte, o cuando no se ha marchado.

Dijo esto último sin una pizca de amargura.

—Nos casamos hace siete años. Yo tenía diecisiete y acababa de terminar la escuela secundaria. Él tenía veinticuatro, hacía algunos trabajos como actor y estudiaba parte del tiempo. Yo solía ir a su apartamento los domingos y les cocinaba aquellos verdaderos festines. Yo era su chica de los domingos por la noche. Los viernes y sábados él tenía alguna actuación o salía con otra persona. De todos modos, todos me querían en ese apartamento. Mis comidas eran lo mejor que les pasaba en toda la semana. Solían bromear con Sean, diciéndole que debería casarse conmigo y dejar que yo lo atendiera. Creo que a él le gustó la idea porque eso fue lo que hizo. Me pidió que me casara con él y, por supuesto, acepté. Yo estaba encantada. Era tan apuesto. ¡Mire! —Abrió su bolso y sacó un pequeño estuche de fotografías. La primera era de Sean: ojos oscuros, pómulos marcados y un mentón con un hoyuelo profundo se combinaban en un rostro meditativo y atractivo. Era una versión de tamaño pequeño de lo que parecía una fotografía tomada para publicidad de un actor o un modelo. Le pregunté si lo era, y Melanie confirmó que sí y nombró a un famoso fotógrafo que había hecho el trabajo.

—Parece un perfecto Heathcliff —observé, y ella asintió con orgullo.

Miramos las otras fotografías, que mostraban a tres niños en diversas etapas de su desarrollo: gateando, empezando a caminar, soplando velitas de cumpleaños. Con la esperanza de ver una fotografía menos en pose de Sean, comenté que él no aparecía en ninguna de las fotografías de los niños.

—No, por lo general él las toma. Tiene bastantes antecedentes en fotografía, además de actuación y arte.

—¿Trabaja en alguno de esos campos? —pregunté.

—Bueno, no. Su madre le envió un poco de dinero, así que volvió a marcharse a Nueva York, para ver qué oportunidades encuentra allí.

La voz de Melanie bajó en forma casi imperceptible.

Dada su evidente lealtad a Sean, yo habría esperado verla más esperanzada con respecto a ese viaje a Nueva York. Al ver que no era así, le pregunté:

—Melanie, ¿qué sucede?

Con los primeros indicios de queja, respondió:

—El problema no es nuestro matrimonio. Es su madre. Siempre le envía dinero. Cada vez que él está a punto de establecerse con nosotros, o que, para variar, está asentándose en un empleo, ella le envía un cheque y entonces él se marcha. Ella no sabe decirle que no. Si tan sólo dejara de enviarle dinero estaríamos bien.

—¿Y si nunca deja de hacerlo?

—Entonces Sean tendrá que cambiar. Haré que vea cuánto nos está lastimando. —Aparecieron lágrimas en sus pestañas oscuras—. Tendrá que rechazar sus ofrecimientos de dinero.

—Melanie, eso no parece demasiado probable por lo que me dices.

Levantó la voz y habló con más precisión.

—Ella no va a arruinar esto. Él cambiará.

Melanie encontró una hoja especialmente grande y en sus siguientes pasos la pateó, observando cómo se desintegraba delante de ella. Esperé unos momentos y luego pregunté:

—¿Hay algo más?

Aún pateando la hoja, Melanie respondió:

—Él ha ido a Nueva York muchas veces y cuando está allá ve a otra persona.

Volvió a hablar en voz baja y desapasionada.

—¿Otra mujer? —pregunté, y Melanie apartó la vista al asentir—. ¿Cuánto tiempo hace que la ve?

—Oh, hace años, en realidad. —En ese punto Melanie se encogió de hombros—. Comenzó con mi primer embarazo. Yo casi no lo culpaba. Yo estaba tan enferma y me sentía tan mal, y él estaba tan lejos...

Era asombroso, pero Melanie asumía la culpa por la infidelidad de Sean, además de la carga de mantener a él y a sus hijos mientras él probaba distintas ocupaciones. Le pregunté si alguna vez había pensado en divorciarse.

—De hecho, nos separamos una vez. Es tonto decirlo, porque estamos separados todo el tiempo, en la forma en que él se ausenta. Pero una vez le dije que quería separarme, más que nada para darle una lección, y entonces estuvimos realmente separados unos seis meses. Él seguía llamándome y yo le enviaba dinero cuando lo necesitaba, si tenía alguna oportunidad y necesitaba algo para mantenerse hasta entonces. ¡Incluso conocí a otros dos hombres! —Melanie parecía sorprendida de que otros hombres se interesaran en ella—. Los dos eran buenos con los niños, y cada uno quería ayudarme en la casa, arreglar lo que no andaba e incluso comprarme pequeñeces que yo necesitaba. Era agradable que me trataran así. Pero en realidad yo no sentía nada por ellos. Nunca pude volver a sentir nada como la atracción que aún sentía por Sean. Por eso, a la larga, volví a él. —Sonrió—. Entonces tuve que explicarle por qué en casa todo estaba en tan buen estado.

Habíamos llegado a la mitad del parque y yo quería saber más acerca de la niñez de Melanie, comprender las experiencias que la habían preparado para las penurias de su situación actual.

—Cuando te recuerdas como niña, ¿qué ves? —le pregunté, y ella frunció el entrecejo al recordar.

—¡Oh, es muy gracioso! Me veo con el delantal de cocina, de pie sobre un taburete frente a la cocina, revolviendo una cacerola. Yo era la tercera de cinco hijos y tenía catorce años cuando murió mi madre, pero empecé a cocinar y a limpiar mucho tiempo antes, porque ella estaba muy enferma. Después de un tiempo, ella no salía nunca de la habitación trasera. Mis dos hermanos mayores consiguieron trabajo después de terminar la escuela para ayudar a mantener la casa, y yo me convertí en una especie de madre para todos. Mis dos hermanas eran tres y cinco años menores que yo, así que casi todo el trabajo de la casa dependía de mí. Pero nos arreglábamos bien. Papá trabajaba y hacía las compras. Yo cocinaba y limpiaba. Hacíamos todo lo que podíamos. El dinero siempre escaseaba, pero nos arreglábamos. Papá trabajaba muchísimo, y a menudo tenía dos empleos. Por eso pasaba mucho tiempo fuera de casa. Creo que en parte lo hacía porque era necesario, y en parte para evitar ver a mi madre. Todos la evitábamos cuanto podíamos. Ella era muy difícil.

»Mi padre volvió a casarse cuando yo estaba por terminar la escuela secundaria. Las cosas enseguida se volvieron más fáciles porque su nueva esposa también trabajaba y tenía una hija de la misma edad que mi hermana menor, que por entonces tenía doce años. Todo comenzó a ir bien. El dinero no era tanto problema. Papá era mucho más feliz. Por primera vez había suficiente para todos.

—¿Qué sentiste cuando murió tu madre? —le pregunté.

La mandíbula de Melanie se endureció.

—La persona que murió no había sido mi madre en muchos años. Era otra persona: alguien que dormía o gritaba y causaba problemas. La recuerdo cuando aún era mi madre, pero muy vagamente. Tengo que evocar a alguien que era suave, dulce y que nos cantaba mientras trabajaba o jugaba con nosotros. ¿Sabe? Era irlandesa y cantaba canciones muy melancólicas... De todos modos, creo que cuando murió nos sentimos aliviados. Pero yo también me sentía culpable de que, quizá, si la hubiese entendido mejor o querido más ella no se habría enfermado tanto. No pienso en ello si puedo evitarlo.

Nos estábamos acercando a mi destino, y en los instantes

que nos quedaban esperaba ayudar a Melanie a tener por lo menos un vistazo del origen de sus problemas en el presente.

—¿Ves alguna similitud entre tu vida cuando niña y ahora? —le pregunté.

Melanie rió, incómoda.

—Más que nunca, sólo al hablarlo ahora. Veo cómo aún sigo esperando (que Sean venga a casa, tal como esperaba a mi padre cuando no estaba) y me doy cuenta de que nunca culpo a Sean por lo que hace porque sus ausencias están mezcladas en mi mente con las de mi padre, cuando se marchaba para poder mantenemos a todos. Veo que no es lo mismo, y sin embargo siento lo mismo al respecto, como si yo debiera simplemente aprovechar la situación al máximo posible.

Hizo una pausa y entrecerró los ojos como para ver mejor los patrones que se desplegaban ante ella.

—Oh, y yo sigo siendo la pequeña y valiente Melanie, la que se encarga de todo, la que revuelve la cacerola en la cocina, la que atiende a los niños. —Sus mejillas adquirieron un tono rosado al reconocerlo—. Entonces es verdad lo que usted dijo en su conferencia sobre los niños como lo fui yo. ¡Sí, buscamos personas con quienes podamos jugar los mismos papeles que cuando estábamos creciendo!

Al despedirnos, Melanie me abrazó con fuerza y dijo:

—Gracias por escucharme. Creo que sólo necesitaba hablar un poco sobre todo esto. Y lo entiendo mejor, pero no estoy lista para darme por vencida... ¡aún no! —Su ánimo había mejorado visiblemente al decir, otra vez con el mentón elevado—: Además, Sean sólo necesita crecer. Y lo hará. Tiene que hacerlo, ¿no cree?

Sin esperar una respuesta, dio media vuelta y echó a andar sobre las hojas caídas.

En verdad, la comprensión de Melanie era ahora más profunda, pero había muchas otras similitudes entre su niñez y su vida actual que permanecían fuera de su conciencia.

¿Por qué una joven tan brillante, atractiva, enérgica y capaz como Melanie necesitaría una relación tan cargada de dolor y penurias como la que tenía con Sean? Porque para ella y para otras mujeres que han crecido en hogares profundamente infelices, donde las cargas emocionales eran demasiado pesadas y las responsabilidades demasiado grandes, para estas mujeres lo agradable y lo desagradable se han confundido y mezclado hasta llegar a ser una misma cosa.

Por ejemplo, en el hogar de Melanie, la atención de los padres era insignificante debido a la dificultad general para manejar la vida mientras la familia intentaba salir adelante con la desintegración de la personalidad de la madre. Los esfuerzos heroicos de Melanie para encargarse de la casa se veían recompensados con lo más cercano al amor que ella experimentaría: la agradecida dependencia de su padre con respecto a ella. Los sentimientos de miedo y de sobrecarga que serian naturales en una criatura en tales circunstancias se veían eclipsados por su sentido de competencia, que surgía de la necesidad de su padre de que lo ayudara y de la incapacidad de su madre. ¡Qué duro para una criatura ser tratada como alguien más fuerte que un progenitor e indispensable para el otro! Ese papel en su niñez formó la identidad de Melanie como una salvadora que podía elevarse por sobre las dificultades y el caos y rescatar a quienes la rodeaban con su coraje, su fortaleza y su indómita voluntad.

Este complejo de salvación parecía más saludable de lo que es. Si bien es loable ser fuerte en una crisis, Melanie, al igual que otras mujeres de antecedentes similares, necesitaba las crisis para poder funcionar. Sin alboroto, tensiones o una situación desesperada de la cual encargarse, los sentimientos de sobrecarga emocional latentes desde la niñez saldrían a la superficie y se volverían demasiado amenazadores. Cuando niña, Melanie fue la ayudante de su padre, al tiempo que hacía las veces de madre de los demás niños. Pero ella también era una criatura que necesitaba a sus padres, y dado que su madre estaba demasiado alterada mentalmente y su padre era demasiado inaccesible, sus propias necesidades quedaron insatisfechas. Los otros niños tenían a Melanie para regañarlos, preocuparse por ellos y cuidarlos. Melanie no tenía a nadie. No sólo le faltaba su madre; también tuvo que aprender a pensar y a actuar como un adulto. No había lugar ni tiempo para expresar su propio pánico, y pronto esa misma falta de oportunidad para tomar su turno emocionalmente, comenzó a parecerle correcta. Si fingía ser adulta durante el tiempo suficiente, podría ingeniárselas para olvidar que era una niña asustada. Pronto Melanie no sólo funcionaba bien en el caos, sino que llegó a necesitarlo para poder vivir. La carga que llevaba sobre sus hombros la ayudaba a evitar su propio pánico y su dolor. La abrumaba y le daba alivio al mismo tiempo.

Más aún, el sentido del valor que ella desarrolló era el resultado de haber cargado con responsabilidades que sobrepasaban su capacidad de niña. Ganó aprobación trabajando duro, atendiendo a los demás, y sacrificando sus propias necesidades. Fue así como el martirio también llegó a formar parte de su personalidad y se combinó con su complejo de salvadora para hacer de Melanie un verdadero imán para alguien que implicara problemas, alguien como Sean. Debido a las inusuales circunstancias de su niñez, lo que de otra manera habrían sido sentimientos y reacciones normales se exageraron peligrosamente en Melanie. Resultará útil hacer un breve repaso de algunos aspectos importantes del desarrollo infantil a fin de entender mejor las fuerzas que estaban en juego en la vida de Melanie.

Para los niños que crecen en una familia nuclear, es natural tener fuertes deseos de deshacerse del progenitor de su mismo sexo para poder tener al amado progenitor del sexo opuesto sólo para ellos. Los niñitos varones desean de corazón que papá desaparezca para tener todo el amor y la atención de mamá. Y las niñitas sueñan con reemplazar a su madre como la esposa de papá. La mayoría de los padres han recibido «propuestas» de sus hijos del sexo opuesto que expresan este anhelo. Un varón de cuatro años dice a su madre: «Cuando sea grande me casaré contigo, mami». O una niña de tres años dice a su padre: «Papi, tengamos una casa tú y yo solos, sin mami». Estos anhelos muy normales reflejan algunos de los sentimientos más fuertes que experimenta una criatura. Sin embargo, si algo llegara a ocurrir al rival envidiado y eso ocasionara un daño o la ausencia de ese progenitor en la familia, el efecto sobre la criatura sería devastador.

Cuando en una familia así la madre sufre alteraciones emocionales, enfermedades físicas graves o crónicas, alcoholismo o drogadicción (o si está ausente física o emocionalmente por cualquier otro motivo), entonces la hija (por lo general la hija mayor, si hay dos o más) es elegida casi invariablemente para suplir el puesto vacante debido a la enfermedad o la ausencia de la madre. La historia de Melanie ejemplifica los efectos de tal «ascenso» en una niña. Debido a la presencia de una enfermedad mental debilitante en su madre, Melanie heredó el puesto de jefe femenino de la casa. Durante los años en que su identidad estaba en formación, ella fue, en muchos aspectos, la compañera de su padre más que su hija. Al discutir y organizar los problemas de la casa, funcionaban como equipo. En cierto sentido, Melanie tenía a su padre para ella sola porque tenía con él una relación que era profundamente diferente de la que tenían con él sus hermanos. Era casi su par. Además, durante varios años ella fue mucho más fuerte y estable que su madre enferma. Eso significó que los deseos infantiles normales de Melanie de tener a su padre para ella sola se cumplieron, pero a costa de la salud de su madre y, finalmente, de la vida de ésta.

¿Qué sucede cuando los deseos infantiles de librarse del progenitor del mismo sexo y de obtener al progenitor del sexo opuesto para uno solo se cumplen? Hay tres consecuencias extremadamente poderosas, que determinan el carácter y obran en forma inconsciente.

La primera es la culpa.

Melanie se sentía culpable al recordar el suicidio de su madre y su propia incapacidad de evitarlo, la clase de culpa que se experimenta en forma consciente y que cualquier miembro de la familia siente naturalmente ante una tragedia así. En Melanie, esa culpa consciente se vio exacerbada por su superdesarrollado sentido de la responsabilidad por el bienestar de todos los miembros de su familia. Pero además de esta pesada carga de culpa consciente, ella llevaba otra carga más pesada aún.

El cumplimiento de sus deseos infantiles de tener a su padre para ella sola produjo en Melanie una culpa inconsciente además de la culpa consciente que sentía por no haber podido salvar a su madre mentalmente enferma del suicidio. Esto, a su vez, generó un impulso de compensación, una necesidad de sufrir y soportar penurias a modo de expiación. Esta necesidad, combinada con la familiaridad de Melanie con el papel de mártir, creó en ella algo cercano al masoquismo. Había bienestar, si no verdadero placer, en su relación con Sean, con todo su dolor, soledad y abrumadora responsabilidad inherentes.

La segunda consecuencia son los sentimientos inconscientes de incomodidad ante las implicaciones sexuales del hecho de tener al progenitor deseado para uno mismo. Comúnmente, la presencia de la madre (o, en estos días de divorcios frecuentes, la de otra compañera o pareja sexual para el padre, como una madrastra o novia) proporciona seguridad tanto al padre como a la hija. La hija está en libertad de desarrollar un sentido de sí misma como alguien atractivo y amado a los ojos de su padre, y al mismo tiempo sentirse protegida de un cumplimiento abierto de los impulsos sexuales que inevitablemente se generan entre ellos, por la fuerza del vínculo de su padre con una mujer adulta adecuada.

Entre Melanie y su padre no se desarrolló una relación incestuosa, pero dadas las circunstancias bien podría haber sucedido. La dinámica que operaba en su familia está presente con mucha frecuencia cuando se desarrollan relaciones incestuosas entre padres e hijas. Cuando una madre, por el motivo que fuere, abdica de su papel apropiado como pareja de su esposo y madre de sus hijos, y provoca el ascenso de una hija a ese puesto, está obligando a su hija no sólo a asumir sus responsabilidades sino también la expone al riesgo de convertirse en objeto de los impulsos sexuales de su padre. (Si bien aquí se podría interpretar que toda la responsabilidad es de la madre, en realidad el hecho de que haya incesto es completa responsabilidad del padre. Esto se debe a que, como adulto, es su deber proteger a su hija en lugar de usarla para su propia gratificación sexual.)

Por otro lado, aun cuando el padre nunca encare a su hija sexualmente, la falta de un vínculo fuerte entre los padres y la asunción por parte de la hija del papel materno en la familia sirven para acrecentar los sentimientos de atracción sexual entre padre e hija. Debido a su relación estrecha, es probable que la hija tenga una conciencia incómoda de que el interés especial de su padre por ella tiene ciertos matices sexuales. O bien la inusual accesibilidad emocional del padre puede hacer que la hija concentre en él sus nacientes sensaciones sexuales más de lo que lo haría en circunstancias normales. En un esfuerzo por evitar la violación, aun en pensamiento, del poderoso tabú del incesto, tal vez ella se insensibilice a la mayoría o incluso a todos sus sentimientos sexuales. La decisión de hacerlo, nuevamente, es inconscientemente, una defensa contra el más amenazador de los impulsos: la atracción sexual hacia un progenitor. Como es inconsciente, esta decisión no se examina ni se revierte con facilidad.

El resultado es una joven que puede sentirse incómoda con cualquier sentimiento sexual, debido a las inconscientes violaciones del tabú que se asocian con ellos. Cuando esto sucede, la atención maternal puede ser la única forma inocua de expresar amor.

La forma principal en que Melanie se relacionaba con Sean consistía en sentirse responsable por él. Hacía mucho tiempo que eso se había convertido en su manera de sentir y expresar amor.

Cuando Melanie tenía diecisiete años, su padre la «reemplazó» por su nueva esposa, un matrimonio que ella, aparentemente, recibió con alivio. El hecho de que sintiera tan poca amargura por la pérdida de su papel en el hogar quizá se haya debido, en gran parte, a la aparición de Sean y sus compañeros de cuarto, para quienes Melanie realizaba muchas de las mismas funciones que había llevado a cabo antes en su casa. Si esa situación no hubiera llegado a convertirse en un matrimonio con Sean, Melanie podría haberse enfrentado a una profunda crisis de identidad. Pero no fue así: Melanie quedó embarazada de inmediato y así volvió a recrear su papel de encargada, mientras Sean cooperaba comenzando, al igual que el padre de Melanie, a ausentarse gran parte del tiempo.

Ella le enviaba dinero aun mientras estaban separados, compitiendo con la madre de Sean para ser la mujer que lo cuidaba mejor. (Era una competencia que ya había ganado a su propia madre, en relación con su padre.)

Durante su separación de Sean, cuando aparecieron en su vida otros hombres que no necesitaban sus cuidados maternales y que, de hecho, trataron de invertir los papeles ofreciéndole la ayuda que tanto necesitaba, no pudo relacionarse con ellos emocionalmente. Sólo se sentía cómoda proporcionando atención.

La dinámica sexual de la relación de Melanie con Sean nunca había proporcionado el poderoso vínculo entre ellos que si creaba la necesidad de Sean por la atención de Melanie. De hecho, la infidelidad de Sean simplemente proporcionó a Melanie otro reflejo de su experiencia infantil. Debido al avance de su enfermedad mental, la madre de Melanie se convirtió en una cada vez más vaga, apenas visible, «otra mujer», que estaba en la habitación trasera de la casa, emocional y físicamente apartada de la vida y los pensamientos de Melanie. Melanie manejaba su relación con su madre manteniendo la distancia y evitando pensar en ella. Más tarde, cuando Sean se interesó por otra mujer, esta también era alguien vago y distante, a quien Melanie no percibía como una verdadera amenaza a lo que era, al igual que su anterior relación con su padre, una sociedad algo asexual pero práctica. No olvidemos que el comportamiento de Sean no carecía de precedentes. Antes de que se casaran, su patrón establecido de conducta había consistido en buscar la compañía de otras mujeres al tiempo que permitía que Melanie se ocupara de sus necesidades prácticas menos románticas. Melanie lo sabía y, aun así, se casó con él...

Después del matrimonio, ella inició una campaña para cambiarlo mediante la fuerza de su voluntad y su amor. Esto nos lleva a la tercera consecuencia del cumplimiento de los deseos y fantasías infantiles de Melanie: su creencia en su propia omnipotencia.

Los niños normalmente creen que ellos, sus pensamientos y sus deseos tienen un poder mágico y que son la causa de todos los acontecimientos significativos de su vida. Comúnmente, sin embargo, aun cuando una niñita desee con ardor ser la pareja de su padre para siempre, la realidad le enseña que eso no es posible. Le guste o no, a la larga debe aceptar el hecho de que la pareja de su padre es su madre. Es una gran lección en su joven vida: aprender que ella no siempre puede lograr, mediante el poder de su voluntad, lo que más desea. En efecto, esta lección contribuye mucho a deshacer su creencia en su propia omnipotencia y la ayuda a aceptar las limitaciones de su voluntad personal.

En el caso de la joven Melanie, sin embargo, ese poderoso deseo se cumplió. En muchos aspectos ella reemplazó a su madre. Aparentemente por los poderes mágicos de sus deseos y su voluntad, ella ganó a su padre para sí misma. Luego, con una impertérrita creencia en el poder de su voluntad para provocar lo que deseara, se vio atraída a otras situaciones difíciles y emocionalmente intensas, las cuales también intentó cambiar por arte de magia. Los desafíos que más tarde enfrentó sin quejas, armada sólo con su voluntad —un marido irresponsable, inmaduro e infiel, la carga de criar tres hijos virtualmente sola, severos problemas económicos y un exigente programa de estudios además de un trabajo por tiempo parcial— fueron prueba de ello.

Sean proporcionó a Melanie un personaje perfecto para realzar sus esfuerzos de cambiar a otra persona a través del poder de su voluntad, tal como él satisfacía las otras necesidades fomentadas por el papel pseudoadulto de Melanie en su niñez, en el hecho de que le daba amplias oportunidades de sufrir y soportar, y de evitar la sexualidad mientras ejercía su predilección por la atención y el cuidado de su familia.

A esta altura debe estar bien claro que Melanie no fue, de ninguna manera, una víctima infortunada de un matrimonio infeliz. Todo lo contrario. Ella y Sean satisfacían todas las necesidades psicológicas mutuas más profundas. Era una pareja perfecta. El hecho de que los obsequios monetarios oportunos de la madre de Sean constituyeran un conveniente impedimento para cualquier impulso hacia el crecimiento o la madurez, era realmente un problema para ese matrimonio, pero no, como prefería verlo Melanie, El Problema. Lo que en realidad funcionaba mal era el hecho de que se trataba de dos personas cuyos patrones inadecuados de vida y cuyas actitudes hacia la vida, si bien no eran de ningún modo idénticos, se complementaban tan bien que, de hecho, se capacitaban mutuamente para seguir siendo infelices.

Imaginemos a los dos, Sean y Melanie, como bailarines en un mundo en que todos bailan y crecen aprendiendo sus rutinas individuales. Debido a acontecimientos y personalidades particulares y, más que nada, al aprender los bailes que se realizaron con ellos durante toda su niñez, tanto Sean como Melanie desarrollaron un repertorio único de gestos, movimientos y pasos psicológicos.

Un buen día se conocieron y descubrieron que sus estilos distintos de bailar, al hacerlo juntos, se sincronizaban mágicamente en un dúo exquisito, un perfecto *pas de deux* de acción y reacción. Cada movimiento que hacía uno se veía correspondido por el otro, lo cual daba como resultado una coreografía que permitía que sus estilos fluyeran sin interrupción, girando una y otra vez.

Cada vez que Sean se desligaba de una responsabilidad, ella se apresuraba a asumirla. Cuando ella reunía para sí todas las cargas de criar a su familia, él se marchaba con una pirueta, proporcionándole lugar de sobra para ocuparse del cuidado. Cuando él buscaba otra compañía femenina en el escenario, ella suspiraba con alivio y apresuraba su danza para distraerse. Mientras él se alejaba bailando y salía del escenario, ella realizaba un perfecto paso de espera. Girando una y otra vez…

Para Melanie, a veces era un baile excitante, a menudo solitario; ocasionalmente, era avergonzante o agotador. Pero lo último que deseaba era detener el baile que conocía tan bien. Los pasos, los movimientos, todo le parecía tan bien que estaba segura de que ese baile se llamaba amor.

# 5

# ¿Bailamos?

*«¿Cómo fue que te casaste con él?»*
*Bueno, ¿cómo se puede decir eso*
*a alguien? Como él bajaba la cabeza*
*en actitud humilde y levantaba los ojos*
*para mirar con aire esquivo, como*
*lo hacen los bebés… Cómo lograba*
*entrar al corazón de una: dulce,*
*cariñoso, juguetón… Él dijo: «Eres*
*tan fuerte, querida». Y yo le creí.*
*¡Yo lo creí!*

Marilyn French,
*El Corazón Sangrante*

¿Cómo hacen las mujeres que aman demasiado para encontrar a los hombres con quienes pueden continuar los patrones perjudiciales de relación que desarrollan en la niñez? ¿Cómo, por ejemplo, hace la mujer cuyo padre nunca estuvo emocionalmente presente para encontrar un hombre cuya atención ella busca constantemente pero no puede ganar? ¿Cómo es que la mujer que proviene de un hogar violento se las ingenia para formar pareja con un hombre que la golpea? ¿Cómo es que la mujer que se crió en un hogar alcohólico encuentra un hombre que ya padece o pronto desarrollará la enfermedad del alcoholismo? ¿Cómo hace la mujer cuya madre siempre dependió de ella emocionalmente para encontrar un esposo que necesita que ella lo cuide?

De todas las posibles parejas que encuentran, ¿cuáles son los indicios que llevan a estas mujeres hacia los hombres con quienes pueden continuar el baile que conocen tan bien desde la niñez? ¿Y cómo reaccionan (o no reaccionan) cuando se encuentran con un hombre cuya conducta es más sana y menos necesitada, inmadura o abusiva de lo que están acostumbradas, cuyo estilo de baile no concuerda tan bien con el de ellas?

En el área de la terapia hay un viejo cliché que dice que la gente a menudo se casa con alguien que es igual a la madre o al padre con quien lucharon mientras crecían. Este concepto no es absolutamente acertado. No es tan cierto que la pareja que elegimos sea igual a mamá o a papá, sino que con esa pareja podemos sentir lo mismo y enfrentar los mismos desafíos que encontramos al crecer: podemos repetir la atmósfera de niñez que ya conocemos tan bien, y utilizar las mismas maniobras en las que ya tenemos tanta práctica. Esto es lo que, para la mayoría de nosotras, constituye el amor. Nos sentimos en casa, cómodas, exquisitamente «bien» con la persona con quien podemos hacer todos nuestros movimientos conocidos y experimentar todos nuestros sentimientos conocidos. Aun cuando los movimientos nunca hayan dado resultado y los sentimientos resulten incómodos, son los que conocemos mejor. Experimentamos esa sensación especial de que realmente es lo correcto estar con ese hombre que nos permite, como su pareja, bailar los pasos que ya conocemos. Es con él con quien decidimos tratar de hacer funcionar una relación.

Esa sensación de misteriosa familiaridad surge cuando se juntan una mujer y un hombre cuyos patrones de conducta, encajan como piezas de un rompecabezas. Si, además de esto, el hombre ofrece a la mujer una oportunidad de abordar y tratar de triunfar sobre los sentimientos infantiles de dolor y desamparo, de no ser amada ni necesitada, entonces la atracción se vuelve virtualmente irresistible para ella. De hecho, cuanto más dolorosa haya sido la niñez, más poderoso será el impulso de recrear y dominar ese dolor en la adultez.

Veamos por qué se da esto. Si una criatura ha experimentado cierto tipo de trauma, este volverá a aparecer una y otra vez como tema de sus juegos hasta que haya cierta sensación de haber llegado a dominar la experiencia. Una criatura que debe someterse a una operación quirúrgica, por ejemplo, puede recrear el viaje al hospital usando sus muñecas u otros juguetes; puede convertirse en el médico en un juego y en el paciente en otro, hasta que el miedo ligado al acontecimiento disminuye lo suficiente. Como mujeres que amamos demasiado, nosotras hacemos algo muy parecido: recreamos y volvemos a experimentar relaciones infelices en un intento de hacerlas manejables, de dominarlas.

De aquí se deduce que en realidad no hay casualidades en las relaciones. Cuando una mujer cree que inexplicablemente «tuvo que casarse» con cierto hombre, alguien a quien jamás habría elegido deliberadamente como esposo, resulta imperativo que ella examine por qué eligió una relación íntima con ese hombre en particular, por qué corrió el riesgo de quedar embarazada de él. Del mismo modo, cuando una mujer afirma que se casó por capricho, o que era demasiado joven para saber lo que hacía, o que no estaba del todo en sus cabales y no podía tomar una decisión responsable, estas también son excusas que merecen un análisis más profundo.

En realidad ella sí eligió, aunque en forma inconsciente, y a menudo con gran conocimiento sobre su futura pareja aun desde el principio. Negar esto es negar responsabilidad por nuestras decisiones y nuestra vida, y tal negación impide la recuperación.

Pero, ¿cómo lo hacemos? ¿Cuál es exactamente el misterioso proceso, la fascinación indefinible que enciende la chispa entre una mujer que ama demasiado y el hombre que la atrae?

Si replanteamos la pregunta en otra forma —¿Qué señales se encienden entre una mujer que necesita ser necesitada y un hombre que busca a alguien que asuma la responsabilidad por él? ¿O entre una mujer que es extremadamente sacrificada y un hombre extremadamente egoísta? ¿O entre una mujer que se define como víctima y un hombre cuya identidad se basa en el poder y la agresión? ¿O una mujer que necesita controlar y un hombre que es inadecuado?—, entonces el proceso comienza a perder parte de su misterio. Porque hay señales definidas, indicios que son enviados y registrados por cada uno de los participantes del baile. Cabe recordar que en cada mujer que ama demasiado hay dos factores en juego: 1) el hecho de que sus patrones conocidos concuerden con los de él como una llave en una cerradura; y 2) el impulso de recrear y vencer los patrones dolorosos del pasado. Echemos un vistazo a los primeros pasos vacilantes de ese dúo que informa a cada integrante que allí hay alguien con quien va a funcionar, a encajar bien, a sentirse bien.

Las siguientes historias ilustran con claridad el intercambio casi subliminal de información que tiene lugar entre una mujer que ama demasiado y el hombre que la atrae, un intercambio que de inmediato establece la escena para el patrón de su relación, de su danza, de allí en adelante.

**MARY: estudiante universitaria de veintitrés años; hija de un padre violento.**

Crecí en una familia realmente loca. Ahora lo sé, pero cuando era niña nunca pensé en ello salvo para desear que nadie se enterara jamás de la forma en que mi padre golpeaba a mi madre. Nos golpeaba a todos, y creo que así llegó a convencernos a mí y a mis hermanos de que merecíamos que nos pegara. Pero yo sabía que mamá no. Yo siempre deseaba que me pegara a mí y no a ella. Sabía que yo podía soportarlo, pero no estaba tan segura de que mamá pudiera hacerlo. Todos queríamos que ella lo abandonara, pero ella no quería. Recibía tan poco cariño... Yo siempre quería darle suficiente amor para fortalecerla y que pudiera salir de eso, pero nunca lo hizo. Murió de cáncer hace cinco años. No he vuelto a casa ni hablado con mi padre desde el funeral. Siento que él la mató en realidad, no el cáncer. Mi abuela paterna nos dejó a cada uno de los nietos un dinero, y así fue como pude ir a la universidad, donde conocí a Roy.

Estuvimos juntos en una clase de arte durante todo un semestre y nunca nos hablamos. Cuando comenzó el segundo semestre, varios de nosotros volvimos a estar juntos en la misma clase, y el primer día empezamos una gran discusión sobre las relaciones entre hombres y mujeres. Bueno, este sujeto se puso a decir que las mujeres eran totalmente malcriadas, que siempre querían salirse con la suya y que sólo utilizaban a los hombres. Mientras decía todo eso exudaba veneno, y yo pensé: «Oh, realmente lo han lastimado. Pobrecito». Le pregunté: «¿De veras crees que eso es verdad?» y empecé a tratar de demostrarle de alguna manera que no todas las mujeres eran así... que yo no era así. ¡Mire cómo me metí! Más tarde en nuestra relación, yo no podía exigir nada ni cuidarme de ninguna manera, o de lo contrario estaría demostrando que él tenía razón en su misoginia. Y toda mi preocupación de aquel primer día de clase dio resultado. Él también se «enganchó». Me dijo: «Volveré. ¡No pensaba quedarme en esta clase, pero quiero hablar más contigo!». Recuerdo que en ese mismo instante sentí algo estupendo, porque yo ya sentía que era diferente para él.

En menos de dos meses, estábamos viviendo juntos. En cuatro meses, yo pagaba el alquiler y casi todas las demás cuentas, además de comprar los comestibles. Pero seguí intentándolo, dos años más, para demostrarle lo buena que era, que no iba a lastimarlo como ya lo habían hecho. Yo sí salí bastante lastimada en el proceso; al principio, sólo emocionalmente, pero después también físicamente. Nadie podía tener tanta furia como él contra las mujeres y no querer maltratar a una de ellas. Claro que yo estaba segura de que la culpa también era mía. Es un milagro que haya salido de eso.

Conocí a una ex novia suya y ella me preguntó enseguida: «¿Te pega?». Le respondí: «Bueno, en realidad no». Lo estaba protegiendo, por supuesto, y tampoco quería quedar como una imbécil. Pero sabía que ella lo sabía, porque había pasado por eso antes que yo. Al principio sentí pánico. Era la misma sensación que había tenido cuando niña: no quería que nadie viera lo que había detrás de la fachada. Todo en mí quería mentir, actuar como si ella hubiese sido muy descarada al hacerme esa pregunta. Pero me miró con tanta comprensión que ya no tenía sentido fingir.

Hablamos mucho tiempo. Ella me habló de un grupo de terapia al que asistía, donde todas las mujeres se parecían en el hecho de que todas se veían atraídas hacia las relaciones infelices, y trataban de aprender a no hacerse eso. Me dio su número telefónico, y después de pasar dos meses más en aquel infierno la llamé. Me convenció de que fuera con ella al grupo y creo que eso tal vez me salvó la vida. Aquellas mujeres eran iguales a mí. Habían aprendido a soportar cantidades increíbles de dolor, por lo general desde la niñez.

De todos modos, tardé unos meses más en dejarlo, y aun con el apoyo del grupo fue muy difícil. Yo tenía aquella increíble necesidad de demostrarle que era digno de ser amado. Y pensaba que si tan sólo yo pudiera amarlo lo suficiente él cambiaría. Gracias a Dios que superé eso; si no, estaría haciéndolo otra vez.

### La atracción de Mary hacia Roy

Cuando Mary, la estudiante de arte, conoció a Roy, el misógino, fue como si ella conociera a la síntesis de su madre y su padre. Roy era irascible y odiaba a las mujeres. Ganar su amor era para Mary como ganar el de su padre, que también era irascible y destructivo. Cambiarlo por medio de su amor era cambiar a su madre y salvarla. Mary veía a Roy como una víctima de sus malos sentimientos y quería amarlo hasta que se pusiera bien. Además, al igual que todas las mujeres que aman demasiado, ella quería ganar en su lucha con él y con las personas importantes que él simbolizaba para ella: su madre y su padre. Eso hizo que fuera tan difícil acabar con esa relación destructiva e insatisfactoria.

## JANE: casada durante treinta años con un adicto al trabajo.

Nos conocimos en una fiesta de Navidad. Yo estaba con su hermano menor, que tenía mi edad y realmente me apreciaba. Bueno, allí estaba Peter. Estaba fumando en pipa, tenía puesta una chaqueta de tweed con parches en los codos, y parecía un estudiante de esas universidades prestigiosas. Me impresionó muchísimo. Pero también tenía un aire de melancolía que me resultó tan atractivo como su aspecto. Estaba segura de que alguna vez lo habrían lastimado profundamente y quería llegar a conocerlo, para saber qué le había pasado y para «entenderle». Estaba segura de que sería inalcanzable, pero creía que si yo podía demostrarle una compasión especial, tal vez lograra que siguiera hablando conmigo. Fue gracioso, porque esa noche hablamos mucho, pero en ningún momento me enfrentó, cara a cara. Siempre estaba en ángulo, ligeramente distraído con otra cosa, y yo trataba todo el tiempo de ganar toda su atención. Lo que pasó fue que cada palabra que él decía adquiría una importancia vital para mí, porque estaba segura de que él tenía mejores cosas que hacer.

Exactamente lo mismo había sucedido con mi padre. Cuando yo estaba creciendo, él nunca estaba allí... literalmente. Éramos bastante pobres. Él y mi madre trabajaban en la ciudad y nos dejaban mucho tiempo solos en casa. Incluso en los fines de semana él hacía algunos trabajos. La única vez que veía a papá era cuando estaba en casa reparando algo: el refrigerador, la radio, o algo así. Recuerdo que siempre tenía la impresión de que me daba la espalda, pero no me importaba porque era maravilloso tenerlo en casa. Yo solía estar con él y hacerle muchas preguntas para que me prestara atención.

Pues bien, allí estaba yo, haciendo lo mismo con Peter, aunque, por supuesto, entonces no lo veía así. Ahora recuerdo cómo trataba de estar siempre en su línea de visión directa y cómo él seguía lanzando bocanadas de humo de su pipa, mirando hacia un lado o al techo, o tratando de mantener la pipa encendida. Yo lo veía tan maduro, con el entrecejo fruncido y la mirada distante. Me atrajo como un imán.

### La atracción de Jane hacia Peter

Los sentimientos de Jane por su padre no eran tan ambivalentes como los de muchas mujeres que aman demasiado. Ella amaba a su padre, lo admiraba y ansiaba su compañía y su atención. Peter, al ser mayor que ella y distraído, al instante se convirtió para ella en la réplica de su esquivo padre, y el hecho de ganar su atención se volvió así más importante porque, tal como sucedía con su padre, era tan difícil lograrlo. Los hombres que la escuchaban de buen grado, que estaban más presentes emocionalmente y que eran más afectuosos no despertaban en Jane el profundo anhelo de ser amada que había sentido con su padre. La distracción de Peter ofrecía a Jane un desafío ya conocido, otra oportunidad de ganar el amor de un hombre que la eludía.

### PEGGY: criada por una abuela hipercrítica y una madre que no la apoyaba emocionalmente; ahora está divorciada y tiene dos hijas.

Nunca conocí a mi padre. Él y mi madre se separaron antes de que yo naciera, y mi madre salió a trabajar para mantenernos mientras su madre se encargaba de nosotras en casa. Eso no parece tan malo, pero lo fue. Mi abuela era una mujer inmensamente cruel. No nos pegaba, a mi hermana y a mí, tanto como nos lastimaba con sus palabras, todos los días. Nos decía lo malas que éramos, todos los problemas que le causábamos, que éramos «buenas para nada...» esa era una de sus frases preferidas. Lo irónico era que todas sus críticas sólo hacían que mi hermana y yo nos esforzáramos más por ser buenas, por valer la pena. Mi madre nunca nos protegía de ella. Mamá tenía demasiado miedo de que la abuela se marchara y de que ella no pudiera ir a trabajar porque no habría nadie para cuidarnos. Por eso simplemente hacía la vista gorda cuando la abuela abusaba de nosotras. Crecí sintiéndome muy sola, desamparada, temerosa e indigna, tratando todo el tiempo de compensar el hecho de ser una carga. Recuerdo que solía tratar de arreglar las cosas que se rompían en casa, para ahorrar dinero y, de alguna manera, ganarme la vida.

Crecí y me casé a los dieciocho años porque estaba embarazada. Me sentí pésimamente desde el comienzo. Él me criticaba todo el tiempo. Al principio lo hacía con sutileza, pero luego era más salvaje. En realidad, yo sabía que no estaba enamorada de él, y me casé de todos modos. No creía tener otra alternativa. Fue un matrimonio de quince años, porque tardé todo ese tiempo en llegar a creer que el hecho de sentirme pésimamente era razón suficiente para el divorcio.

Salí de ese matrimonio desesperada por encontrar a alguien que me amara pero, al mismo tiempo, sentía que era indigna y que era una fracasada, y estaba segura de que no tenía nada que ofrecer a un hombre bueno y amable.

La noche que conocí a Baird, era absolutamente la primera vez que salía a bailar sin pareja. Mi amiga y yo habíamos ido de compras. Ella se compró un atuendo completo —pantalones, blusa, zapatos nuevos— y quería ponérselos y salir. Entonces fuimos a una discoteca de la que ambas habíamos oído hablar. Algunos hombres de negocios que no eran de la ciudad nos invitaron con unos tragos y bailaron con nosotras, y estaba bien... algo amistoso, pero no excitante. Entonces vi a ese sujeto junto a la pared.

Era muy alto, muy delgado, estaba increíblemente bien vestido y era muy buen mozo. Recuerdo que me dije: «Ése es el hombre más elegante y arrogante que yo haya visto». Y luego: «¡Apuesto a que podría entusiasmarlo!». Incidentalmente, aún recuerdo el momento en que conocí a mi primer marido. Estábamos en la escuela secundaria y él estaba recostado contra la pared en lugar de estar en clase, y entonces me dije: «Parece bastante alocado. Apuesto a que yo podría ponerle los pies sobre la tierra». ¿Lo ve? Yo siempre estaba tratando de arreglar las cosas. Bueno, me dirigí a Baird y lo invité a bailar. Se sorprendió mucho y creo que también se sintió un poco halagado. Bailamos un rato y después me dijo que él y sus amigos se marchaban a otro sitio, y me preguntó si yo querría acompañarlos. Si bien la idea me tentaba, respondí que no, que había ido allí a bailar y eso era todo lo que quería hacer. Seguí bailando con los hombres de negocios y después de un rato él volvió a invitarme a bailar. Y lo hicimos. Había muchísima gente allí. No cabía un alfiler. Poco después, mi amiga y yo salíamos y él estaba sentado con otra gente en una mesa ubicada en un rincón. Me hizo señas de que me acercara y así lo hice. Me dijo: «Tienes mi número de teléfono en tu persona». Yo no sabía de qué hablaba. Extendió la mano y sacó su tarjeta del bolsillo del suéter que yo tenía puesto. Era de esos que tienen un bolsillo grande en la parte delantera, y él había puesto su tarjeta allí la segunda vez que volvimos a la pista de baile. Yo estaba asombrada. No me había dado cuenta de que lo había hecho. Y me encantaba saber que aquel hombre apuesto se había tomado ese trabajo. Bueno, yo también le di mi tarjeta.

Me llamó unos días más tarde y fuimos a almorzar. Me miró con cierta desaprobación cuando llegué. Mi automóvil era un poco viejo y de inmediato me sentí inadecuada... y luego aliviada al ver que, de todos modos, almorzaría conmigo. Estaba muy tieso y frío, y decidí que me correspondía a mí hacerlo sentir cómodo, como si de alguna manera la culpa fuese mía. Sus padres irían a visitarlo en la ciudad y no se llevaba bien con ellos. Recitó una larga lista de reproches contra ellos, que a mí no me parecieron tan graves, pero traté de escucharlo con compasión. Salí de ese almuerzo pensando que no tenía nada en común con él.

No la había pasado bien. Me había sentido incómoda y fuera de equilibrio. Cuando me llamó dos días después y volvió a invitarme a salir, me sentí aliviada. Si él lo había pasado lo suficientemente bien para invitarme otra vez, entonces todo estaba bien.

En realidad, nunca estuvimos bien juntos. Siempre había algo que andaba mal y yo trataba de enmendarlo. Me sentía muy tensa con él y los únicos buenos momentos eran cuando la tensión disminuía un poco. Esa leve disminución de la tensión pasaba por felicidad. Pero de alguna manera aún me atraía poderosamente.

Sé que parece una locura, pero llegué a casarme con ese hombre sin que siquiera me agradara. Él quebró la relación varias veces antes de casarnos, diciendo que conmigo no podía ser tal como era él. No puedo decir lo devastador que era aquello. Yo le rogaba que me dijera qué necesitaba que yo hiciera para sentirse más cómodo. Él sólo respondía: «Tú sabes lo que tienes que hacer». Pero yo no lo sabía. Casi me volví loca tratando de adivinarlo. De todos modos, el matrimonio duró apenas dos meses. Él se marchó para siempre después de decirme lo infeliz que yo lo hacía, y nunca volví a verlo, salvo una que otra vez por la calle. Siempre finge que no me conoce.

No sé cómo transmitir lo obsesionada que estaba con él. Cada vez que me dejaba me sentía más atraída hacia él, no menos. Y cuando él volvía me decía que quería lo que yo tenía para ofrecerle. Para mí no había nada como eso en todo el mundo. Lo abrazaba y él lloraba y decía que había sido un tonto. Ese tipo de escenas duraban una sola noche, y después todo comenzaba a desintegrarse otra vez, y yo trataba con todas mis fuerzas de hacerlo feliz, para que no volviera a marcharse.

Cuando decidió terminar con el matrimonio, yo apenas

funcionaba. Era incapaz de trabajar o de hacer algo que no fuera sentarme, mecerme hacia adelante y atrás y llorar. Me sentía como si estuviera muriendo. Tuve que buscar ayuda para no volver a llamarlo, porque ansiaba que todo se solucionara, pero sabía que no podría sobrevivir a otra vuelta en ese carrusel.

### La atracción de Peggy hacia Baird

Peggy no sabía nada acerca del hecho de ser amada, y al haber crecido sin padre, tampoco sabía virtualmente nada sobre los hombres, menos aún sobre los hombres amables y cariñosos. Pero sí sabía mucho, por su niñez con su abuela, sobre el hecho de verse rechazada y criticada por alguien muy insano. También sabía esforzarse al máximo por ganar el amor de una madre que no podía, por sus propios motivos, dar amor, ni siquiera protección. Su primer matrimonio ocurrió porque ella se permitió intimar con un joven que la criticaba y la condenaba, y por quien sentía poco afecto. El sexo con él era más una lucha por ganar su aceptación que una expresión de su afecto por él. Un matrimonio de quince años con ese hombre la dejó aun más convencida de su indignidad inherente.

Tan fuerte era su necesidad de repetir el ambiente hostil de su niñez y continuar su lucha por ganar el amor de aquellos que no podían darlo que cuando conoció a un hombre que le pareció frío, distante e indiferente, de inmediato se sintió atraída hacia él. Había allí otra oportunidad de convertir a una persona desamorada en alguien que finalmente la amara. Una vez que se comprometieron, las pocas alusiones de él al hecho de que Peggy estaba progresando en sus intentos de enseñarle a amarla la capacitaban para seguir intentándolo a pesar de la destrucción de su propia vida. Su necesidad de cambiarlo (y también a su madre y a su abuela, a quienes él representaba) era así de fuerte.

**ELEANOR: sesenta y seis años; criada por una madre divorciada y demasiado posesiva.**

Mi madre no podía llevarse bien con ningún hombre. Se divorció dos veces en una época en que nadie se divorciaba siquiera una vez. Yo tenía una hermana, diez años mayor que yo, y mi madre me dijo más de una vez: «Tu hermana era la niña de tu padre, entonces yo decidí tener una para mí». Eso es exactamente lo que yo era para ella: una posesión y una extensión de sí misma. Ella no creía que fuéramos dos personas distintas.

Extrañé mucho a mi padre cuando se divorciaron. Ella no lo dejaba acercarse a mí, y él no tenía la voluntad suficiente para pelear con ella. Nadie la tenía. Siempre me sentí cautiva y, al mismo tiempo, responsable de la felicidad de mi madre. Me costó mucho dejarla, a pesar de que me sentía sofocada. Fui a la escuela de comercio en una ciudad lejana, donde me hospedé en casa de unos parientes. Mi madre se enfadó tanto que nunca volvió a hablarles.

Cuando terminé la escuela, empecé a trabajar como secretaria en el departamento de policía de una gran ciudad. Un día entró aquel oficial buen mozo de uniforme y me preguntó dónde estaba el surtidor de agua. Se lo señalé. Luego me preguntó si había vasos. Le presté mi taza de café. Él necesitaba tomar unas aspirinas. Aún lo veo echando la cabeza hacia atrás para tragar esas tabletas. Entonces dijo: «¡Vaya! Anoche sí que me emborraché!». En ese mismo instante me dije: «Oh, qué triste. Está bebiendo demasiado, tal vez porque se siente solo». Era justo lo que yo quería: alguien a quien cuidar, alguien que me necesitara. Pensé: «Me encantaría tratar de hacerlo feliz». Nos casamos dos meses después, y pasé los siguientes cuatro años intentándolo. Solía cocinar unas comidas estupendas, con la esperanza de atraerlo a casa, pero él salía a beber y no regresaba hasta muy tarde. Entonces peleábamos y yo lloraba. La siguiente vez que él volvía tarde, yo me culpaba por haberme enfadado la última vez, y me decía: «No es extraño que no venga a casa». Las cosas empeoraron cada vez más hasta que finalmente lo dejé. Todo eso pasó hace treinta y siete años, y apenas el año pasado me di cuenta de que era alcohólico. Siempre había pensado que la culpa de todo era mía, que yo no sabía hacerlo feliz.

### La atracción de Eleanor hacia su esposo

Si usted tuvo una madre que odiaba a los hombres y ella le enseñó que son malos y si, por otro lado, usted amaba a su padre perdido y los hombres le parecían atractivos, es muy probable que crezca con temor de que los hombres que usted ame la dejarán. Por lo tanto, usted podría intentar encontrar un hombre que necesite su ayuda y su comprensión, de modo que usted tenga control de la relación. Eso es lo que hizo Eleanor cuando se vio atraída por el apuesto policía. Si bien esta fórmula supuestamente nos protege de las posibles heridas y de ser abandonadas al asegurarnos que nuestro hombre depende de nosotras; el problema es que hay que empezar con un hombre que tenga un problema. En otras palabras, un hombre que ya esté en camino de entrar a la categoría de «los hombres son malos». Eleanor quería garantizar que su hombre no la abandonara (como lo había hecho su padre, y como le había dicho su madre que lo haría cualquier hombre), y la necesidad de él parecía proporcionarle esa garantía. Pero la naturaleza de su problema hacía que fuera más probable que se marchara.

Por tanto, la situación que supuestamente debía asegurar a Eleanor que no sería abandonada surtió el efecto opuesto: le garantizó que sí sería abandonada. Cada noche que él no volvía a casa «demostraba» que la madre de Eleanor había estado en lo cierto con respecto a los hombres, y finalmente ella, al igual que su madre, obtuvo el divorcio de un hombre «malo».

**ARLEEN: veintisiete años; de una familia violenta en la cual trataba de proteger a su madre y sus hermanos.**

Estábamos juntos en una compañía de actores, actuando en un teatro con cena. Ellis tenía siete años menos que yo y no me resultaba muy atractivo físicamente. No me interesaba en particular, pero un día hicimos algunas compras juntos y después fuimos a cenar. Mientras hablábamos, todo lo que yo pude escuchar fue que su vida era un desastre. Había muchas cosas de las que él no se ocupaba, y cuando hablaba de ellas sentí una inmensa necesidad de meterme y arreglar todo. Aquella primera noche mencionó que era homosexual. Como no encajaba en mi sistema de valores, decidí tomarlo a la ligera y bromeé al respecto. En realidad, me asustaban los hombres cuando me hacían descaradas propuestas sexuales. Mi ex esposo había sido abusivo conmigo, y también otro novio. Ellis me parecía confiable. Estaba tan segura de que no podía hacerme daño como de que yo podía ayudarlo. Bueno, poco después nos comprometimos mucho. De hecho, vivimos juntos varios meses hasta que di por terminada la relación durante la cual todo el tiempo estuve tensa y asustada. Yo creía que le estaba haciendo un gran favor, y sin embargo estaba destruida. Mi ego también se resintió. La atracción que sentía Ellis por los hombres siempre era mucho más fuerte que la que sentía hacia mí. Es más, la noche que pasé en el hospital gravemente enferma de neumonía viral, no me visitó porque estaba con un hombre. Tres semanas después de salir del hospital terminé mi relación con él, pero necesité una enorme cantidad de apoyo. Mi hermana, mi madre y mi terapeuta me ayudaron. Me deprimí mucho, muchísimo. En realidad, no quería dejarlo. Aún sentía que él me necesitaba y estaba segura de que con un poco más de esfuerzo de mi parte podríamos lograrlo juntos.

Cuando yo era niña, siempre sentía eso que en cualquier minuto se me ocurriría la manera de solucionarlo todo.

Éramos cinco hermanos. Yo era la mayor, y mi madre se

apoyaba mucho en mí. Ella tenía que mantener feliz a nuestro padre, lo cual era imposible. Sigue siendo el hombre más despreciable que conozco. Finalmente se divorciaron hace unos diez años. Creo que ellos creían que nos hacían un favor al esperar hasta que nosotros hubiésemos salido, pero fue terrible crecer en esa familia. Mi padre nos pegaba a todos, incluso a mi madre, pero trataba peor a mi hermana en cuanto a violencia, y a mi hermano en cuanto a abuso verbal. De un modo u otro nos maltrataba a todos. Lo único que yo sentía era que debía de haber algo que yo pudiera hacer para mejorar las cosas, pero nunca se me ocurría qué podía ser. Traté de hablar con mi madre, pero ella era muy pasiva. Entonces enfrentaba a mi padre, pero no demasiado porque era peligroso. Yo solía instruir a mi hermana y a mi hermano sobre las maneras de evitar interponerse en el camino de papá, de no responderle mal. Incluso volvíamos a casa de la escuela y recorríamos la casa sólo para ver qué cosa podía molestarlo y arreglarla antes de que él llegara en la noche. Gran parte del tiempo todos nos sentíamos asustados e infelices.

### La atracción de Arleen hacia Ellis

Debido a que ella se veía más fuerte, más madura y más práctica que Ellis, Arleen esperaba llevar la voz cantante en su relación con él y de esa manera evitar ser lastimada. Eso fue un factor importante en su atracción hacia Ellis, porque ella tenía una historia de abuso físico y emocional que databa de su niñez. El miedo y la furia que sentía por su padre hacían que Ellis le pareciera la respuesta perfecta a sus problemas con los hombres, porque no parecía probable que él llegara a reaccionar ante ella con tanta fuerza como para tornarse violento. Lamentablemente, en los pocos meses que estuvieron juntos, Arleen experimentó tanto dolor y sufrimiento como con los hombres heterosexuales que había conocido.

El desafío de tratar, literal y figurativamente, de reencauzar la vida de un hombre que era básicamente homosexual guardaba proporción con el nivel de lucha que Arleen conocía tan bien desde la niñez. El dolor emocional inherente a esa relación también era conocido para ella: siempre esperando que volviera a suceder, que alguien que supuestamente estaba de su lado y supuestamente la quería la lastimara, la disgustara o la ofendiera. La convicción de Arleen de que podría convertir a Ellis en lo que ella necesitaba que fuera le hizo difícil dejarlo.

**SUZANNAH: veintiséis años; divorciada de dos alcohólicos, hija de una madre emocionalmente dependiente.**

Yo estaba en San Francisco, asistiendo a un seminario de entrenamiento de tres días para prepararme para los exámenes y obtener mi licencia de asistente social. En el recreo vespertino del segundo día, vi a aquel hombre muy apuesto, y cuando pasó a mi lado le dirigí mi mejor sonrisa. Luego me senté a descansar afuera. Él vino hasta mí y me preguntó si iría a la cafetería. Respondí que sí, por supuesto, y cuando llegamos dijo con cierta vacilación: «¿Puedo comprarte algo?». Tuve la sensación de que en realidad él no tenía dinero suficiente, de modo que respondí: «Oh, no, no te molestes». Entonces me compré un jugo, y regresamos juntos y charlamos el resto del recreo. Nos contamos de dónde éramos y dónde trabajábamos, y él dijo: «Me gustaría cenar contigo esta noche». Acordamos encontrarnos en Fisherman's Filharf, y cuando me reuní con él allí esa noche parecía preocupado. Dijo que estaba tratando de decidir si debía mostrarse romántico o práctico, porque apenas tenía dinero para llevarme en un crucero por la bahía o bien para cenar. Por supuesto, de inmediato le dije «Vamos al crucero y yo te llevaré a cenar». Así lo hicimos y yo me sentí fuerte e inteligente por haberle posibilitado hacer las dos cosas que quería.

La bahía estaba bellísima. El sol se ponía, y hablamos todo el tiempo. Me contó sobre el miedo que sentía de estrechar vínculos con alguien, que en ese momento tenía una relación desde hacía años, aunque sabía que no era la adecuada para él. Simplemente la conservaba porque se había encariñado con el hijo de seis años de aquella mujer y no soportaba la idea de que el niño creciera sin una figura masculina en su vida. También insinuó con bastante claridad que tenía dificultades sexuales con esa mujer, porque ella no lo atraía tanto.

Bueno, todos mis mecanismos entraron en acción. Yo pensaba: «Es un hombre maravilloso que aún no ha conocido a la mujer apropiada. Es obvio que es tremendamente compasivo y honesto». No importaba que él tuviera treinta y siete años y que quizá tuviera muchas oportunidades de desarrollar una buena relación. Que tal vez, sólo tal vez, algo anduviera mal en él.

Él me había dado una verdadera lista de sus defectos: impotencia, temor a la intimidad y problemas financieros. Y no hacía falta ser muy inteligente para ver que también era bastante pasivo, por su forma de actuar. Pero yo estaba demasiado encantada con la idea de que podría ser yo quien cambiara su vida para que lo que él decía me ahuyentara.

Fuimos a cenar y, por supuesto, pagué yo. Él protestó, diciendo lo mucho que eso lo incomodaba, y yo sólo le respondí que podía visitarme y llevarme a cenar para devolverme el favor. Le pareció una idea estupenda y quiso saber dónde vivía, dónde podría hospedarse si venía a verme, qué oportunidades laborales había en mi ciudad. Quince años atrás, él había sido maestro de escuela, y después de muchos cambios de empleo —cada uno de ellos, según admitió, por menos dinero y menor prestigio— ahora trabajaba en una clínica para pacientes externos donde se brindaba asesoramiento a alcohólicos. Bien, eso era perfecto. Yo ya había estado involucrada con alcohólicos y me había desgarrado en el proceso, pero allí había alguien que no podía ser alcohólico puesto que era asesor en el tema, ¿no es cierto? Pero mencionó que nuestra mesera, una mujer mayor de voz cascada, le recordaba a su madre, que era alcohólica, y yo sabía con qué frecuencia los hijos de alcohólicos también desarrollan esa enfermedad. Sin embargo, no bebió en toda la noche; sólo ordenaba agua mineral. Yo prácticamente ronroneaba, pensando: «Éste es el hombre para mí». No me importaban todos aquellos cambios de empleo ni el hecho de que, en general las perspectivas de su carrera laboral hubiesen ido cuesta abajo. Eso tenía que deberse simplemente a la mala suerte. Él parecía tener mucha mala suerte y eso lo hacía más atractivo. Sentí pena por él.

Pasó mucho tiempo diciéndome cuánto lo atraía, lo cómodo que se sentía conmigo, lo bien que nos complementábamos. Yo sentía exactamente lo mismo. Esa noche, cuando nos despedimos, se comportó como un perfecto caballero y yo le di un beso de buenas noches muy cálido. Me sentía a salvo; era un hombre que no me presionaría para llegar al sexo, que sólo quería estar conmigo porque disfrutaba mi compañía. No tomé eso como una señal de que él tuviera problemas sexuales y por ende, tratara de evitar toda esa cuestión. Creo que estaba segura de que, ante la oportunidad, yo podría solucionar cualquier pequeña dificultad que tuviera.

El seminario terminó al día siguiente, y después hablamos de cuándo podría visitarme. Sugirió que podría venir la semana anterior a sus exámenes y alojarse en mi apartamento, pero sólo quería estudiar mientras estuviese allí. Yo tenía unos días de vacaciones y me pareció que sería estupendo tomarlos para entonces, así podría mostrarle la ciudad. Pero no, sus exámenes eran demasiado importantes. Muy pronto comencé a dejar de lado todo lo que yo quería hacer y a tratar de que todo fuera perfecto para él. También sentía cada vez más miedo de que no viniera, aun cuando el hecho de tener a alguien alojado en mi apartamento, estudiando, mientras yo trabajaba todos los días no me parecía muy divertido. Pero yo tenía la necesidad de que todo saliera bien, y ya me sentía culpable si él no era feliz. Además, estaba aquel tremendo desafío de mantenerlo interesado. Desde el principio había estado tan atraído hacia mí que ahora, si se enfriaba, parecería que yo lo había arruinado todo, por eso me esforzaba tanto por conservar su interés.

Nos despedimos con las cosas aún sin arreglar, a pesar de que le presenté un plan tras otro, tratando de solucionar todos los inconvenientes que había para su visita. Después de que nos despedimos me sentí deprimida, sin saber por qué: sólo me sentía mal por no haber sido capaz de solucionarlo todo y hacerlo feliz.

Me llamó la tarde siguiente, lo cual me hizo sentir estupendamente, redimida.

La noche siguiente me llamó a las 10.30 y comenzó a preguntarme qué debía hacer con su novia actual. Yo no tenía respuestas para eso y se lo dije. Mi desazón estaba aumentando mucho. Me sentía atrapada de alguna manera, sin embargo, por esta vez no seguí una vieja costumbre mía de tratar de arreglarlo todo de inmediato. Él se puso a gritarme por teléfono y después colgó. Yo quedé estupefacta. Empecé a pensar: «Tal vez la culpa sea mía; no lo ayudé lo suficiente». Y sentí una necesidad imperiosa de llamarlo y disculparme por haberlo enfadado tanto. Pero recuerde que yo ya había estado involucrada con varios alcohólicos y por eso asistía con regularidad a las reuniones de familiares de A.A.; de alguna manera ese programa evitó que lo llamara y aceptara toda la culpa. Bueno, pocos minutos después volvió a llamarme y se disculpó por haberme colgado. Luego volvió a hacerme las mismas preguntas, que yo aún no podía responder. Volvió a gritarme y a colgarme. Entonces me di cuenta de que había estado bebiendo, pero yo aún sentía aquella necesidad de llamarlo y tratar de enmendar la situación. Si aquella noche yo hubiese asumido la responsabilidad por él, hoy quizás estaríamos juntos, y tiemblo al pensar cómo sería eso. Unos días después, recibí una nota muy amable en la que decía que no estaba preparado para otra relación; no mencionaba que me había gritado ni colgado por teléfono. Eso fue el fin.

Un año atrás, habría sido sólo el comienzo. Era la clase de hombre que siempre me resultó irresistible: apuesto, encantador, un poco necesitado, lejos de haber desarrollado todas sus posibilidades. En las reuniones, cuando alguien menciona cómo se vio atraída no por lo que un hombre era, sino por su potencial, nos reímos mucho, porque todas lo hemos hecho: nos hemos sentido atraídas por alguien porque estábamos seguras de que necesitaba nuestra ayuda y nuestro aliento para elevar sus dones al máximo. Yo conocía muy bien esos intentos de ayudar, de complacer, de hacer todo el trabajo y asumir toda la responsabilidad por una relación. Lo había hecho cuando niña con mi madre, y más tarde con cada uno de mis maridos. Mi madre y yo nunca nos llevamos bien. Ella tuvo muchos hombres en su vida, y cuando había uno nuevo no quería tener que molestarse cuidándome, por eso me enviaron a un internado. Pero cada vez que un hombre la abandonaba, ella quería tenerme cerca para que la escuchara llorar y quejarse. Cuando estábamos juntas, mi trabajo era consolarla y apaciguarla, pero yo nunca podía hacerlo lo bastante bien para quitarle el dolor, entonces se enojaba conmigo y decía que en realidad ella no me importaba. Luego aparecía otro hombre y volvía a olvidarme por completo. Claro que crecí tratando de ayudar a la gente. Sólo entonces me sentía importante o digna cuando era niña, y había desarrollado una necesidad de mejorar cada vez más mi desempeño. Por eso fue una gran victoria para mí cuando finalmente vencí la necesidad de perseguir a un hombre que no tenía nada que ofrecerme sino la oportunidad de ayudarlo.

### La atracción de Suzannah hacia el hombre de San Francisco

Para Suzannah, dedicarse a la asistencia social fue tan inevitable como su atracción hacia los hombres que parecían necesitar su consuelo y su aliento. El primer indicio que ella tuvo de este nuevo hombre fue que el dinero era un problema para él. Cuando lo advirtió y pagó su propio jugo, ambos intercambiaron información vital: él le hizo saber que estaba un poco necesitado, y ella respondió pagando lo suyo y protegiendo los sentimientos de él. Ese tema central —el hecho de que a él le faltaba y ella tenía suficiente para ambos— se repitió en su cita, cuando ella pagó la cena. Problemas de dinero, problemas sexuales, problemas con la intimidad: los mismos indicios que deberían haber sido advertencias para Suzannah, dado su historial de relaciones con hombres necesitados y dependientes, fueron en cambio las señales que la atrajeron, pues despertaron su interés de proporcionar cuidados y atenciones. Fue muy difícil ignorar lo que para ella era un «anzuelo» poderoso: un hombre que no estaba del todo bien pero que, según parecía, con su ayuda y atención podía llegar a ser algo especial. Suzannah no fue capaz de preguntar, al principio: «¿Qué hay en esto para mí?» pero, como estaba en el proceso de recuperación, finalmente pudo evaluar bajo una luz realista lo que estaba ocurriendo. Por primera vez, prestó atención a lo que ella obtenía de la relación, en lugar de concentrarse por completo en cómo podría ayudar a aquel hombre necesitado.

Es obvio que cada una de las mujeres de quienes hemos hablado encontró un hombre que le presentaba la clase de desafío que ella ya había conocido y que, por consiguiente, era alguien con quien podía sentirse cómoda, sentirse ella misma, pero es importante entender que ninguna de estas mujeres reconoció lo que la atraía. De haber existido esa comprensión, también habría habido una elección más consciente respecto de entrar o no en una situación que constituía tal desafío. Muchas veces creemos que nos atraen cualidades que parecen ser lo opuesto a las que poseían nuestros padres. Arleen, por ejemplo, al verse atraída por un hombre bisexual mucho más joven que ella, de contextura menuda y nada agresivo físicamente hacia ella, sintió conscientemente que estaría a salvo con un hombre que, casi con certeza, no repetiría el patrón de violencia de su padre. Pero la lucha menos consciente por convertirlo en lo que no era, por permanecer en una situación que desde el comienzo obviamente no satisfaría su necesidad de amor y seguridad, fue el elemento incitante en el desarrollo de una relación con él, y eso hizo que le resultara tan difícil abandonar a Ellis y al desafío que él representaba.

Más tortuoso aún, pero igualmente común, es lo ocurrido entre Mary, la estudiante de arte, y su misógino violento. En su primera conversación estuvieron presentes todos los indicios acerca de quién era él y de su forma de sentir, pero la necesidad de Mary de aceptar el desafío que él representaba era tan grande que, en lugar de verlo como peligrosamente irascible y agresivo, lo percibió como una víctima indefensa que necesitaba comprensión. Yo me atrevería a suponer que no todas las mujeres que conocieran a ese hombre lo verían así. La mayoría trataría de apartarse de él y de sus actitudes, pero Mary distorsionó lo que veía, debido a la intensidad de su impulso de relacionarse con ese hombre y con todo lo que él representaba.

Una vez iniciadas, ¿por qué resulta tan difícil poner fin a estas relaciones, dejar a esa persona que nos está arrastrando por todos los pasos dolorosos de esa danza destructiva? Hay una regla empírica que dice así: cuanto más difícil es poner fin a una relación que es mala para nosotros, más elementos de nuestra lucha infantil contiene. Cuando amamos demasiado, es porque tratamos de vencer los viejos miedos, enojos, frustraciones y dolores de la niñez, y darse por vencido es renunciar a una valiosísima oportunidad; de encontrar alivio y de rectificar lo que hemos hecho mal.

Si bien éstos son los fundamentos psicológicos inconscientes que explican nuestro impulso de estar con él a pesar del dolor, hacen poca justicia a la intensidad de nuestra experiencia consciente.

Sería difícil exagerar la pura carga emocional que este tipo de relación, una vez iniciada, acarrea para la mujer involucrada. Cuando ella intenta separarse de la relación con el hombre a quien ama demasiado, siente como si miles de voltios de energía dolorosa fluyeran a toda velocidad y salieran por los extremos cercenados de los mismos. La antigua sensación de vacío renace y se arremolina a su alrededor, arrastrándola hacia el lugar donde aún pervive su terror infantil a estar sola, y ella está segura de que se ahogará en el dolor.

Esta clase de carga —las chispas, la atracción, el impulso de estar con esa otra persona y de hacer que la relación funcione— no está presente en la misma medida en las relaciones más saludables y satisfactorias, porque no representan todas las posibilidades de saldar viejas cuentas y de prevalecer sobre lo que una vez fue abrumador. Esta emocionante posibilidad de rectificar viejos errores, de recuperar el amor perdido y de ganar una aprobación reprimida es lo que, para las mujeres que aman demasiado, constituye la atracción inconsciente que subyace al hecho de enamorarse.

Es también por eso que, cuando entran en nuestra vida hombres que se interesan por nuestro bienestar, nuestra felicidad y nuestra realización personal y que presentan la verdadera posibilidad de una relación sana, por lo general no nos interesan. Y no nos equivoquemos; esa clase de hombres sí entran en nuestra vida. Cada una de mis pacientes que ha amado demasiado ha podido recordar por lo menos a uno, y a menudo a varios hombres a quienes describieron como «realmente agradables... tan amables... de verdad se preocupaban por mí...». Entonces, por lo general, viene la sonrisa irónica y la pregunta: «¿Por qué no me quedé con él?». A menudo ella es capaz de responder su propia pregunta enseguida: «Por alguna razón nunca me entusiasmó tanto. Supongo que era demasiado agradable, ¿no?».

Una respuesta mejor sería que las acciones de él y nuestras reacciones, sus movimientos y aquellos con que nosotras los correspondimos, no conformaban un dúo perfecto. Si bien estar en compañía de él puede resultarnos agradable, sedante e interesante, nos cuesta considerar esa relación como algo importante y digno de desarrollarse en un nivel más serio. A los hombres así los dejamos de inmediato o los ignoramos, o, en el mejor de los casos, los relegamos a la categoría de «sólo amigos», porque no despertaron en nosotras los latidos intensos del corazón ni el nudo en el estómago que hemos llegado a llamar amor.

A veces estos hombres permanecen en la categoría de «amigos» durante muchos años; se reúnen con nosotras de vez en cuando para beber algo y secar nuestras lágrimas mientras les relatamos la última traición, ruptura o humillación de nuestra relación actual. Esa clase de hombres compasivos y comprensivos no nos pueden ofrecer el drama, el dolor o la tensión que nos parecen tan estimulantes y correctos. Eso se debe a que, para nosotras, lo que debiera hacernos sentir mal ha llegado a hacernos sentir bien y lo que debiera parecemos bueno ha llegado a parecernos extraño, sospechoso e incómodo. Hemos aprendido, a través de una prolongada y estrecha asociación, a preferir el dolor. Un hombre más sano y cariñoso no puede tener un papel importante en nuestra vida hasta que aprendamos a liberarnos de la necesidad de revivir una y otra vez la vieja lucha.

Una mujer con antecedentes más saludables tiene reacciones y, por consiguiente, relaciones, que son muy distintas, porque la lucha y el sufrimiento no le resultan tan familiares, no integran en tanta medida su historia y, por lo tanto, no son cómodos para ella. Si el hecho de estar con un hombre hace que se sienta incómoda, herida, preocupada, decepcionada, enfadada, celosa, o le provoca algún otro tipo de perturbación emocional, ella lo experimentará como desagradable y aversivo, algo que debe evitar en lugar de insistir. Por otro lado, sí insistirá con una relación que le ofrezca cariño, consuelo y compañerismo porque eso la hace sentir bien. Se podría decir, sin temor a equivocarse, que la atracción entre dos personas que tienen la capacidad de crear una relación gratificante sobre la base de un intercambio de respuestas sanas, si bien puede ser fuerte y excitante, nunca es tan apremiante como la atracción entre una mujer que ama demasiado y el hombre con quien puede «bailar».

6

# Los hombres que eligen a las mujeres que aman demasiado

*Ella es la roca en la que me apoyo,*
*Es el sol de mis días,*
*Y, digan lo que digan de ella,*
*Señor, ella me aceptó y me convirtió*
*en todo lo que soy.*

Ella es mi roca

¿Cómo funcionan las cosas para el hombre involucrado? ¿Cuál es su experiencia de la atracción que se produce en los primeros momentos en que conoce a una mujer que ama demasiado? ¿Y qué sucede a sus sentimientos mientras la relación continúa, especialmente si él empieza a cambiar y se vuelve más sano o más enfermo?

Algunos de los hombres cuyas entrevistas aparecen a continuación han ganado un grado inusitado de autoconocimiento, además de un considerable discernimiento de los patrones de sus relaciones con las mujeres que han sido sus parejas. Varios de estos hombres que están recuperándose de distintas adicciones tienen el beneficio de años de terapia en Alcohólicos Anónimos o en Drogadictos Anónimos y, por lo tanto, son capaces de identificar la atracción que ejercía sobre ellos la mujer coalcohólica mientras ellos se hundían o ya estaban atrapados en la telaraña de la adicción. Otros que no han tenido problemas de adicción han participado en tipos más tradicionales de terapia, la cual los ayudó a entender mejor tanto sus relaciones como a ellos mismos.

Si bien los detalles difieren de una historia a otra, siempre está presente la atracción de la mujer fuerte que, de alguna manera, promete compensar lo que falta en él o en su vida.

**TOM: cuarenta y ocho años; sobrio desde hace doce años; su padre murió de alcoholismo, al igual que un hermano mayor.**

Recuerdo la noche en que conocí a Elaine. Fue en un baile en el club campestre. Los dos teníamos poco más de veinte años, y ambos estábamos acompañados. La bebida ya era un problema para mí. A los veinte años me habían arrestado por conducir en estado de ebriedad y dos años más tarde tuve un grave accidente automovilístico, que ocurrió porque había bebido demasiado. Pero, claro, yo no creía que el alcohol me estuviera haciendo daño. Sólo era un muchacho que sabía divertirse.

Elaine estaba con un conocido mío, que nos presentó. Era muy atractiva y me alegré mucho cuando cambiamos de pareja para un baile. Naturalmente, aquella noche yo había estado bebiendo, entonces me sentía un poco audaz: como quería impresionarla mientras bailábamos, probé unos pasos que eran bastante estrafalarios. Me esforzaba tanto por no parecer brusco que literalmente me llevé por delante a otra pareja y dejé a la mujer sin aliento. Me sentí realmente avergonzado y no pude decir mucho, salvo mascullar una disculpa, pero Elaine salvó la situación. Tomó a la mujer del brazo, se disculpó con ella y con su pareja y los acompañó a sus asientos. Se mostró tan dulce que quizás el marido se haya alegrado de que hubiera pasado todo eso. Luego volvió, muy preocupada por mí también. Otra mujer podría haberse enfadado y no habría vuelto a hablarme. Bueno, después de eso no pensaba dejar que se apartara de mí.

Su padre y yo siempre nos llevamos de maravillas, hasta que él murió. Claro que él también era alcohólico. Y mi madre adoraba a Elaine. Siempre le decía que yo necesitaba alguien como ella para que me cuidara.

Durante mucho tiempo Elaine siguió haciendo de pantalla para mí como aquella primera noche. Cuando finalmente buscó ayuda para sí misma y dejó de facilitarme el hecho de seguir bebiendo, le dije que ya no me amaba y me escapé con mi secretaria de veintidós años. Después de eso comencé a decaer muy rápido. Seis meses más tarde asistí a mi primera reunión en A.A., y desde entonces no he vuelto a beber.

Elaine y yo nos reconciliamos un año después de que dejé de beber. Fue muy duro, pero aún teníamos mucho amor. No somos las mismas personas que se casaron hace veinte años, pero ambos nos gustamos mutuamente y a nosotros mismos, más que entonces, y tratamos de ser sinceros el uno con el otro todos los días.

### La atracción de Tom hacia Elaine

Lo que ocurrió entre Tom y Elaine es típico de lo que sucede entre un alcohólico y una coalcohólica al conocerse. Él se mete en problemas y ella, en lugar de ofenderse, busca una manera de ayudarlo, de disimular las cosas y hacer que él y los demás se sientan cómodos. Proporciona una sensación de seguridad, que para él es una atracción poderosa puesto que su vida se está volviendo inmanejable.

Cuando Elaine ingresó a las reuniones de familiares de alcohólicos y aprendió a dejar de ayudar a que Tom siguiera enfermo al encubrirle, él hizo lo que hacen muchos adictos cuando sus parejas comienzan a recuperarse. Se desquitó en la forma más dramática que pudo y, dado que para cada hombre alcohólico hay muchas coalcohólicas que buscan alguien a quien salvar, no tardó en encontrar una reemplazante de Elaine, otra mujer que estaba dispuesta a continuar la clase de rescate que ahora Elaine se rehusaba a darle. También se enfermó mucho más, hasta el punto en que sus alternativas se redujeron a dos: comenzar a recuperarse o morir. Sólo entonces aceptó cambiar.

En la actualidad la relación está intacta, debido a la participación de ambos en los programas de Anónimos, A.A. para Tom, familiares para Elaine. Allí están aprendiendo, por primera vez en su vida, a relacionarse de manera sana, no manipulativa.

**CHARLES: sesenta y cinco años; ingeniero civil retirado con dos hijos; divorciado, vuelto a casar, y ahora viudo.**

Hace dos años que murió Helen; y finalmente comienzo a tratar de corregirlo todo. Nunca pensé que consultaría a un terapeuta, no a mi edad. Pero después de su muerte me puse tan furioso que me asusté. No podía dejar de sentir que quería lastimarla. Soñaba que la golpeaba y despertaba gritándole. Creí que me estaba volviendo loco. Finalmente reuní el coraje para decírselo a mi médico. Él tiene mi edad y es tan conservador como yo, por eso cuando me dijo que me convenía consultar a un profesional me tragué el orgullo y lo hice. Me puse en contacto con un terapeuta que se especializa en ayudar a la gente a sobreponerse al dolor. Bueno, trabajamos con mi dolor y este seguía aflorando como ira, entonces finalmente acepté que estaba completamente loco y, con la ayuda del terapeuta, comencé a examinar por qué.

Helen fue mi segunda esposa. Mi primera esposa, Janet, aún vive aquí, en la ciudad, con su nuevo marido. Creo que es gracioso usar la palabra «nuevo». Todo esto sucedió hace veinticinco años. Conocí a Helen cuando trabajaba para el municipio como ingeniero civil. Ella era secretaria en el departamento de planeamiento y yo solía verla a veces en el trabajo, y tal vez una o dos veces por semana a la hora de almorzar, en una cafetería pequeña del centro de la ciudad. Era una mujer muy bonita, siempre vestía muy bien, y era un poco tímida pero amigable. Sabía que yo le agradaba por la forma en que me miraba y sonreía. Creo que me halagaba un poco el hecho de que me prestara atención. Sabía que era divorciada y tenía dos niños, y me daba un poco de pena que tuviera que criarlos sola. Un día la invité con un café y tuvimos una charla agradable. Dejé en claro que yo estaba casado, pero creo que me quejé demasiado por algunas de las frustraciones de la vida matrimonial. Aún no sé cómo se las ingenió ese día para transmitir el mensaje de que yo era un hombre demasiado maravilloso para ser infeliz, pero salí de esa cafetería sintiéndome como si midiera tres metros de altura y con ganas de volver a verla, de sentirme como ella me había hecho sentir: apreciado. Tal vez era porque ella no tenía un hombre en su vida y echaba eso de menos, pero después de nuestra charla yo me sentía grande, fuerte y especial.

Aun así, yo no tenía intenciones de comprometerme. Nunca antes había hecho nada así. Había salido del ejército después de la guerra y había sentado cabeza con la esposa que me había estado esperando. Janet y yo no éramos la más feliz de las parejas, pero tampoco la más infeliz. Nunca pensé que la engañaría.

Helen había tenido dos matrimonios y en cada uno había sufrido mucho. Ambos hombres la habían abandonado y ella había tenido un hijo con cada uno. Ahora estaba criando sola a sus hijos, sin ningún apoyo.

Lo peor que pudimos hacer fue relacionarnos. Sentía mucha pena por ella, pero sabía que no tenía nada que ofrecerle. En aquella época no se podía obtener un divorcio solamente porque uno lo deseara, y yo no ganaba tanto dinero como para perder todo lo que tenía. Además, tendría que formar una nueva familia y, por tanto, mantener a dos. Además, en realidad, yo no quería el divorcio. Ya no estaba loco por mi esposa, pero adoraba a mis hijos y me gustaba lo que teníamos juntos. Sin embargo, todo empezó a cambiar cuando Helen y yo seguimos viéndonos. Ninguno de los dos podía poner fin a aquello. Helen estaba sola y decía que prefería tener un poco de mí a no tener nada, y yo sabía que lo decía en serio. Una vez que empecé mi relación con Helen, no había forma de salir de ella sin que nadie saliera terriblemente lastimado. Muy pronto comencé a sentirme el peor de todos los bribones. Las dos mujeres contaban conmigo y yo estaba decepcionando a ambas. Helen estaba loca por mí. Hacía cualquier cosa para verme. Cuando traté de terminar con ella, la veía en el trabajo y su cara triste y dulce me rompía el corazón. Bueno, más o menos después de un año Janet se enteró de lo nuestro y me dijo que dejara de ver a Helen o me marchara. Traté de parar pero no pude. Además, entre Janet y yo las cosas ya eran muy distintas. Parecía haber menos motivos que nunca para dejar a Helen.

Es una larga historia. Helen y yo tuvimos un romance de nueve años, mientras mi esposa al principio se esforzaba por mantenerme a su lado y luego por castigarme por abandonarla. Helen y yo vivimos juntos varias veces durante esos años hasta que Janet finalmente se cansó y accedió al divorcio.

Aún odio pensar en lo que eso nos ocasionó a todos. En aquel tiempo, una pareja no podía simplemente convivir. Creo que realmente perdí todo mi orgullo durante esos años. Sentía vergüenza por mí mismo, por mis hijos, por Helen y sus hijos, incluso por Janet, que nunca había hecho nada para merecer todo eso.

Finalmente, cuando Janet se cansó y nos divorciamos, Helen y yo nos casamos. Pero en cuanto se inició el divorcio hubo algo diferente entre nosotros. En todos esos años, Helen había sido cariñosa y seductora, muy seductora. Claro que a mí me encantaba eso. Todo ese cariño era lo que me mantenía con ella a pesar del dolor de mis hijos, mi esposa, ella y sus hijos... todos nosotros. Ella me hacía sentir el hombre más deseable del mundo. Por supuesto, habíamos peleado antes de casarnos, porque la tensión era tremenda, pero nuestras peleas siempre terminaban haciéndonos el amor y yo me sentía más querido, necesitado y amado que nunca en mi vida. De alguna manera, lo que Helen y yo teníamos juntos parecía tan especial, tan correcto, que el precio que pagábamos casi parecía valer la pena.

Cuando finalmente pudimos estar juntos y mantener la frente alta, Helen se enfrió. Seguía yendo a trabajar hermosa, pero en casa no se ocupaba de su aspecto. A mí no me importaba, pero me daba cuenta. Y el sexo empezó a decaer. Ella ya no se interesaba. Traté de no presionarla, pero me resultaba frustrante. Cuando al fin me sentía menos culpable y más dispuesto a disfrutar realmente estando con ella tanto en casa como afuera, ella se apartaba de mí.

Dos años más tarde teníamos dormitorios separados. Y nuestra relación siguió así, fría y distante, hasta su muerte. Nunca pensé en marcharme. Había pagado un precio muy alto por estar con ella, ¿cómo podía marcharme?

Al recordarlo, me doy cuenta de que tal vez Helen haya sufrido más que yo en todos esos años de nuestro romance. Ella nunca supo con certeza si yo abandonaría a Janet o a ella. Lloraba mucho y un par de veces amenazó con suicidarse. Odiaba ser «la otra». Pero a pesar de lo horribles que fueron esos años anteriores a nuestro matrimonio, en ellos nuestra relación fue más afectuosa, excitante y especial que nunca.

Después de que nos casamos me sentí un fracaso total, porque por alguna razón, ahora que habíamos dejado atrás todos los problemas, no podía hacerla feliz.

Con la terapia llegué a entender mucho sobre mí mismo, pero creo que también acepté ver algunas cosas sobre Helen que antes no había querido enfrentar. Ella funcionaba mejor bajo toda la tensión, la presión y el sigilo de nuestra aventura que cuando las cosas llegaron a la normalidad. Por eso nuestro amor murió en cuanto terminó la aventura y comenzó el matrimonio.

Cuando pude ver todo esto con sinceridad comencé a recuperarme de la inmensa furia que había sentido contra ella desde su muerte. Estaba furioso porque el hecho de estar con Helen me había costado mucho: mi matrimonio, en muchos sentidos el amor de mis hijos, y el respeto de mis amigos. Creo que me sentía enfadado.

### La atracción de Charles hacia Helen

Hermosa e incitante cuando se conocieron, Helen pronto proporcionó a Charles felicidad sexual, ciega devoción y un amor que lindaba con la reverencia. La fuerte atracción que experimentó Charles a pesar de tener un matrimonio estable y bastante satisfactorio casi no requiere explicación ni justificación. Simplemente, desde el comienzo y durante todos esos años de su romance, Helen se dedicó de lleno a profundizar el amor que Charles sentía por ella y hacer que la larga lucha de él por deshacerse de su matrimonio fuese soportable e incluso valedera.

Lo que sí merece explicación es el repentino y visible desinterés de Helen por el hombre al cual había esperado y por quien había sufrido tanto tiempo, una vez que él quedó en libertad de compartir una vida con ella. ¿Por qué lo amó tanto mientras estuvo casado y luego, rápidamente, se cansó de él cuando ya no lo estaba?

Porque Helen sólo quería lo que en realidad no podía tener. Para tolerar una interacción prolongada con un hombre, personal y sexualmente, necesitaba la garantía de la distancia y la inaccesibilidad que proporcionaba el matrimonio de Charles. Sólo en esas condiciones podía entregarse a él. No podía soportar cómodamente una pareja verdadera que, libre de las demoledoras presiones del matrimonio de él podía desarrollarse y profundizarse sobre una base distinta de su lucha mutua contra el mundo. Helen necesitaba la excitación, la tensión y el dolor emocional de amar a un hombre inaccesible a fin de poder relacionarse. No tenía prácticamente ninguna capacidad para la intimidad, ni siquiera para mucha ternura, al no tener que luchar por ganar a Charles. Una vez que lo ganó, lo desechó.

Sin embargo, a través de esos largos años de espera, ella tenía todo el aspecto de una mujer que ama demasiado. Realmente sufría, languidecía y lloraba por el hombre a quien amaba pero a quien no podía tener de verdad. Lo experimentaba como el centro de su ser, la fuerza más importante de su mundo... hasta que lo tuvo. Entonces la realidad de él como pareja, al no existir más el romance agridulce de su aventura ilícita, ya no la elevaba hasta la emoción de la pasión que había disfrutado durante nueve años con ese mismo hombre.

A menudo se observa que cuando dos personas que han estado relacionadas durante años finalmente se comprometen a casarse, la relación pierde algo: pierde la excitación, y el amor desaparece. El hecho de que esto suceda no necesariamente se debe a que han dejado de intentar complacerse. Puede ser porque uno o el otro, o ambos, al hacer ese compromiso, han excedido su capacidad para la intimidad. Una relación sin compromiso permite estar a salvo de una intimidad más profunda. Con el compromiso, a menudo se produce un repliegue emocional en un esfuerzo dirigido a la autoprotección.

Eso es precisamente lo que ocurrió entre Helen y Charles. Charles, por su parte, ignoró todas las señales de la falta de profundidad emocional de Helen, debido a que se sentía halagado por su atención. Lejos de ser una víctima pasiva de las maquinaciones y manipulaciones de Helen, Charles no quería admitir esa parte de la personalidad de ella incompatible con la visión de sí mismo —una visión que ella había fomentado y él quería creer— según la cual él era inmensamente adorable y sexualmente irresistible. Charles vivía en un mundo de fantasía construido con sumo cuidado por Helen durante muchos años, sin deseos de estropear la ilusión que su ego había llegado a adorar. Gran parte de la ira que sintió ante la muerte de Helen estaba dirigida a sí mismo, lo cual descubrió cuando, tardíamente, admitió su propia negación y el papel que él había jugado en la creación y perpetuación de la fantasía de un amor abrasador, que finalmente dio como resultado el más estéril de los matrimonios.

**RUSSELL: treinta y dos años; asistente social (recibió un perdón del gobernador), diseña programas comunitarios para delincuentes juveniles.**

Los chicos con los que trabajo siempre se impresionan con el tatuaje de mi nombre que tengo en el antebrazo izquierdo. Dice mucho sobre la forma en que yo solía vivir. Me lo hice a los diecisiete años porque estaba seguro de que algún día me encontraría muerto en alguna calle y nadie sabría quién era yo. Me creía un tipo malísimo.

Viví con mi madre hasta los siete años. Después ella volvió a casarse y yo me llevaba bien con su nuevo esposo. Me escapaba mucho y, en aquella época, a uno lo encerraban por eso. Primero estuve en el reformatorio, después en hogares de adopción y de vuelta al reformatorio. Pronto llegué al Campamento de Niños y luego a la Autoridad de Menores. Mientras crecía estuve varias veces en las cárceles locales y finalmente en prisión. A los veinticinco años ya había estado en todas las clases de instituciones correccionales de que disponía el estado de California, hasta en las cárceles de máxima seguridad.

De más está decir que pasé más tiempo encerrado que afuera en esos años. Pero igualmente me las ingeniaba para ver a Mónica. Una noche en San José, un compinche y yo estábamos paseando en un auto «prestado». Entramos a un local de hamburguesas para automovilistas y estacionamos al lado de aquellas dos chicas. Nos pusimos a charlar y bromear con ellas, y pronto estábamos en el asiento trasero de su auto.

Bueno, mi compinche era un verdadero mujeriego. Era el más experimentado, así que cuando estábamos con chicas, yo dejaba que hablara él. Él siempre podía ganar el interés de un par de chicas, pero también se quedaba con la mejor porque era astuto y hacía todo el trabajo, y yo me tenía que conformar con la otra. Aquella noche no me pude quejar, porque él eligió a aquella rubiecita sexy que estaba al volante y yo terminé con Mónica. Ella tenía quince años, era muy bonita, toda suave, con ojos muy grandes y realmente interesada. Tenía modales muy dulces, desde el comienzo, y yo parecía importarle mucho.

Ahora bien, cuando uno ha estado encerrado aprende que hay mujeres que pensarán que uno es imbécil y no querrán tener nada que ver con uno. Pero hay otras a las que la sola idea las entusiasma. Las fascina. Te ven como alguien grande y malo y se ponen realmente seductoras, y tratan de domarte. O bien piensan que te han lastimado y sienten pena por ti y tratan de ayudarte. Mónica entraba en la última categoría. También era muy agradable. Mientras mi compinche lo hacía con su amiga, Mónica y yo dimos un paseo bajo la luna y conversamos. Ella quería saberlo todo sobre mí. Mejoré bastante mi historia para no ahuyentarla, y le hablé de muchas cosas tristes, como lo mucho que me odiaba mi padrastro y algunos de los hogares de adopción de mala muerte donde había estado, donde me daban ropa usada y gastaban el dinero que era para mí en sus propios hijos. Mientras yo hablaba, ella me apretaba la mano con fuerza, me daba palmaditas e incluso sus grandes ojos castaños se llenaron de lágrimas. Bueno, cuando nos despedimos esa noche yo ya estaba enamorado. Mi compinche quería contarme todos los detalles jugosos de lo que había hecho con la rubia y yo ni siquiera quería escucharlo. Mónica me había dado su dirección y su número telefónico y yo iba a llamarla al día siguiente, pero cuando salíamos de la ciudad nos detuvo la policía, que buscaba el auto. Yo sólo podía pensar en Mónica. Estaba seguro de que eso era el fin, porque yo le había dicho que estaba tratando de enderezarme para siempre.

Cuando estaba otra vez en la cárcel decidí arriesgarme y

le escribí una carta. Le dije que otra vez estaba encerrado, pero por algo que no había hecho, que los policías me habían arrestado porque tenía prontuario y porque yo no les caía bien. Mónica me contestó enseguida y siguió escribiéndome casi todos los días en los siguientes dos años. Lo único que nos decíamos en las cartas era lo enamorados que estábamos, cuánto nos extrañábamos y lo que haríamos juntos cuando yo saliera.

Cuando me soltaron, la madre de ella no la dejó verme en Stockton, así que tomé un autobús a San José. Estaba muy entusiasmado por volver a verla, pero también me asustaba mucho la idea. Creo que tenía miedo de que, después de todo, no me aceptara. Por eso, en vez de ir a verla de inmediato busqué a algunos compinches y una cosa llevó a la otra. Empezamos a armar las de Caín, y cuando finalmente me llevaron a casa de Mónica habían pasado cuatro días. Yo estaba bastante mal. Había tenido que emborracharme para ganar el coraje de ir a verla, por el miedo que tenía de que me dijera que me esfumara.

Su madre estaba trabajando, gracias a Dios, cuando los muchachos me dejaron en la acera de su casa. Mónica salió sonriendo, tan contenta de verme a pesar de que no había oído de mí desde que yo había llegado a la ciudad. Recuerdo que aquel día tuvimos otra de nuestras grandes caminatas en cuanto se me pasó un poco la borrachera. Yo no tenía dinero para llevarla a ninguna parte, y tampoco tenía auto, pero eso nunca pareció importarle.

Durante mucho tiempo, Mónica me vio como alguien que no podía hacer ningún daño. Por varios años estuve en prisión varias veces, y aun así se casó conmigo y me fue leal. Su padre había abandonado a la familia cuando ella era muy pequeña. Su madre había quedado muy resentida por eso y yo no le caía bien. En realidad, fue por eso que Mónica y yo nos casamos. Una vez que me habían arrestado por falsificación de cheques, cuando salí bajo fianza su madre no la dejó verme. Entonces huimos y nos casamos. Mónica tenía dieciocho años. Vivimos en un hotel hasta mi sentencia.

Ella tenía un empleo como mesera, pero renunció para poder ir al juzgado todos los días durante el juicio. Entonces, por supuesto, fui a prisión y Mónica volvió con su madre. Peleaban tanto que Mónica se marchó y se mudó a la ciudad más cercana a la prisión, donde volvió a trabajar como mesera. Era una ciudad universitaria y yo siempre esperaba que ella volviera a estudiar; realmente le gustaba eso y le iba muy bien. Pero ella decía que no quería, que sólo quería esperarme. Nos escribíamos y ella venía a visitarme siempre que se lo permitían. Hablaba mucho sobre mí con el capellán de la cárcel y siempre le pedía que hablara conmigo y me ayudara, hasta que finalmente le pedí que no lo hiciera más. Yo odiaba hablar con ese tipo. No podía relacionarme.

Aun cuando me visitaba, Mónica seguía escribiéndome, y me enviaba montones de libros y artículos acerca del mejoramiento personal. Constantemente me decía que rezaba porque yo cambiara. Yo quería mantenerme fuera de la cárcel, pero había estado allí tanto tiempo que era lo único que sabía hacer.

Bueno, finalmente pasó algo en mi interior y me metí en un programa que me ayudaría en el mundo exterior. Mientras estuve adentro estudié, aprendí un oficio, terminé los estudios secundarios y comencé mi educación terciaria. Cuando salí, me las arreglé para no meterme en problemas y continué mi educación hasta graduarme en asistencia social. Pero mientras tanto, perdí a mi esposa. Al principio, cuando luchábamos por salir adelante, nos llevábamos bien, pero cuando las cosas comenzaron a ser más fáciles y empezamos a conseguir lo que siempre habíamos esperado, Mónica se puso más irascible de lo que la había visto en todos esos años y con todos esos problemas. Me abandonó justo cuando debería haber estado más feliz. Ni siquiera sé dónde está ahora. Su madre no quiere decírmelo y finalmente decidí que, si ella no quería estar conmigo, no era cuestión mía buscarla. A veces pienso que para Mónica era más fácil amar una idea de mí que amarme en persona. Estábamos tan enamorados cuando apenas nos veíamos, cuando todo lo que teníamos eran cartas, visitas y el sueño de lo que llegaríamos a tener algún día. Cuando empecé a cumplir lo que habíamos soñado, nos separamos. Cuanto más entrábamos en la clase media, menos le gustaba a ella. Creo que ya no podía sentir pena por mí.

**La atracción de Russell hacia Mónica**

No había nada en los antecedentes de Russell que le preparara para estar emocional ni físicamente presente para otra persona en una relación afectuosa y comprometida. La mayor parte de su vida había buscado activamente una sensación de fuerza y seguridad, ya fuese huyendo o embarcándose en aventuras peligrosas. A través de esas actividades altamente perturbadoras y generadoras de tensión, él buscaba evitar su propia desesperación. Se enfrentaba con el peligro para evitar sentir dolor y desamparo por haber sido abandonado emocionalmente por su madre.

Cuando conoció a Mónica quedó encantado con su aspecto suavemente atractivo y su tierna actitud hacia él. En lugar de rechazarlo por ser «malo», ella reaccionó a sus problemas con sincero interés y profunda compasión. De inmediato le comunicó que estaba dispuesta a ayudarlo, y no tardó mucho en demostrar su perseverancia. Cuando él desapareció, Mónica respondió esperando con paciencia. Parecía tener suficiente amor, estabilidad y resistencia para soportar cualquier cosa que hiciera Russell. Si bien parece que Mónica tenía una gran medida de tolerancia para Russell y su comportamiento, en realidad sucedía lo contrario. Lo que ninguno de los dos jóvenes advertía en forma consciente era que ella podía esperarle siempre que él no estuviera con ella. En cuanto se separaban, Russell encontraba en Mónica la compañera perfecta, la esposa ideal para un prisionero. De buen grado, ella se pasaba la vida esperando y soñando que él cambiaría y que entonces podrían estar juntos. Las esposas de prisioneros, como Mónica, presentan lo que quizá sea el máximo ejemplo de las mujeres que aman demasiado. Tal vez porque son incapaces de tener ningún grado de intimidad con un hombre, eligen vivir con una fantasía, un sueño de lo mucho que amarán y serán amadas algún día, cuando su pareja cambie y esté disponible para ellas. Pero sólo pueden gozar de esa intimidad en la fantasía.

Cuando Russell logró lo que era casi imposible y comenzó a enderezarse y a mantenerse fuera de la cárcel, Mónica se alejó. El hecho de tenerle presente en su vida exigía un nivel de intimidad amenazador; le hacía sentir mucho más incómoda que su ausencia. La realidad cotidiana con Russell tampoco podía competir con la visión idealizada de amor mutuo que ella había mantenido. Hay un dicho entre los convictos de que todos tienen su Cadillac estacionado junto a la acera, esperándolos; eso significa que tienen una visión demasiado idealizada de lo que será la vida para ellos cuando vuelvan a las calles. En la imaginación de las esposas de prisioneros como Mónica, lo que quizás esté estacionado junto a la acera no es el Cadillac que simboliza dinero y poder, sino un carruaje tirado por seis caballos blancos que representan el amor mágicamente romántico. Cómo estas mujeres amarán y serán amadas: ese es su sueño. Al igual que a sus esposos convictos, por lo general les resulta más fácil vivir con el sueño que luchar por cumplirlo en el mundo real.

Lo que es importante entender es que parecía que Russell era incapaz de amar con mucha profundidad, mientras que Mónica, con toda su paciencia y su compasión, parecía hacerlo muy bien. De hecho, ambos eran igualmente deficientes en la capacidad de amar con intimidad. Por eso formaron pareja cuando no podían estar juntos, y cuando sí podían estar juntos su relación tuvo que terminar. Resulta instructivo notar que en este momento Russell no tiene una nueva pareja en su vida. Él también sigue luchando con la intimidad.

**TYLER: cuarenta y dos años; ejecutivo; divorciado, sin hijos.**

Yo solía bromear cuando aún estábamos juntos y decir a la gente que la primera vez que vi a Nancy mi corazón latía con tanta fuerza que yo no podía contener el aliento. Era verdad: ella era enfermera y trabajaba para la firma en que estoy empleado, y yo estaba en su consultorio para un examen de rutina de mi sistema respiratorio, por eso mi corazón latía así y mi respiración estaba agitada. Me había enviado mi superior porque había engordado mucho y también porque había tenido unos dolores en el pecho. De hecho, estaba en pésimas condiciones. Mi esposa me había dejado un año y medio atrás por otro hombre, y si bien en casos así los hombres van a los bares por las noches, yo me quedaba en casa, mirando televisión y comiendo.

Siempre me había gustado comer. Mi esposa y yo jugábamos mucho tenis y creo que eso se encargaba de las calorías cuando estábamos juntos, pero cuando ella se fue, jugar al tenis me deprimía. Diablos, todo me deprimía. Aquel día en el consultorio de Nancy supe que había aumentado veintinueve kilos y medio en dieciocho meses. Nunca me había preocupado por pesarme, aunque había pasado por varias tallas de ropa. Simplemente no me importaba.

Al principio Nancy se mostró muy profesional; me dijo lo grave que era ese aumento de peso y lo que tendría que hacer para adelgazar, pero yo me sentía como un viejo y en realidad no quería esforzarme por cambiar.

Creo que simplemente sentía pena por mí mismo. Incluso mi ex, cuando me veía, me reprendía diciendo: «¿Cómo puedes abandonarte así?». Yo tenía cierta esperanza de que ella volviera para salvarme, pero no lo hizo.

Nancy me preguntó si algún acontecimiento había precipitado mi aumento de peso. Cuando le conté sobre el divorcio ella dejó de ser tan profesional y me palmeó la mano con compasión. Recuerdo que me emocionó un poco que hiciera eso, y que fue especial porque hacía mucho tiempo que yo no sentía mucho por nadie. Me aconsejó una dieta, me dio montones de folletos y me dijo que regresara cada dos semanas para que ella pudiera ver cómo me iba. Yo no veía la hora de volver. Las dos semanas pasaron y yo no había hecho la dieta ni había perdido nada de peso, pero sí había ganado la compasión de Nancy. En mi segunda consulta pasamos todo el tiempo hablando sobre la forma en que me había afectado el divorcio. Ella me escuchó y me instó a hacer lo que todos dicen que hay que hacer: asistir a clases, ingresar a un club de salud, hacer un viaje en grupo, desarrollar nuevos intereses. Yo accedí a todo, no hice nada y esperé otras dos semanas para volver a verla. En esa tercera consulta la invité a salir. Yo sabía que estaba muy gordo y mi aspecto dejaba mucho que desear, y en realidad no sé de dónde saqué el coraje, pero lo hice, y ella aceptó. Cuando pasé a buscarla el sábado por la noche ella tenía más folletos, junto con artículos sobre dietas, el corazón, ejercicios y el sufrimiento emocional. Hacía mucho tiempo que no me prestaban tanta atención.

Comenzamos a salir y muy pronto tomamos nuestra relación con seriedad. Yo pensaba que Nancy haría desaparecer todo mi dolor. Ella lo intentó mucho, tengo que admitirlo. Incluso dejé mi apartamento y me mudé al de ella. Se esforzaba por cocinar alimentos de bajo colesterol y controlaba todo lo que comía. Incluso me preparaba almuerzos para llevar al trabajo. Si bien yo no comía nada parecido a lo que había estado consumiendo todas esas noches, solo frente al televisor, tampoco bajaba de peso. Simplemente me mantenía igual, ni más gordo ni más delgado. En realidad, Nancy se esforzaba mucho más que yo por hacerme perder peso. Ambos actuábamos como si el proyecto fuera de ella, como si mi mejoría fuera su responsabilidad.

De hecho, creo que tengo un metabolismo que requiere ejercicios extenuantes para quemar calorías con eficiencia, y yo no hacía mucho ejercicio. Nancy jugaba al golf, y yo jugaba un poco con ella, pero no era mi deporte.

Después de estar juntos unos ocho meses, hice un viaje de negocios a Evanston, mi ciudad natal. Por supuesto, después de dos días allí me encontré con un par de amigos de la escuela secundaria. Yo no quería ver a nadie con el aspecto que tenía, pero esos tipos eran viejos amigos y teníamos mucho que hablar. Se sorprendieron cuando les conté sobre mi divorcio. Mi esposa era de la misma ciudad. Bueno, me convencieron para jugar un set de tenis. Los dos jugaban; y sabían que era mi juego preferido desde la secundaria. Yo pensé que no duraría un solo game y se lo dije, pero insistieron.

Me sentí muy bien al volver a jugar. Si bien los kilos de más me hacían más lento y perdí todos los juegos, les dije que volvería al año siguiente para darles una paliza.

Cuando llegué a casa Nancy me dijo que había asistido a un estupendo seminario sobre nutrición y quería que yo probara todo lo que había aprendido. Le dije que no, que por un tiempo lo haría a mi modo.

Ahora bien, Nancy y yo nunca habíamos peleado. Claro que ella rezongaba mucho por mí y constantemente me decía que me cuidara mejor, pero cuando volví a jugar al tenis comenzamos a discutir. Yo jugaba al mediodía para no ocupar el tiempo que pasábamos juntos, pero nunca volvimos a estar como antes.

Nancy es una muchacha atractiva, unos ocho años menor que yo, y una vez que empecé a estar más en forma pensé que nos llevaríamos mejor que nunca porque ella estaría orgullosa de mí. Dios sabe que me sentía mejor conmigo mismo. Pero las cosas no funcionaron así. Ella se quejaba de que yo ya no era el mismo y finalmente me pidió que me mudara. Para entonces yo pesaba sólo tres kilos más que antes del divorcio. Realmente me costó mucho dejarla. Tenía la esperanza de que a la larga nos casaríamos. Pero cuando adelgacé, ella estaba en lo cierto: las cosas ya no eran iguales entre nosotros.

## La atracción de Tyler hacia Nancy

Tyler era un hombre con necesidades de dependencia bastante pronunciadas, que se vieron exacerbadas por la crisis del divorcio. Su deterioro casi deliberado, calculado para despertar la compasión y la solicitud de su esposa, fracasó con ella pero atrajo a una mujer que amaba demasiado y que hizo que el bienestar de otro fuera su propósito en la vida. El desamparo y el dolor de Tyler y el ansia de ayudar de Nancy fueron la base de su atracción mutua.

Tyler estaba aún dolido por el rechazo de su esposa y sufría profundamente por haberla perdido y por el fin de su matrimonio. En ese estado de desdicha que es común a todos quienes atraviesan la angustia de la separación, no lo atrajo tanto Nancy como persona sino más bien su papel de enfermera y curadora, y el fin del sufrimiento que ella parecía ofrecerle.

Así como él había utilizado grandes cantidades de comida para llenar su vacío y sofocar su sentimiento de pérdida, ahora utilizaba la solicitud de Nancy para obtener una sensación de seguridad emocional y reforzar su dañada autoestima. Pero la necesidad que Tyler sentía por la atención total de Nancy fue temporaria, una fase pasajera en su proceso de curación. A medida que el tiempo obró su magia, reemplazando la obsesión consigo mismo y la autocompasión por una seguridad más saludable, la sobreprotección de Nancy, que una vez le había resultado reconfortante, ahora lo hastiaba. A diferencia de la exagerada dependencia temporaria de Tyler, la necesidad que sentía Nancy de que la necesitaran no era una fase pasajera, sino más bien un rasgo central de su personalidad y casi su único marco de relación con respecto a los demás, era «enfermera» tanto en el trabajo como en casa. Si bien Tyler habría sido una pareja bastante dependiente aun después de recuperarse del divorcio, su profunda necesidad de ser atendido no podía igualar la profundidad de la necesidad que tenía Nancy de manejar y controlar la vida de otro.

La salud de Tyler, por la cual ella, aparentemente, había trabajado en forma tan incansable, fue en realidad el fin de su relación.

**BART: treinta y seis años; alcohólico desde los catorce años, sobrio por dos años.**

Cuando conocí a Rita, hacía aproximadamente un año que me había divorciado y que hacía vida de soltero. Era una muchacha de piernas largas, ojos oscuros y aspecto de hippie, y al principio pasamos mucho tiempo juntos, drogándonos. Yo todavía tenía mucho dinero, y realmente la pasamos estupendo durante un tiempo. Pero Rita nunca fue realmente hippie. Era demasiado responsable para dejarse ir demasiado. Podía fumar un poco de hierba conmigo, pero de alguna manera sus antecedentes bostonianos nunca desaparecerían del todo. Incluso su apartamento estaba ordenado todo el tiempo. Yo tenía la sensación de estar a salvo con ella, como si ella no fuera a dejarme caer mucho.

La primera noche que salimos tuvimos una cena estupenda y luego volvimos a su apartamento. Yo me emborraché mucho, y creo que perdí el sentido. Bueno, desperté en el sofá, cubierto con una manta bonita y suave, y tenía la cabeza apoyada sobre una almohada perfumada, y me sentí como si hubiese llegado a casa... a un puerto seguro, ¿me entiende? Rita sabía todo acerca del cuidado de alcohólicos.

Su padre, que era bancario, había muerto de esa enfermedad. Bueno, unas semanas después de eso me mudé con ella, y en los dos años siguientes me porté como un brillante comerciante mientras pude, hasta que perdí todo.

Ella había dejado de drogarse después de que estuvimos juntos unos seis meses. Creo que consideró que era mejor que ella se mantuviera en el control de las cosas, ya que yo no lo estaba en absoluto. En medio de todo esto nos casamos. Entonces me asusté de verdad. Ahora tenía otra responsabilidad, y nunca me había ido muy bien con las responsabilidades. Además, en el momento en que nos casamos, yo estaba perdiendo todo económicamente. En mi estado, ya no podía mantener las cosas bajo control, pues bebía todo el día. Rita no sabía que estaba tan mal, porque yo le decía por la mañana que iba a una reunión de negocios y en cambio salía en mi Mercedes y estacionaba junto a la playa para beber. Finalmente, cuando llegué a la quiebra y debía dinero a todo el mundo, no supe qué hacer.

Salí en un largo viaje, con la intención de matarme en el auto y hacer que pareciera un accidente. Pero ella me siguió, me encontró en un hotelucho y me llevó a casa. Ya no tenía dinero, pero ella me llevó a un hospital para el tratamiento del alcoholismo. Es gracioso, pero yo no se lo agradecí. Durante aproximadamente el primer año de sobriedad estuve furioso, confundido, muy asustado, y totalmente apartado de ella en lo sexual. Aún no sé si podremos solucionarlo, pero las cosas están mejorando un poco con el tiempo.

### La atracción de Bart hacia Rita

Cuando, en su primera cita, Bart se emborrachó y perdió el sentido, Rita, al asegurarse de que no sufriera, parecía prometerle un respiro en su carrera hacia la autodestrucción. Durante un tiempo parecía que ella podría protegerlo de los estragos de su adicción, que sería capaz de salvarlo con sutileza y dulzura. Aquella actitud aparentemente protectora en realidad sirvió para prolongar el tiempo en que su pareja podría practicar su adicción sin sentir las consecuencias: al protegerlo y reconfortarlo, lo ayudó a permanecer enfermo más tiempo. Un adicto que practica su enfermedad no está buscando a nadie que lo ayude a recuperarse; busca a alguien con quien pueda seguir enfermo, pero a salvo. Rita fue perfecta durante un tiempo, hasta que Bart enfermó tanto que ni siquiera ella pudo deshacer lo que él se estaba haciendo.

Cuando le siguió y le llevó al programa hospitalario para alcohólicos, Bart comenzó a dejar el alcohol y a recuperarse. Sin embargo, Rita se había interpuesto entre él y su droga. Ya no cumplía su papel habitual de consolarlo y hacer que todo estuviera bien, y él se resintió por esa aparente traición y también porque ella parecía tan fuerte cuando él se sentía tan débil e indefenso.

Por mal que lo hagamos, todos necesitamos sentir que estamos a cargo de nuestra propia vida. Cuando alguien nos ayuda, a menudo nos resentimos por el poder y la superioridad implícitos de esa persona. Más aún, un hombre a menudo necesita sentirse más fuerte que su pareja para sentirse sexualmente atraído hacia ella. En este caso, la ayuda que Rita proporcionó a Bart al llevarlo al hospital dejó en claro lo enfermo que estaba, y fue así como ese gesto de profundo afecto destruyó, al menos por un tiempo, la atracción sexual de Bart hacia ella.

Además de este aspecto emocional, aquí puede haber también un importante factor fisiológico en juego. Cuando un hombre ha estado ingiriendo alcohol y otras drogas como lo hacía Bart, y luego deja de hacerlo, a veces debe pasar un año o más hasta que la química de su cuerpo se corrija y él pueda responder sexualmente de modo normal. Durante este período de adaptación física es probable que la pareja del enfermo sufra dificultad para entender y aceptar la falta de interés de él y su incapacidad de funcionar sexualmente.

Lo contrario también puede darse. Se puede desarrollar un impulso sexual excepcionalmente intenso en el adicto recientemente recuperado, quizá debido a un desequilibrio hormonal. O bien, la razón puede ser psicológica. Como dijera un joven que se había abstenido del alcohol y de otras drogas durante unas semanas: «Ahora el sexo puede servir como sustituto de una droga para aliviar la ansiedad que es típica en los comienzos de la sobriedad».

La recuperación de la adicción y coadicción es un proceso extremadamente complejo y delicado para una pareja.

Bart y Rita podrían sobrevivir a esa transición, aunque originalmente se unieron porque sus respectivas enfermedades de alcoholismo y coalcoholismo los atrajeron el uno al otro. Pero para sobrevivir como pareja en ausencia de una adicción activa, deben recorrer caminos separados por algún tiempo y concentrarse cada uno en su propia recuperación. Cada uno debe mirar hacia adentro y abrazar el yo que tanto se esforzaron por evitar amándose y bailando el uno con el otro.

**GREG: treinta y ocho años; limpio y sobrio durante catorce años en Drogadictos Anónimos; ahora casado y con dos hijos, trabaja como asesor de jóvenes drogadictos.**

Nos conocimos un día en el parque. Ella estaba leyendo un periódico «subterráneo» y yo simplemente daba un paseo. Era un sábado de verano, alrededor del mediodía, hacía mucho calor y todo estaba en calma.

Yo tenía veintidós años y había dejado la universidad en el primer año, pero seguía diciendo que iba a regresar. Lo hacía para que mis padres siguieran enviándome dinero. Ellos no podían desprenderse de su sueño de que yo terminara los estudios e iniciara una profesión, por eso me mantuvieron durante mucho tiempo.

Alana era bastante gorda; tendría unos veinte kilos de más, lo cual significaba que no era una amenaza para mí. Como no era perfecta, no me importaría que me rechazara. Inicié una conversación con ella sobre lo que estaba leyendo, y fue fácil desde el comienzo. Ella reía mucho, y eso me hacía sentir que yo era un tipo encantador. Me habló de Mississippi y de Alabama, y de marchas con Martin Luther King, y de cómo había sido eso, trabajando con toda esa gente para cambiar las cosas.

Yo nunca me había comprometido con nada que no fuera pasarlo bien. Mi lema era pasarlo bien y seguir adelante, y me resultaba mucho más fácil pasarlo bien que seguir adelante. Alana era muy intensa. Dijo que le encantaba estar de vuelta en California, pero que a veces sentía que no tenía derecho a estar tan cómoda cuando otras personas estaban sufriendo.

Ese día estuvimos sentados en el parque dos o tres horas, simplemente conversando, contándonos más y más sobre quiénes éramos. Después de un rato volvimos a la casa que yo compartía, para drogarnos, pero cuando llegamos ella tenía hambre. Se puso a comer y a limpiar la cocina, mientras yo me drogaba en la sala. Había música y recuerdo que ella salió con un frasco de manteca de maní, galletas y un cuchillo, y se sentó muy cerca de mí. No dejábamos de reír. Creo que en ese momento ambos nos dejamos ver como adictos, con más claridad que nunca después de ese día. Entonces no había excusas, sólo conductas. Y ambos estábamos haciendo exactamente lo que queríamos, y además habíamos encontrado a alguien que no nos reprendería por ello. Sin decir una palabra, sabíamos que estaríamos bien juntos.

Después de eso tuvimos muchos buenos momentos, pero no creo que haya habido otro momento en que todo fuera tan fácil, en que ambos estuviéramos tan libres de defensas. Los adictos son gente bastante defensiva.

Recuerdo que solíamos pelear mucho sobre si yo podía hacerle el amor sin estar drogado. Ella estaba segura de que era repulsiva por su gordura. Cuando yo me drogaba antes de hacer el amor ella pensaba que tenía que hacerlo para poder soportarla. En realidad, tenía que drogarme para hacer el amor con cualquiera. Los dos teníamos una autoestima bastante escasa. Me resultaba fácil esconderme detrás de su adicción porque su figura demostraba que había un problema. Mi falta de motivación y el hecho de que mi vida no iba a ningún lugar eran menos obvios que aquellos veinte kilos que ella arrastraba consigo. Entonces estábamos allí, peleando por si yo podía realmente amarla a pesar de su figura. Me hacía decir que lo que importaba era quién era ella por adentro, no por su aspecto, y entonces quedábamos en paz por un tiempo.

Ella decía que comía porque era muy infeliz. Yo decía que me drogaba porque no podía hacerla feliz. En aquella forma realmente enferma éramos complementos perfectos. Cada uno tenía una excusa para lo que estaba haciendo.

Sin embargo, la mayor parte del tiempo fingíamos que no había verdaderos problemas. Después de todo, hay mucha gente gorda y mucha gente que se droga. Entonces simplemente ignorábamos toda la cuestión.

Entonces me arrestaron por posesión de drogas peligrosas. Pasé diez días en la cárcel y mis padres me consiguieron un estupendo abogado que me llevó al asesoramiento para adictos como alternativa a un tiempo más prolongado en la cárcel. Mientras estuve encerrado esos diez días Alana se mudó. Estaba furioso. Sentía que me había abandonado. De hecho, peleábamos cada vez más. Al recordarlo me doy cuenta de que era cada vez más difícil vivir conmigo.

La paranoia que se desarrolla en las personas que toman droga durante cualquier lapso había comenzado a afectarme. Además, casi todo el tiempo estaba drogado o con ganas de drogarme. Alana había estado tomándolo todo en forma personal; pensaba que si tan sólo ella fuera diferente yo querría estar más tiempo con ella en lugar de estar drogado cada minuto. Pensaba que la estaba eludiendo. ¡Qué diablos, me estaba eludiendo a mí mismo!

El caso es que ella desapareció durante unos diez meses; otra manifestación, creo. El consejero a quien consulté insistió en que fuera a las reuniones de Drogadictos Anónimos. Como era eso o la cárcel, fui. Allí vi a algunas personas que había conocido en la calle y después de un tiempo comencé a sospechar que quizá yo tuviera un problema de drogas. Aquella gente continuaba con su vida y yo seguía drogándome a diario, todo el día. Entonces dejé de mentir en las reuniones y pedí ayuda a un tipo a quien tenía en muy buen concepto. Él se convirtió en mi patrocinador en D.A., y yo lo llamaba dos veces por día, mañana y noche. Eso significaba cambiar todo lo que yo hacía: amigos, fiestas, todo, pero lo hice. El asesoramiento también me ayudó, porque aquel consejero sabía todo lo que iba a pasarme antes que yo, y me lo advertía. De todos modos, dio resultado, y pude mantenerme lejos de las drogas y del alcohol.

Alana regresó cuando hacía cuatro meses que yo estaba limpio y sobrio en D.A., y enseguida volvimos a lo mismo de antes. Teníamos un juego que jugábamos juntos. El consejero lo llamaba «connivencia». Era nuestra forma de utilizarnos el uno al otro para sentirnos bien o mal con nosotros mismos y, por supuesto, para practicar nuestras adicciones. Yo sabía que si volvía a involucrarme en todo ese tipo de conductas con ella, volvería a drogarme. Ahora ni siquiera somos amigos. Simplemente lo nuestro no daba resultado si no podíamos estar enfermos juntos.

### La atracción de Greg hacia Alana

Greg y Alana compartieron un vínculo poderoso desde el comienzo. Cada uno de ellos tenía una adicción que gobernaba su vida, y desde el día en que se conocieron se concentraron en la adicción del otro para disminuir, en comparación, la importancia y el poder de la propia. Luego, a lo largo de su relación, en forma sutil o no tan sutil, intercambiaron el permiso de permanecer enfermos, aun mientras desaprobaban la condición del otro. Éste es un patrón sumamente común en las parejas adictivas, sean adictos a la misma sustancia o no. Utilizan la conducta y los problemas mutuos para evitar enfrentar la seriedad de su propio deterioro, y cuanto mayor es ese deterioro, más necesitan a esa pareja para obtener una distracción, para estar más enfermos, más obsesionados, menos en control.

Junto con esta dinámica, Alana daba a Greg la impresión de ser compasiva, de estar dispuesta a sufrir por algo en lo que creía. Eso siempre constituye una atracción magnética para una persona adictiva, porque la voluntad de sufrir es requisito previo para una relación con un adicto. Garantiza que el adicto no será abandonado cuando las cosas, inevitablemente, comiencen a empeorar. Después de largos meses de amargas peleas, fue solamente cuando Greg estuvo ausente, cumpliendo su sentencia en la cárcel, que Alana encontró fuerzas para dejarlo, aun en forma temporaria. Inevitablemente regresó, lista para volver a empezar donde habían quedado, como dos adictos practicantes.

Greg y Alana sólo sabían estar enfermos juntos. Con la adicción de Alana aún fuera de control, ella sólo podía sentirse fuerte y sana si Greg se mantenía drogado, tal como él podía sentir que su uso de las drogas estaba bajo control en comparación con los festines y el exceso de peso de Alana. La recuperación de Greg hizo que la falta de recuperación de Alana fuera demasiado obvia para que pudieran sentirse cómodos. Ella habría tenido que sabotear la sobriedad de Greg para que volvieran a un statu quo viable.

**ERIK: cuarenta y dos años; divorciado y vuelto a casar.**

Hacía un año y medio que estaba divorciado cuando conocí a Sue. Un instructor de la universidad donde trabajo como entrenador de fútbol me había convencido de que asistiera a una fiesta que daba para inaugurar su nueva casa, así que allí estaba yo, un domingo por la tarde, sentado solo en el dormitorio principal mirando un partido mientras todos los demás estaban en la sala disfrutando de la fiesta.

Sue entró a dejar un abrigo y nos saludamos. Salió y media hora después volvió para ver si yo seguía allí. Bromeó un poco acerca de que yo estaba escondido allí solo con el televisor, y durante los avisos comerciales conversamos un poco. Bueno, volvió a irse y regresó con un plato de todo lo bueno que estaban sirviendo en la fiesta. Entonces la miré realmente por primera vez y noté lo bonita que era. Cuando terminó el partido me reuní con los demás, pero ella ya se había marchado. Averigüé que trabajaba parte del tiempo como instructora en el departamento de inglés, entonces el lunes pasé por su oficina y le pedí que me permitiera retribuirle la comida que me había llevado.

Aceptó, con la condición de que fuéramos a algún sitio donde no hubiera televisión, y ambos reímos. Pero en realidad no era una broma. No sería exagerado decir que, cuando conocí a Sue, el deporte era mi vida entera. Eso es lo que tienen los deportes. Si uno quiere, puede dedicarles toda su atención y no tener más tiempo para otra cosa. Yo corría todos los días. Me entrenaba para las maratones, entrenaba a mis jugadores y viajaba con ellos a los partidos, seguía los deportes en televisión, me ejercitaba.

Pero también me sentía solo, y Sue era muy atractiva. Desde el comienzo me prestó mucha atención cuando yo la necesitaba, y no interfirió con lo que yo quería o necesitaba hacer. Ella tenía un hijo, Tim, de seis años que me caía bien. Su ex esposo vivía en otro estado y rara vez veía al niño, de modo que fue fácil hacerme amigo de Tim. Yo notaba que Tim quería tener un hombre cerca.

Sue y yo nos casamos un año después de conocernos, pero pronto las cosas comenzaron a andar mal. Ella se quejaba de que nunca les prestaba atención a ella ni a Tim, que siempre estaba fuera de casa y que lo único que me importaba era mirar los deportes por televisión. Yo me quejaba de que lo único que ella hacía era fastidiarme y que desde el día en que me conoció sabía cómo era yo. Si no le gustaba, ¿qué estaba haciendo allí? Gran parte del tiempo estaba enojado con Sue, pero por alguna razón no podía enojarme también con Tim, y sabía que la forma en que ella y yo peleábamos lo lastimaba. Si bien en aquel tiempo yo nunca lo admitía, Sue estaba en lo cierto. Estaba eludiéndoles a ella y a Tim. Los deportes me daban algo que hacer, algo de qué hablar y en qué pensar y eran un tema inofensivo y cómodo. Yo había crecido en una familia donde el único tema que se podía tratar con mi padre era el deporte; era la única forma de obtener su atención. Eso era casi lo único que yo sabía acerca de ser hombre.

Bueno, Sue y yo estábamos casi a punto de separarnos; peleábamos mucho. Cuanto más me presionaba ella, más la eludía y me refugiaba en mis carreras, en los juegos de pelota o en lo que fuese. Un domingo por la tarde estaba mirando un partido muy importante cuando sonó el teléfono. Sue había salido con Tim, y recuerdo lo molesto que me sentí por la interrupción, por tener que levantarme y dejar el televisor. La llamada era de mi hermano, para decirme que mi padre había sufrido un ataque cardíaco y que había muerto.

Fui al funeral sin Sue. Estábamos peleando tanto que quise ir solo, y me alegro de que así fuera. Regresar allí me cambió la vida. Allí estaba yo, en el funeral de mi padre, sin haber podido jamás hablar con él y al borde de mi segundo divorcio porque tampoco sabía relacionarme con mi esposa. Sentí que estaba perdiendo mucho, y no podía entender por qué todo eso me estaba pasando a mí. Yo era un buen tipo, trabajaba mucho y nunca hacía daño a nadie. Sentí pena por mí y me sentí totalmente solo.

Volví del funeral con mi hermano menor. Él no podía dejar de llorar. No dejaba de hablar de lo tarde que era ya, de que nunca estaría cerca de nuestro padre. Después, en la casa, todos hablaban de papá, como siempre después de un funeral, y hacían bromas sobre él y los deportes, cuánto le habían gustado y cómo siempre los miraba. Mi cuñado, tratando de ser gracioso, dijo: «¿Saben? Es la primera vez que vengo a esta casa y el televisor no está encendido ni él mirando un juego». Miré a mi hermano y se puso a llorar otra vez, no con tristeza sino con amargura. De pronto vi lo que mi padre había hecho toda su vida y lo que yo también estaba haciendo. Igual que él, yo no dejaba que nadie se acercara a mí, que me conociera, que hablara conmigo. El televisor era mi armadura.

Seguí a mi hermano afuera y fuimos juntos en automóvil hasta el lago. Estuvimos sentados allí mucho tiempo. Mientras lo escuchaba hablar de todo el tiempo que había estado esperando que papá le prestara atención, empecé a verme de verdad por primera vez, y me di cuenta de lo mucho que había llegado a parecerme a mi padre. Pensé en mi hijastro, Tim, que siempre estaba esperando como un cachorrito triste un poco de mi tiempo y mi atención, y en cómo yo me había mantenido demasiado ocupado para él y su madre.

En el avión, de regreso a casa, estuve pensando en lo que quería que dijera la gente sobre mí cuando yo muriera, y eso me ayudó a ver lo que tenía que hacer.

De vuelta en casa con Sue, hablé con sinceridad, tal vez por primera vez en toda mi vida. Lloramos juntos y llamamos a Tim para que estuviera con nosotros, y él también lloró.

Después de eso, todo fue maravilloso por un tiempo. Hacíamos cosas juntos, salíamos a pasear en bicicleta e íbamos de picnic con Tim. Salíamos y recibíamos a nuestros amigos. Me costaba alejarme de toda la cuestión deportiva, pero tuve que dejarla casi por completo para poder ver todo en perspectiva. Realmente deseaba estar cerca de la gente a quien quería, no morir y dejar en la gente sentimientos como los que había dejado mi padre.

Pero resultó ser más difícil para Sue que para mí. Cuando pasaron un par de meses, me dijo que pensaba tomar un empleo de tiempo parcial los fines de semana. Yo no podía creerlo. Ése era el tiempo que teníamos para estar juntos. Ahora todo se revertía: ¡ella estaba escapando de mí! Ambos llegamos a un acuerdo de buscar ayuda.

En el asesoramiento Sue admitió que todo nuestro compañerismo de los últimos tiempos la había vuelto loca, que sentía que no sabía hacerlo, que no sabía estar conmigo. Los dos hablamos de lo difícil que es estar realmente con otra persona. Si bien me había fastidiado con mi antiguo comportamiento, ahora se sentía incómoda cuando le prestaba atención. No estaba acostumbrada a eso. En todo caso, su familia había sido peor que la mía en cuestiones de atención y afecto. Su padre, capitán de un barco, nunca estaba en casa, y a su madre le agradaba eso. Sue había crecido sola, siempre con deseos de estar con alguien, pero, al igual que yo, no sabía cómo hacerlo.

Permanecimos un tiempo en asesoramiento, y por sugerencia del terapeuta ingresamos a la Asociación de Padrastros y Hermanastros. A medida que Tim y yo estábamos cada vez más unidos, a Sue le costaba dejar que yo lo disciplinara. Se sentía excluida y como si estuviera perdiendo el control sobre él. Pero yo sabía que tenía que establecer mis propios límites con Tim para que él y yo realmente pudiéramos tener una relación.

El hecho de estar en esa asociación me ayudó más que cualquier otra cosa. Tenían reuniones grupales para familias como la nuestra. Para mí fue estupendo escuchar a otros hombres que luchaban con sus sentimientos. Me ayudó a hablar de los míos con Sue.

Aún estamos hablando y seguimos juntos, aprendiendo a estar unidos y a confiar el uno en el otro. Ninguno de los dos lo hace tan bien como quisiera, pero no dejamos de practicar. Es un juego muy nuevo para los dos.

**La atracción de Erik hacia Sue**

Erik, solo en su aislamiento impuesto por él mismo, anhelaba que lo amaran y se preocuparan por él sin tener que arriesgarse a la intimidad. Cuando Sue se acercó a él el día en que se conocieron, señalando en forma tácita su aceptación del medio principal de Erik para evitar a la gente, su obsesión con los deportes, Erik se preguntó si no habría encontrado realmente a su mujer ideal: alguien que lo quisiera y, al mismo tiempo, lo dejara en paz. Si bien Sue se quejó con sutileza por su falta de atención al sugerir que en su primera cita no hubiese televisión, él siguió suponiendo que ella tenía un alto grado de tolerancia para la distancia. De no ser así, ella lo habría evitado desde el comienzo.

En realidad, la evidente falta de experiencia social de Erik y su incapacidad de relacionarse emocionalmente fueron elementos atractivos para Sue. Su torpeza hacía que lo estimara y, al mismo tiempo, le aseguraba que él no podría buscar otras personas, inclusive otras mujeres, y eso era importante. Sue, al igual que tantas otras mujeres que aman demasiado, sentía un profundo temor al abandono. Era mejor estar con alguien que no satisfacía del todo sus necesidades pero a quien no perdería, que estar con alguien más cariñoso y a quien ella pudiera amar más, que podría dejarla por otra persona.

Además, el aislamiento social de Erik le proporcionaba algo que hacer: tender un puente sobre el abismo que se extendía entre él y las demás personas. Ella podía interpretarlo, a él y a su idiosincrasia, para el resto del mundo, y atribuir a la timidez más que a la indiferencia su retiro del contacto social. En otras palabras, él la necesitaba.

Sue, por otra parte, se exponía a una situación que sería una réplica de todos los peores aspectos de su niñez: la soledad, la espera por amor y atención, el profundo desencanto y, finalmente, la furiosa desesperación. Al tratar de obligar a Erik a cambiar, su conducta no hizo más que confirmar los temores que sentía Erik de las relaciones e hizo que él se apartara más aun.

Pero Erik cambió en forma drástica, debido a una serie de acontecimientos profundamente conmovedores en su vida. Se volvió dispuesto a enfrentar a su dragón, el miedo a la intimidad, a fin de evitar convertirse en otra versión de su padre frío e intratable. El hecho de que se identificara tanto con el pequeño y solitario Tim fue un factor importante en su compromiso de cambiar. Pero ese cambio en él impuso un cambio en cada miembro de la familia. Sue, catapultada de ser ignorada y evitada a ser buscada y cortejada, se vio obligada a enfrentar su propia incomodidad con el hecho real de recibir la atención afectuosa que anhelaba. Para Sue y Erik habría sido fácil detenerse en ese punto, con la situación invertida y el perseguidor perseguido, quien antes evitaba ahora era evitado. Simplemente podrían haber intercambiado sus papeles, mantenido sus distancias y su nivel de comodidad. Pero tuvieron el coraje de mirar en mayor profundidad, y luego de intentar, con la ayuda de la terapia y el apoyo de un grupo comprensivo y empático, arriesgarse a unirse realmente como pareja y, con Tim, como familia.

No hay forma de exagerar la importancia de los encuentros iniciales para todos nosotros. Como terapeuta, el impacto que me produce un nuevo paciente me proporciona parte de la información más importante que recibiré de esa persona. A través de lo que se dice y de lo que queda sin decirse, y de todo lo que revela el aspecto físico —postura, aseo, expresión facial, modales y gestos, tono de voz, contacto visual o su falta, actitud y estilo— recibo una abundancia de información sobre la forma en que ese paciente opera en el mundo, en particular bajo tensión. Todo contribuye a obtener una impresión fuerte e innegablemente subjetiva, que me proporciona una sensación intuitiva de cómo será trabajar con esa persona en la relación terapéutica.

Mientras que yo, como terapeuta, trato de evaluar en forma muy consciente el enfoque de vida de mi paciente, cuando se conocen dos personas se produce un proceso muy similar, aunque menos deliberado y consciente. Cada uno trata de responder algunas preguntas acerca del otro, sobre la base de la cantidad de información que se telegrafía automáticamente durante esos primeros instantes juntos. Las preguntas que se formulan en silencio son, por lo general, muy simples. ¿Eres alguien con quien tengo algo en común? ¿Puedo beneficiarme de alguna manera al cultivar una amistad contigo? ¿Es divertido estar contigo?

Pero a menudo se formulan otras preguntas, que dependen de quiénes sean esas personas y de lo que deseen. Para todas las mujeres que aman demasiado, hay preguntas más fuertes detrás de las obvias, racionales y prácticas, preguntas que todas nos esforzamos por responder porque provienen de lo profundo de nuestro interior.

«¿Me necesitas?», pregunta en secreto la mujer que ama demasiado.

«¿Me cuidarás y solucionarás mis problemas?», es la muda interrogación que subyace a las palabras del hombre que la elegiría como pareja.

# 7

# La bella y la Bestia

*«Hay muchos hombres», dijo la Bella,*
*«que son peores monstruos que tú,*
*y yo te prefiero a pesar de tu aspecto...»*

La Bella y la Bestia

En las historias de los dos capítulos anteriores, las mujeres expresaban de manera uniforme una necesidad de ser útiles, de ayudar a los hombres con quienes se relacionaban. En efecto, la oportunidad de ayudar a esos hombres constituía el ingrediente principal de la atracción que sentían. Los hombres, a su vez, indicaban que habían estado buscando a alguien que pudiera ayudarlos, que pudiera controlar su comportamiento, hacerlos sentir a salvo, o «salvarlos»: alguien que fuera, en las palabras de uno de mis pacientes, la «mujer de blanco».

Este tema central de las mujeres que rediman a los hombres a través del don de su amor desinteresado, perfecto, que todo lo acepta, no es de ningún modo una idea moderna. Los cuentos de hadas, que representan tan bien las lecciones de la cultura que los crea y perpetúa, han venido ofreciendo desde hace siglos versiones de este drama. En *La Bella y la Bestia*, una joven bella e inocente conoce a un monstruo repulsivo y aterrador. Para salvar a su familia de la ira del monstruo, la joven acepta vivir con él. Al llegar a conocerlo, a la larga vence su odio inicial y, finalmente, llega a amarlo, a pesar de su personalidad animal. Cuando eso sucede, claro está, se produce un milagro: él queda liberado de su aspecto bestial y recupera su forma, no sólo humana, sino también principesca. El príncipe recuperado pasa a ser su pareja agradecida y adecuada. De esta manera, el amor de la joven y su aceptación del monstruo se ven pagados con creces cuando ella asume su lugar apropiado junto a él, para compartir una vida de dicha y buenaventura.

*La Bella y la Bestia*, al igual que todos los cuentos de hadas que han perdurado a través de siglos de ser contados una y otra vez, encarna una profunda verdad espiritual en el contexto de una historia irresistible. Las verdades espirituales son muy difíciles de comprender y más difíciles aun de poner en práctica porque a menudo van en contra de los valores contemporáneos. Por lo tanto, hay una tendencia a interpretar los cuentos de hadas en una forma que refuerce la tendencia cultural. Al hacerlo, es fácil pasar por alto su significado más profundo. Más adelante analizaremos la profunda lección espiritual que tiene para nosotros *La Bella y la Bestia.* Pero primero debemos examinar la tendencia cultural que este cuento de hadas parece acentuar: el hecho de que una mujer puede cambiar a un hombre si lo ama lo suficiente.

Esta creencia, tan poderosa, tan generalizada, se infiltra hasta el centro de nuestras psiquis individuales y grupales. En nuestra forma diaria de hablar y de actuar se ve reflejada la tácita suposición cultural de que podemos cambiar a alguien, para mejor, mediante la fuerza de nuestro amor y de que, si somos mujeres, es nuestro deber hacerlo. Cuando alguien a quien queremos no actúa ni siente como nosotras desearíamos, buscamos maneras de intentar cambiar la conducta o el ánimo de esa persona, por lo general, con la bendición de otros que nos dan consejos y aliento en nuestros esfuerzos. («¿Has probado…?».) Las sugerencias pueden ser tan contradictorias como numerosas, pero pocos amigos y parientes pueden resistirse a la tentación de hacerlas. Todos se concentran en ayudar. Incluso los medios de comunicación entran en escena, no sólo reflejando este sistema de creencias sino además, con su influencia, reforzándolo y perpetuándolo mientras continúan delegando el trabajo a las mujeres. Por ejemplo, tanto las revistas para mujeres como ciertas publicaciones de interés general siempre parecen publicar artículos del tipo «Cómo ayudar a su hombre a ser más...», mientras que en las revistas para hombres los correspondientes artículos sobre «Cómo ayudar a su mujer a ser más...» virtualmente no existen.

Y las mujeres compramos esas revistas y tratamos de seguir su consejo, con la esperanza de ayudar al hombre de nuestra vida a convertirse en lo que queremos y necesitamos que sea.

¿Por qué a las mujeres nos atrae tan profundamente la idea de convertir a alguien infeliz, enfermo o peor en nuestra pareja perfecta? ¿Por qué es un concepto tan atractivo, tan perdurable?

Para algunos, la respuesta parecería obvia: la ética judeocristiana encarna el concepto de ayudar a aquellos que son menos afortunados que nosotros. Nos enseñan que es nuestro deber responder con compasión y generosidad cuando alguien tiene un problema. No juzgar sino ayudar: esa parece ser nuestra obligación moral.

Lamentablemente, estos motivos virtuosos de ninguna manera explican por completo el comportamiento de millones de mujeres que eligen como pareja a hombres que son crueles, indiferentes, abusivos, emocionalmente inaccesibles, adictos, o incapaces por alguna otra razón de ser cariñosos y de interesarse por ellas. Las mujeres que aman demasiado hacen esas elecciones impulsadas por una necesidad de controlar a quienes están más cerca de ellas. Esa necesidad de controlar a otros se origina en la niñez, durante la cual se experimentan muchas emociones abrumadoras: miedo, furia, insoportable tensión, culpa, vergüenza, pena por otros y por uno mismo. Una niña que creciera en un ambiente así sería afectada por esas emociones hasta el punto de ser incapaz de funcionar a menos que desarrollara formas de protegerse. Siempre, sus herramientas de autoprotección incluyen un poderoso mecanismo de defensa, la negación, y una igualmente poderosa motivación subconsciente, el control. Todos empleamos inconscientemente mecanismos de defensa tales como la negación a lo largo de nuestra vida, a veces por cuestiones bastante triviales y otras veces por asuntos y acontecimientos importantes. De otro modo, tendríamos que enfrentar hechos acerca de quiénes somos y lo que pensamos y sentimos que no concuerdan con nuestra imagen idealizada de nosotros mismos y de nuestras circunstancias. El mecanismo de negación resulta especialmente útil para ignorar información con la que no queremos tratar. Por ejemplo, el no advertir (negar) cuánto está creciendo un hijo puede ser una manera de evitar sentimientos relacionados con el abandono del hogar por parte de ese hijo. O el no ver ni sentir (negar) el aumento de peso que se refleja tanto en el espejo como en la ropa ajustada puede permitir que sigamos deleitándonos con nuestras comidas favoritas.

Se puede definir a la negación como el hecho de rehusarse a admitir la realidad en dos niveles: en el nivel de lo que está sucediendo en realidad, y en el nivel de los sentimientos. Examinemos la forma en que la negación ayuda a preparar a una niñita para crecer y convertirse en una mujer que ama demasiado. Cuando es niña puede, por ejemplo, tener un progenitor que rara vez está en casa por las noches debido a aventuras extramatrimoniales. Al decirse ella misma, o al decirle otros miembros de la familia, que ese progenitor está «trabajando», ella niega que haya problemas entre sus padres o que esté sucediendo algo anormal. Eso evita que sienta miedo por la estabilidad de su familia y por su propio bienestar. Además, ella se dice que ese progenitor está trabajando mucho, lo cual despierta compasión en lugar de la ira y la vergüenza que sentiría si enfrentara la realidad. De esa manera, niega tanto la realidad como sus sentimientos con respecto a esa realidad, y crea una fantasía con la que le resulta más fácil vivir. Con la práctica, adquiere mucha habilidad para protegerse del dolor en esa forma, pero al mismo tiempo pierde la capacidad de elegir libremente lo que hace. Su negación obra en forma automática, involuntaria.

En una familia disfuncional siempre hay una negación compartida de la realidad. Por serios que sean los problemas, la familia no se vuelve disfuncional a menos que se produzca la negación. Más aún, si algún miembro de la familia intentara librarse de esa negación, por ejemplo describiendo la situación familiar en términos precisos, el resto de la familia se resistiría con fuerza a esa percepción. A menudo se utiliza el ridículo para poner a esa persona en su lugar, o, si eso fallara, el miembro renegado de la familia es excluido del círculo de aceptación, afecto y actividad.

Nadie que utilice el mecanismo de defensa de la negación hace una elección consciente de excluir la realidad, de usar anteojeras a fin de dejar de registrar con precisión lo que dicen y hacen los demás, como nadie en quien opere la negación decide dejar de sentir sus propias emociones. Simplemente «sucede» a medida que el yo, en su lucha por proporcionar protección contra los miedos, las cargas y los conflictos abrumadores, cancela la información que resulta demasiado problemática.

Es posible que una niña cuyos padres pelean con frecuencia invite a una amiga a pasar la noche en su casa. Durante la visita de su amiga, ambas niñas despiertan por la noche debido a las fuertes discusiones de los padres. La visitante susurra: «Oye, qué ruidosos son tus padres. ¿Por qué gritan así?».

La hija, avergonzada, que ha permanecido despierta durante muchas de esas peleas, responde vagamente: «No lo sé», y luego permanece allí, angustiada e incómoda, mientras los gritos continúan. La pequeña invitada no tiene idea de por qué su amiga comienza a evitarla de allí en adelante.

La hija rechaza a su invitada porque ésta fue testigo del

secreto familiar, y por lo tanto le recuerda lo que ella preferiría negar. Los hechos embarazosos como la pelea de los padres durante esa visita son tan dolorosos que la hija se siente mucho más cómoda negando la verdad, y de esa manera evita, cada vez con más asiduidad, cualquier cosa o cualquier persona que amenace desmantelar su defensa contra el dolor. No quiere sentir su vergüenza, su miedo, su ira, desamparo, pánico, desesperación, pena, resentimiento, hastío. Pero debido a que esas emociones fuertes y conflictivas son aquello contra lo que ella tendría que luchar si se permitiera sentir algo, prefiere no sentir nada. Ésta es la fuente de su necesidad de controlar a las personas y los acontecimientos de su vida. Al controlar lo que sucede a su alrededor, trata de crear para sí misma una sensación de seguridad. Nada de conmociones, nada de sorpresas, nada de sentimientos.

Cualquier persona que se encuentre en una situación incómoda trata de controlarla, en la medida en que le sea posible. Esta reacción natural se exagera en los miembros de una familia enferma porque hay mucho dolor. Recuerde la historia de Lisa, cuando sus padres la presionaban para que obtuviera mejores calificaciones en la escuela: había cierta esperanza realista de que sus calificaciones podían ser mejores, pero poca oportunidad de modificar la conducta alcohólica de su madre; por eso, en vez de enfrentar las devastadoras implicaciones de la impotencia familiar ante el alcoholismo de la madre, prefirieron creer que la vida de la familia mejoraría siempre y cuando Lisa se desempeñara mejor en la escuela.

Recuerde también que Lisa se esforzaba por mejorar (controlar) la situación «siendo buena». Su buena conducta no era, de ningún modo, una expresión sana de su deleite por su familia. Todo lo contrario. Cada tarea que realizaba en su casa sin que se lo pidieran representaba un intento desesperado de rectificar las insoportables circunstancias de la familia, por las cuales ella, de niña, se sentía responsable.

Es inevitable que los hijos carguen con un sentimiento de

culpa por problemas graves que afectan a su familia. Eso se debe a que, a través de sus fantasías de omnipotencia, creen que son la causa de las circunstancias familiares y que tienen el poder de modificarlas, para bien o para mal. Al igual que Lisa, muchos hijos infortunados reciben activamente la culpa, por parte de los padres o de otros miembros de la familia, por problemas sobre los cuales los niños no tienen control. Pero aun sin la acusación verbal de otros, un niño asume una gran parte de la responsabilidad por los problemas de su familia.

Para nosotros no resulta fácil ni cómodo considerar que el comportamiento desinteresado, el «ser bueno» y los esfuerzos por ayudar pueden ser en realidad intentos de controlar, y que no tienen motivaciones altruistas. Yo vi esta dinámica representada en forma sencilla y sucinta en el cartel ubicado en la puerta de una agencia donde trabajé una vez. Mostraba un círculo en dos tonos, cuya parte superior era un sol naciente amarillo y brillante y cuya parte inferior estaba pintada de negro. El cartel decía: «La ayuda es el lado soleado del control». Servía para recordarnos a los terapeutas y a nuestros pacientes que debemos analizar constantemente los motivos que hay detrás de nuestra necesidad de cambiar a los demás.

Cuando los esfuerzos por ayudar provienen de personas con antecedentes desdichados, o que están atravesando relaciones llenas de tensiones, siempre hay que sospechar la necesidad de controlar. Cuando hacemos por otro lo que él mismo puede hacer, cuando planeamos el futuro o las actividades diarias de otro, cuando sugerimos, aconsejamos, recordamos, advertimos o tratamos de persuadir con halagos a alguien que no es una criatura, cuando no podemos soportar que esa persona enfrente las consecuencias de sus actos y por eso tratamos de cambiar sus actos o prevenir las consecuencias de los mismos: eso es controlar. Nuestra esperanza es que si podemos controlar a esa persona, entonces podemos controlar nuestros sentimientos en los aspectos en que nuestra vida se une a la suya. Y, por supuesto, cuanto más nos esforzamos por controlarlo, menos podemos hacerlo. Pero no podemos detenernos.

Una mujer que habitualmente practica la negación y el control se verá atraída a situaciones que exijan esas características. La negación, al mantenerla fuera de contacto con la realidad de sus circunstancias y de sus sentimientos respecto de esas circunstancias, la llevará a relaciones cargadas de dificultad. Entonces ella empleará toda su habilidad para ayudar/controlar a fin de hacer que la situación sea más tolerable, negando todo el tiempo lo grave que es en realidad. La negación alimenta la necesidad de controlar, y el inevitable fracaso en los intentos de controlar, alimenta la necesidad de negar.

Esta dinámica se ve ilustrada en las siguientes historias. Estas mujeres han ganado una buena medida de discernimiento en su conducta mediante la terapia y, cuando fue apropiado debido a la naturaleza de sus problemas, por medio del contacto con otros grupos de apoyo. Han podido reconocer su patrón de querer ayudar como lo que realmente era: un intento con motivaciones subconscientes de negar su propio dolor controlando a quienes tenían más cerca. La intensidad del deseo de cada mujer de ayudar a su pareja es un indicio de que se trata más de una necesidad que de una elección.

**CONNIE: treinta y dos años; divorciada, con un hijo de once años.**

Antes de la terapia yo no podía recordar una sola cuestión por la que mis padres pelearan. Lo único que podía recordar era que peleaban constantemente. Todos los días, en todas las comidas, casi a cada minuto. Se criticaban, estaban en desacuerdo y se insultaban, mientras mi hermano y yo mirábamos. Papá se quedaba en su trabajo, o donde fuera, todo el tiempo que podía, pero tarde o temprano tenía que volver a casa, y entonces todo empezaba otra vez. Mi papel en todo esto era, en primer lugar, fingir que no pasaba nada malo, y segundo, tratar de distraer a uno de ellos o a ambos entreteniéndolos. Yo sacudía la cabeza, les mostraba una amplia sonrisa y hacía un chiste o cualquier tontería que se me ocurriera para captar su atención. En realidad, por adentro estaba muerta de miedo, pero el miedo me impedía actuar con sensatez. Por eso hacía payasadas y chistes, y pronto el ser simpática se convirtió en un trabajo de tiempo completo. Practiqué tanto en casa que después de un tiempo empecé a actuar así también en otros lugares. Siempre mejoraba mi actuación. Básicamente, consistía en esto: si había algo malo lo ignoraba, y al mismo tiempo trataba de Disimularlo. Esta última oración resume lo que sucedió en mi matrimonio.

Conocí a Kenneth junto a la piscina de mi apartamento a los veinte años. Estaba muy bronceado, y era muy apuesto. El hecho de que, poco después de conocerme, tuviese suficiente interés como para querer vivir conmigo me hizo sentir que nos esperaba un gran futuro. Además, él era tan alegre como yo, así que pensé que teníamos todos los ingredientes para ser felices juntos.

Kenneth era un poco impreciso, un poco indeciso con respecto a su carrera, sobre lo que quería hacer con su vida, y en ese aspecto le di mucho aliento. Estaba segura de que lo estaba ayudando a florecer, que le daba el apoyo y la dirección que necesitaba. Yo tomé todas las decisiones que nos concernían como pareja desde el comienzo, pero aún así, él hacía lo que quería. Me sentía fuerte y él se sentía libre de apoyarse en mí. Creo que era exactamente lo que ambos necesitábamos.

Hacía tres o cuatro meses que vivíamos juntos cuando una vieja amiga suya del trabajo lo llamó a casa. Se sorprendió mucho al enterarse de que yo estaba viviendo con Kenneth. Me dijo que él nunca le había mencionado que anduviera con alguien, aunque la veía al menos dos o tres veces por semana en el trabajo. Todo esto salió a la luz cuando ella trataba de disculparse por haber llamado. Bueno, eso me conmocionó un poco, e interrogué a Kenneth al respecto. Me dijo que no le había parecido importante contárselo. Recuerdo el miedo y el dolor que sentí entonces, pero sólo me sentí así por un momento. Luego oculté esos sentimientos y me mostré muy intelectual. Veía sólo dos opciones: podía pelear con él o dejar pasar la cuestión sin esperar que él viera las cosas a mi modo. Elegí la segunda, sin dudarlo, y bromeé sobre el asunto. Me había prometido a mí misma que nunca, jamás, pelearía como lo habían hecho mis padres. De hecho, la idea de enfadarme literalmente me daba náuseas. Dado que, de niña, había estado tan ocupada entreteniendo a todos, evitaba sentir emociones fuertes. A esa altura las discusiones violentas me asustaban de verdad, me hacían perder el equilibrio. Además, me gustaba mantener las cosas en calma, por eso acepté lo que decía Kenneth y sepulté mis dudas con respecto a la sinceridad de su compromiso conmigo. Nos casamos unos meses después.

Doce años más tarde, por sugerencia de una amiga del trabajo, me encontré un día en el consultorio de una terapeuta. Yo pensaba que aún tenía control sobre mi vida, pero mi amiga había dicho que estaba preocupada por mí e insistió en que consultara a un especialista.

Kenneth y yo habíamos estado casados esos doce años y yo creía que habíamos sido muy felices, pero ahora estábamos separados por iniciativa mía. La terapeuta me interrogó. ¿Qué había salido mal? Hablé de muchas cosas distintas, y en medio de mi divagación mencioné que él no volvía a casa por las noches, al principio una o dos veces por semana, luego tres o cuatro veces por semana y, finalmente, durante los últimos cinco años, seis de cada siete noches. Finalmente le dije que parecía que en realidad él deseaba estar en otra parte, así que tal vez sería mejor que se mudara.

La terapeuta me preguntó si sabía dónde había estado él todas esas noches, y le respondí que no lo sabía, que nunca se lo había preguntado. Recuerdo cuánto se sorprendió. «¿Todas esas noches en todos esos años y nunca se lo preguntó?» Le dije que no, nunca, que yo pensaba que las parejas casadas tenían que proporcionarse espacio mutuo. Lo que hacía, sin embargo, era hablar con él respecto de que debería pasar más tiempo con nuestro hijo, Thad. Él siempre estaba de acuerdo conmigo, y después se iba de todos modos por la noche y tal vez, de vez en cuando, venía con nosotros para hacer algo juntos los domingos. Yo prefería verlo como alguien no muy inteligente, que necesitaba aquellos interminables sermones que yo le daba para mantenerlo un poco en la senda de un buen padre. Nunca pude admitir que él estaba haciendo exactamente lo que quería y que yo no podría cambiarlo. En realidad, las cosas empeoraron con los años, a pesar de lo perfecta que yo trataba de que fuera mi conducta. Durante aquella primera sesión, la terapeuta me preguntó qué pensaba yo que había estado haciendo Kenneth cuando no estaba en casa. Eso me irritó. Simplemente no quería pensar en ello, porque si lo hacía, podría lastimarme.

Ahora sé que Kenneth era incapaz de estar con una sola mujer, aunque le gustaba la seguridad de una relación estable. Me había dado miles de indicios de ese comportamiento tanto antes del matrimonio como después: en los picnics en grupos, cuando desaparecía durante horas, o en las fiestas, cuando se ponía a hablar con alguna mujer y después desaparecían juntos, sin siquiera pensar en lo que yo estaba haciendo en esas situaciones. Por mi parte yo usaba mi encanto para distraer a la gente de lo que estaba pasando y para demostrar lo buena jugadora que era... y quizá para demostrar que era digna de ser amada, no alguien de quien un novio o un esposo queman alejarse si pudieran.

Me llevó mucho tiempo de terapia poder recordar que el problema en el matrimonio de mis padres también habían sido otras mujeres. Sus peleas se habían debido a que mi padre salía y no volvía a casa, y mi madre, si bien no lo decía directamente, insinuaba que él le era infiel y luego le regañaba porque nos dejaba de lado. Yo pensaba que ella lo alejaba, y decidí en forma muy consciente que nunca me comportaría como ella. Por eso me contenía y siempre sonreía. Eso fue lo que me llevó a la terapia. Yo seguía sonriendo el día siguiente a aquel en que mí hijo de nueve años trató de suicidarse. Lo dejé pasar como un chiste, y eso fue lo que alarmó realmente a mi amiga del trabajo. Yo había tenido por mucho tiempo la convicción de que si me mostraba agradable y nunca me enfadaba, todo saldría bien.

El hecho de ver a Kenneth como alguien no muy inteligente también ayudó. Yo lo sermoneaba y trataba de organizar su vida, lo que para él quizá fuera un precio bajo a cambio de tener a alguien que cocinara y limpiara mientras él hacía exactamente lo que quería, sin preguntas de por medio.

Era tanta la profundidad de mi negación de que algo andaba mal que no pude librarme de ella hasta que busqué ayuda. Mi hijo era sumamente infeliz, y yo simplemente me resistía a admitirlo. Trataba de hablar con él para convencerlo de que todo estaba bien, bromeaba al respecto, lo que tal vez lo hacía sentirse peor. También me rehusaba a admitir que algo andaba mal ante la gente que nos conocía. Kenneth estuvo fuera de casa por seis meses y yo seguía sin decir a nadie que estábamos separados, lo que también hacía las cosas más difíciles para mi hijo. Él también tenía que guardar el secreto y ocultar el dolor que sentía por todo eso. Como yo no quería hablar del tema con nadie, tampoco dejaba que él lo hiciera. No veía con cuánta desesperación él necesitaba revelar el secreto. La terapeuta realmente me impulsó a empezar a decir a la gente que mi matrimonio perfecto había terminado. Me costó muchísimo admitirlo. Creo que el intento de suicidio de Thad fue simplemente su manera de decir: «¡Oigan todos! ¡Sí hay algo que anda mal!».

Bueno, ahora nos va mejor. Thad y yo seguimos en terapia juntos y por separado, aprendiendo a hablarnos y a sentir lo que sentimos. En mi terapia ha habido una regla que me prohíbe hacer bromas sobre cualquier cosa que surja durante la sesión. Me resulta muy difícil renunciar a esa defensa y sentir lo que me sucede cuando lo hago, pero lo estoy haciendo mucho mejor. Cuando tengo alguna cita a veces pienso cómo me necesitan este hombre o aquel para enderezar algunos pequeños detalles de su vida, pero sé que no debo pensar en eso por mucho tiempo. Últimamente, los únicos chistes que me permiten hacer en la terapia son algunas referencias muy ocasionales a esos breves impulsos enfermizos de «ayudar». Me hace sentir bien reír de lo enfermiza que ha sido esa conducta, en lugar de reír para disimular todo lo que ha estado mal.

Al principio, Connie utilizó el humor para distraerse a sí misma y a sus padres de la amenazadora realidad de su relación inestable. Empleando todo su encanto y su astucia, podía desviar la atención de ellos hacia ella y detener así las peleas, al menos en forma temporaria. Cada vez que ocurría eso, ella hacía las veces de pegamento que unía a aquellos dos combatientes, asumiendo toda la responsabilidad que implicaba ese papel. Esas interacciones generaron su necesidad de controlar a los demás a fin de sentirse a salvo, y ella ejercía ese control distrayéndolos con el humor. Aprendió a ser sumamente sensible a las señales de ira y hostilidad en aquellos que la rodeaban, y a desviar tales expresiones con alguna ocurrencia oportuna o una sonrisa que los desarmaba.

Connie tenía una doble causa para negar sus sentimientos: primero, la idea de la potencial ruptura entre sus padres la asustaba demasiado como para soportarla; y en segundo lugar, cualquier emoción por su parte sólo lograría empeorar la situación. Pronto, llegó a negar sus sentimientos en forma automática, tal como buscaba manipular y controlar automáticamente a quienes la rodeaban. Su alegría superficial sin duda alejaba de ella a algunas personas, pero otros, como Kenneth, que no tenían deseos de relacionarse más que en un nivel superficial, se sentían atraídos por ese estilo.

El hecho de que Connie pudiera vivir durante años con un hombre que desaparecía horas enteras con creciente frecuencia, y que finalmente comenzó a desaparecer todas las noches, sin preguntarle jamás sobre sus actividades o su paradero durante esas ausencias, es una medida de su gran capacidad para la negación y del miedo igualmente intenso y subyacente. Connie no quería saber, no quería pelear ni enfrentarse y, más que nada, no quería volver a sentir el terror de su niñez. Con la disensión todo su mundo se desmoronaría.

Fue muy difícil que Connie accediera a un proceso terapéutico que exigía renunciar a su defensa principal: el humor. Era como si alguien le pidiera que dejara de respirar; en algún nivel ella estaba segura de que no sobreviviría sin él. El ruego desesperado de su hijo para que ambos comenzaran a enfrentar la dolorosa realidad de la situación apenas atravesó las fuertes defensas de Connie. Ella estaba fuera de contacto con la realidad, casi hasta el punto de estar realmente loca, y durante mucho tiempo en la terapia insistió en hablar solamente de los problemas de Thad, negando que ella también tuviera los suyos. Como siempre había sido la «fuerte», no estaba dispuesta a abandonar esa posición sin pelear. Pero poco a poco, a medida que se volvió más dispuesta a experimentar el pánico que afloraba a la superficie cuando no recurría a los chistes, comenzó a sentirse más a salvo. Connie aprendió que, como adulta, tenía a su disposición mecanismos mucho más saludables que los que tanto había usado desde la niñez. Comenzó a cuestionar, a enfrentar, a expresarse, a hacer saber sus necesidades. Aprendió a ser más sincera de lo que había sido en muchos, muchos años, consigo misma y con los demás. Y finalmente pudo recuperar el buen humor, que ahora incluía el reírse sanamente de sí misma.

**PAM: treinta y seis años; divorciada dos veces, madre de dos varones adolescentes.**

Crecí en un hogar infeliz y tenso. Mi padre había abandonado a mi madre antes de que yo naciera, y ella se convirtió en lo que a mí me parecía una «madre soltera». Nadie que yo conociera tenía padres divorciados, y en el lugar donde vivíamos —una ciudad de clase media en los años 50— nos hacían sentir como la rareza que éramos.

Yo estudiaba mucho en la escuela y era una niña muy bonita, por eso los maestros me tenían cariño. Eso me ayudó mucho. Al menos en los estudios podía tener éxito. Llegué a ser la alumna perfecta: saqué las mejores calificaciones en toda la escuela primaria. Al empezar la secundaria la presión aumentó tanto que ya no podía concentrarme, por eso mis calificaciones comenzaron a bajar, aunque nunca me atreví a fallar mucho. Siempre tuve la sensación de que mi madre estaba decepcionada conmigo, y temía avergonzarla.

Mi madre trabajaba mucho como secretaria para mantenernos, y ahora me doy cuenta de que estaba exhausta todo el tiempo. También tenía mucho orgullo, y una profunda vergüenza, creo, por estar divorciada. Se sentía muy incómoda cuando otros niños venían a nuestra casa. Éramos pobres; nos costaba llegar a fin de mes, y sin embargo teníamos una enorme necesidad de guardar las apariencias. Bueno, era más fácil hacerlo si la gente nunca veía dónde vivíamos, por eso nuestra casa no era un lugar muy hospitalario, por no decir algo peor. Cuando mis amigas me invitaron a pasar la noche en su casa, mi madre me decía: «En realidad no quieren que vayas». Lo hacía en parte porque no quería tener que devolverles el favor e invitarlas a nuestra casa, pero claro que por entonces yo no sabía eso; yo creía en lo que ella me decía: que yo no era alguien con quien la gente quisiera estar.

Crecí creyendo que había algo muy malo en mí. No estaba segura de lo que era, pero tenía que ver con el hecho de no ser aceptable ni digna de cariño. En casa no había amor, sólo deber. Lo peor era que nunca podíamos hablar de la mentira que estábamos viviendo; cuando estábamos afuera tratábamos de parecer mejores de lo que éramos: más felices, más adinerados, más exitosos. La presión para hacerlo era muy intensa, pero era prácticamente tácita. Y yo nunca sentía que pudiera hacerlo bien. Tenía mucho miedo de que en cualquier momento se descubriera que yo no era tan buena como todos los demás. Si bien sabía vestirme bien y me iba bien en los estudios, siempre me sentí un fraude. Por adentro, sabía que estaba llena de defectos. Si la gente me tenía cariño era porque los estaba engañando. Si me conocieran bien, se alejarían.

Supongo que el hecho de crecer sin padre empeoró las cosas, porque nunca aprendí a relacionarme con los varones en forma recíproca. Eran animales exóticos, temibles y fascinantes al mismo tiempo. Mi madre nunca me habló mucho de mi padre, pero lo poco que decía me hacía sentir que no había motivos para enorgullecerse de él, así que yo no hacía preguntas; tenía miedo de lo que pudiera enterarme. A ella no le agradaban mucho los hombres, e insinuaba que básicamente eran peligrosos, egoístas, y que no había que confiar en ellos. Pero yo no podía evitarlo; me parecían fascinantes, empezando por los niñitos del jardín de infantes en mi primer día de escuela. Yo buscaba con ansia lo que faltaba en mi vida, pero no sabía qué era. Supongo que anhelaba tener una relación estrecha con alguien, dar afecto y recibirlo. Sabía que los hombres y las mujeres, maridos y esposas, debían amarse, pero mi madre me decía, en forma sutil y no tan sutil, que los hombres no hacían felices a las mujeres, que las hacían desdichadas, y que lo hacían abandonándolas, fugándose con la mejor amiga de ellas o traicionándolas de alguna manera. Ésa era la clase de historias que yo oía de mi madre cuando estaba creciendo. Tal vez decidí muy joven que encontraría a alguien que no se marchara, que no pudiera marcharse; quizás alguien a quien nadie más quisiera. Después creo que olvidé que había tomado esa decisión. Simplemente actuaba de acuerdo con ella.

En aquel tiempo nunca habría podido expresarlo con palabras, pero la única forma en que yo sabía estar con alguien, especialmente con un varón, era si él me necesitaba. Entonces no me dejaría, porque yo lo ayudaría y él estaría agradecido.

No es sorprendente que mi primer novio haya sido un inválido. Había tenido un accidente automovilístico y se había roto la espalda. Usaba soportes ortopédicos en las piernas y caminaba con muletas de acero. Por las noches, yo rogaba a Dios que me dejara inválida a mí en vez que a él. Íbamos juntos a los bailes y yo me quedaba sentada a su lado toda la noche. Ahora bien, era un muchacho agradable y cualquier chica habría disfrutado el hecho de estar con él sólo por su compañía. Pero yo tenía otro motivo. Estaba con él porque era seguro; como yo le estaba haciendo un favor, no me rechazaría ni me lastimaría. Era como tener una póliza de seguros contra el dolor. Realmente estaba loca por ese muchacho, pero ahora sé que lo elegí porque, como yo, tenía algo malo. Su defecto saltaba a la vista, entonces yo podía estar cómoda sintiendo todo ese dolor y esa lástima por él. Fue, sin duda, mi novio más sano. Después de él vinieron delincuentes juveniles, malos alumnos... todos perdedores.

A los diecisiete años conocí a mi primer esposo. Él tenía problemas en la escuela y estaba por abandonar los estudios. Sus padres estaban divorciados pero seguían peleando. ¡En comparación con esos antecedentes, los míos parecían buenos! Podía calmarme un poco, sentir menos vergüenza y, por supuesto, mucha pena por él. Era todo un rebelde, pero yo pensaba que eso se debía a que nadie lo había entendido antes que yo.

Además, yo tenía por lo menos veinte puntos más de coeficiente intelectual que él. Y yo necesitaba esa ventaja. Necesité eso y mucho más para siquiera empezar a creer que yo estaba a su misma altura y que no me dejaría por alguien mejor.

Toda mi relación con él —y estuvimos casados doce años— consistió en rehusarme a aceptar lo que era él y tratar de convertirlo en lo que yo pensaba que debía ser. Estaba segura de que sería mucho más feliz y se sentiría mucho mejor consigo mismo si tan sólo me permitiera mostrarle cómo había que criar a nuestros hijos, cómo dirigir su empresa, cómo relacionarse con su familia. Yo había continuado mis estudios y me especializaba, naturalmente, en psicología. Mi propia vida estaba tan fuera de control, tan infeliz, y allí estaba yo, estudiando cómo cuidar a los demás. Para ser justa conmigo misma, en realidad lo que buscaba eran respuestas, pero creía que la clave de mi felicidad residía en hacer que él cambiara. Era obvio que necesitaba mi ayuda. No pagaba sus cuentas ni sus impuestos. Hacía promesas, a mí y a los niños, que no cumplía. Irritaba a sus clientes, que me llamaban a mí para quejarse de que él no había cumplido con los trabajos que había empezado para ellos.

No pude dejarlo hasta que al fin vi quién era él en realidad, en lugar de quién quería yo que fuese. Pasé los últimos tres meses de mi matrimonio simplemente observando; no dándole aquellos interminables sermones míos, sino simplemente callada y observando. Entonces comprendí que no podía vivir con quien era él en realidad. Todo el tiempo, había estado esperando poder amar al hombre maravilloso en quien yo creía que se transformaría con mi ayuda. Lo único que me mantuvo en todos esos años fue mi esperanza de que cambiara.

Sin embargo, aún no tenía en claro que yo tenía un patrón de elegir a hombres que, en mi opinión, no estaban bien así sino que los veía como si necesitaran mi ayuda. Sólo llegué a advertir eso después de muchas relaciones más con hombres imposibles: uno era adicto a la «hierba»; otro era homosexual; otro era impotente, y otro con quien finalmente tuve una larga relación, supuestamente tenía un matrimonio muy infeliz. Cuando esa relación terminó (en forma desastrosa) no podía seguir pensando que todo se debía a la mala suerte. Sabía que yo debía de tener algo que ver en lo que me había ocurrido.

Para entonces ya tenía mi título de psicóloga, y toda mi vida giraba alrededor del hecho de ayudar a la gente. Ahora sé que mi campo está lleno de gente como yo, que se pasan el día ayudando a otros y aún sienten la necesidad de «ayuda?» en sus relaciones personales. Todo mi método de relacionarme con mis hijos consistía en recordar cosas, alentarlos, darles instrucciones y preocuparme por ellos. Eso era todo lo que yo conocía del amor: tratar de ayudar a la gente y de preocuparme por ellos. No tenía la menor idea de aceptar a los demás tal como eran, tal vez porque nunca me había aceptado a mí misma.

Entonces la vida me hizo un gran favor. Todo se desmoronó para mí. Cuando terminó mi romance con el hombre casado, mis dos hijos tenían problemas con la ley, y mi salud estaba completamente agotada. Ya no podía seguir cuidando a todos los demás. Fue el agente judicial que vigilaba a mi hijo quien me dijo que era mejor que empezara a cuidar de mí misma. Y de alguna manera logré hacerle caso. Después de todos esos años en psicología, fue él quien finalmente me convenció. Fue necesario que toda mi vida se derrumbara a mi alrededor para hacer que me examinara a mí misma y a la profundidad del odio que sentía por mí.

Una de las cosas más difíciles que tuve que enfrentar fue el hecho de que mi madre en realidad no había deseado la responsabilidad de criarme: no me había querido y punto. Ahora, como adulta, puedo entender lo duro que debió de ser para ella. Pero todos esos mensajes que ella me daba acerca de que los demás no querían estar conmigo... en realidad se estaba describiendo a sí misma. Y de niña yo lo sabía en algún nivel, pero no podía enfrentarlo, supongo, así que lo ignoraba. Muy pronto comencé a ignorar muchas cosas. No me permitía oír las críticas que ella me arrojaba constantemente o lo mucho que se enfadaba si yo me divertía. Era demasiado amenazador permitirme experimentar toda la hostilidad que ella dirigía hacia mí, por eso dejé de sentir, dejé de reaccionar, y dediqué todas mis energías a ser buena y a ayudar a los demás. Mientras trabajaba con los problemas de otros, nunca tenía tiempo para prestarme atención, para sentir mi propio dolor.

Fue difícil para mi orgullo, pero ingresé a un grupo de autoayuda formado por mujeres que tenían problemas similares con los hombres. Era la clase de grupo que, en general, yo dirigía profesionalmente, y allí estaba yo, como una humilde participante. Si bien mi ego se resintió, ese grupo me ayudó a ver mi necesidad de manejar y controlar a los demás, y me ayudó a dejar de hacerlo. Comencé a curarme por dentro. En lugar de ocuparme de los demás, al fin estaba ocupándome de mí misma. Y tenía mucho trabajo que hacer. ¡Una vez que empecé a concentrarme en tratar de dejar de «arreglar» a todos los que conocía, prácticamente tuve que dejar de hablar! Hacía mucho tiempo que todo lo que decía había sido para «ayudar». Para mí fue una conmoción tremenda oír la medida en que yo manejaba y controlaba. La alteración de mi conducta incluso ha cambiado radicalmente mi trabajo profesional. Soy mucho más capaz de estar con los pacientes para darles apoyo mientras ellos solucionan sus problemas. Antes, sentía una enorme responsabilidad de arreglarlos. Ahora es más importante el hecho de entenderlos.

Pasó un tiempo, y conocí a un hombre agradable. Realmente no había nada malo en él. Al principio me sentía muy incómoda, aprendiendo a estar con él en lugar de tratar de rehacerlo por completo. Después de todo, esa había sido mi manera de relacionarme con la gente. Pero aprendí a no hacer nada más que ser yo misma, y parece dar resultado. Siento como si mi vida estuviera empezando a tener sentido. Y sigo asistiendo a las reuniones del grupo para no caer en mis viejas costumbres otra vez. A veces todo en mí aun quiere dirigir el espectáculo, pero sé que ya no debo ceder a esa necesidad.

¿Cómo se relaciona todo esto con la negación y el control?

Pam comenzó por negar la realidad del enfado y la hostilidad de su madre para con ella. No se permitía sentir lo que significaba ser un objeto indeseado en lugar de una hija amada en su familia. No se permitía sentir porque dolía demasiado. Más tarde, esa incapacidad de percibir y experimentar sus emociones en realidad la utilizaría para relacionarse con los hombres. Su sistema de advertencia emocional era inoperante al comienzo de cada relación, debido al elevado orgullo de la negación. Como Pam no podía sentir cómo era, emocionalmente, estar con esos hombres, sólo podía percibirlos como personas que necesitaban su comprensión y su ayuda.

El patrón de Pam de desarrollar relaciones en las cuales su papel era comprender, alentar y mejorar a su pareja es una fórmula muy utilizada por las mujeres que aman demasiado, y por lo general produce exactamente lo contrario al resultado esperado. En lugar de un hombre agradecido y leal que está unido a ella por su devoción y su dependencia, una mujer así encuentra que pronto tiene un hombre que es cada vez más rebelde, resentido y crítico para con ella. Por su propia necesidad de mantener su autonomía y su respeto de sí mismo, él debe dejar de verla como la solución de todos sus problemas y verla, en cambio, como la fuente de muchos de ellos, si no de la mayoría.

Cuando esto sucede y la relación se derrumba, la mujer cae en una sensación más profunda de fracaso y desesperación. Si ni siquiera puede hacer que alguien tan necesitado e inadecuado la ame, ¿cómo podría esperar ganar y conservar el amor de un hombre más sano y apropiado? Eso explica por qué con tanta frecuencia una mujer así pasa de una mala relación a otra que es peor aún: porque con cada fracaso se siente cada vez menos digna.

Además, esto deja en claro lo difícil que será para una mujer así, quebrar ese patrón a menos que llegue a comprender la necesidad básica que la impulsa. Pam, al igual que muchas otras en profesiones asistenciales, utilizó su carrera para reforzar su frágil sentido del valor propio. Sólo podía relacionarse con la necesidad de los demás, inclusive de sus pacientes, sus hijos, sus maridos y otras parejas. En todas las áreas de su vida, buscaba maneras de evitar su profunda sensación de inadecuación e inferioridad. Sólo cuando Pam comenzó a experimentar las poderosas propiedades curativas de la comprensión y la aceptación por parte de sus pares en el grupo, su autoestima creció y ella pudo empezar a relacionarse en forma sana con los demás, inclusive con un hombre sano.

**CELESTE: cuarenta y cinco años; madre de dos hijos que viven en el extranjero con su padre.**

En mi vida he estado quizá con más de cien hombres y apuesto, al recordar, que cada uno de ellos tenía muchos años menos que yo o era un experto embaucador o un dependiente de la droga o del alcohol, o era homosexual o loco. ¡Cien hombres imposibles! ¿Cómo pude encontrarlos a todos?

Mi padre era capellán en la marina. Eso significaba que en todas partes simulaba ser un hombre amable y bueno, pero en casa, donde no tenía que molestarse por ser nada que no fuera... era mezquino, exigente, crítico y egoísta. Él y mi madre pensaban que nosotros, sus hijos, existíamos para ayudarlo a representar su charada profesional. Debíamos parecer perfectos obteniendo las mejores calificaciones, portarnos bien en sociedad y nunca meternos en problemas. Dado el ambiente que había en casa, eso era imposible. Se podía cortar la tensión con un cuchillo cuando mi padre estaba en casa. Él y mi madre no eran nada unidos. Ella estaba furiosa todo el tiempo. No peleaba con él en voz alta, sino que se quedaba callada, ardiendo de ira. Cada vez que mi padre hacía algo que ella le pedía, él lo hacía mal a propósito. Una vez había algo mal en la mesa del comedor, y él la arregló con un clavo grande que arruinó toda la mesa. Todos aprendimos a dejarlo en paz.

Cuando se retiró, estaba en casa todos los días y todas las noches, sentado en su sillón, ceñudo. No decía mucho, pero el solo hecho de que estuviera allí nos hacía la vida difícil a todos. Yo lo odiaba de verdad. Por entonces yo no podía ver que él tenía problemas propios o que nosotros los teníamos, por la forma en que reaccionábamos ante él y dejábamos que nos controlara con su presencia. Era una competencia continua: ¿quién controlaría a quién? Y él siempre ganaba, pasivamente.

Bueno, hacía ya mucho tiempo que yo me había convertido en la rebelde de la familia. Estaba furiosa, al igual que mi madre, y la única forma en que podía expresarlo era rechazando todos los valores que encarnaban mis padres, salir y tratar de ser lo contrario de todo y todos en mi familia. Creo que lo que más me irritaba era el hecho de que, fuera de casa, parecíamos tan normales. Yo quería gritar desde los tejados lo horrible que era mi familia, pero nadie parecía darse cuenta. Mi madre y mis hermanas estaban dispuestas a aceptar que fuera yo la del problema, y yo accedí cumpliendo mi papel con total consumación.

En la escuela secundaria inicié un periódico subterráneo que causó un gran alboroto. Después fui a la universidad y, en cuanto tuve oportunidad, salí del país. No podía alejarme lo suficiente de mi casa. Por afuera era muy rebelde, pero por adentro no había más que confusión.

Mi primera experiencia sexual ocurrió cuando estaba en el Cuerpo de Paz, y no fue con otro voluntario. Fue con un joven estudiante africano. Él estaba ansioso por aprender sobre Estados Unidos, y yo me sentía como su tutora: más fuerte, más instruida, más mundana. El hecho de que yo fuera blanca y él, negro, causó muchas olas. A mí no me importaba; reforzaba mi imagen de mí misma como rebelde.

Unos años después, conocí a un español y me casé con él. Era un intelectual y provenía de una familia adinerada. Yo respetaba eso. También tenía veintisiete años y aún era virgen. Nuevamente yo era la maestra, lo cual me hacía sentir fuerte e independiente. Y bajo control.

Estuvimos casados siete años, viviendo en el extranjero, y yo estaba inmensamente inquieta e infeliz pero no sabía por qué. Entonces conocí a un joven estudiante huérfano e inicié un romance realmente tempestuoso con él, durante el cual abandoné a mi esposo y a mis dos hijos. Hasta que me conoció, ese joven sólo había tenido relaciones sexuales con hombres. Durante dos años vivimos en mi apartamento. Él también tenía amantes masculinos, pero a mí no me importaba. Probamos toda clase de cosas en lo sexual, quebrantamos todas las reglas. Para mí era una aventura, pero después de un tiempo volví a sentirme inquieta y lo hice salir de mi vida como amante, aunque aún hoy seguimos siendo amigos. Después de él tuve una larga serie de relaciones con algunos sujetos de mala vida. Todos, como mínimo, vivieron un tiempo conmigo. La mayoría también me pedía dinero prestado, a veces miles de dólares, y un par de ellos me comprometieron en asuntos ilegales.

Yo no tenía idea de que tuviera un problema, ni siquiera con todo lo que estaba ocurriendo. Como cada uno de esos hombres obtenía algo de mí, me sentía la más fuerte, la que estaba a cargo de las cosas.

Después volví a Estados Unidos y me relacioné con un hombre que quizá fuera el peor de todos. Era tan alcohólico que había sufrido daño cerebral. Se ponía violento con facilidad, raras veces se bañaba, no trabajaba y había estado preso por delitos relacionados con la bebida. Lo acompañé a la agencia donde asistía a un programa para conductores ebrios convictos y allí el instructor me sugirió que viera a una de las consejeras, porque era evidente que yo también tenía problemas. Sería evidente para el instructor, pero no para mí; yo pensaba que quien tenía todos los problemas era el hombre con quien estaba, y que yo estaba bien. Pero fui a una sesión y de inmediato esa mujer me hizo hablar de la forma en que me relacionaba con los hombres. Yo nunca había examinado mi vida desde ese ángulo. Decidí seguir viéndola, y eso me ayudó a comenzar a ver el patrón que yo había creado.

Cuando era niña, yo había reprimido tantos sentimientos, que necesitaba todo el drama que me proporcionaban esos hombres, sólo para sentirme viva. Problemas con la policía, relación con las drogas, tretas financieras, gente peligrosa, sexo loco... todo eso había llegado a ser el común de la vida para mí. De hecho, aun con todo eso no podía sentir mucho.

Seguí con las sesiones y comencé a asistir a un grupo de mujeres por sugerencia de la consejera. Allí, de a poco, empecé a aprender algunas cosas sobre mí misma, sobre mi atracción hacia hombres con taras o inadecuados a quienes podía dominar mediante mis esfuerzos por ayudarlos. Si bien en España había estado en análisis durante años y años, hablando sin cesar de mi odio por mi padre y mi ira por mi madre, nunca lo había relacionado con mi obsesión con los hombres imposibles. Aunque siempre había pensado que el análisis me beneficiaba inmensamente, nunca me había ayudado a modificar mis patrones. Es más, cuando analizo mi comportamiento, veo que en esos años no hice más que empeorar.

Ahora, con el asesoramiento y el grupo, estoy comenzando a mejorar y mis relaciones con los hombres también son un poco más sanas. Hace poco tiempo tuve una relación con un diabético que no quería aplicarse insulina, y yo estuve allí tratando de ayudarlo, con sermones sobre el peligro de lo que hacía y con intentos de mejorar su autoestima. Puede parecer gracioso, pero mi relación con él fue un paso adelante. Al menos no era un adicto total. Aun así, yo estaba practicando mi papel conocido de mujer fuerte a cargo del bienestar de un hombre. Ahora estoy dejando a los hombres en paz porque al fin me he dado cuenta de que en realidad no quiero cuidar a un hombre, y esa sigue siendo la única forma en que sé relacionarme con ellos. Ellos han sido solamente mi manera de evitar cuidarme a mí misma. Estoy trabajando para aprender a quererme, a cuidarme para variar un poco, y a abandonar todas esas distracciones, porque eso es lo que han sido los hombres en mi vida. Pero me asusta, porque yo era mucho mejor cuidándolos a ellos que cuidándome a mí misma.

Una vez más, vemos los temas mellizos de la negación y el control. La familia de Celeste estaba en un caos emocional, pero ese caos nunca se expresaba ni se admitía abiertamente. Incluso su rebelión contra las reglas y normas de su familia apenas insinuó sutilmente los profundos problemas del núcleo familiar. Celeste gritaba, pero nadie la escuchaba. En su frustración y aislamiento, ella «desconectó» todos sus sentimientos salvo uno: la ira. Contra su padre, por no estar allí para ella, y contra el resto de la familia por evitar admitir los problemas de ellos o el dolor de Celeste. Pero su ira flotaba libre; ella no entendía que provenía de su impotencia para cambiar a la familia que amaba y necesitaba. Ese medio no podía satisfacer sus necesidades emocionales de amor y seguridad, por eso buscaba relaciones que sí pudiera controlar, con personas que no fueran tan instruidas o experimentadas, de peor situación económica o social que ella. La profundidad que adquirió su necesidad de ese patrón de relaciones se reveló con la extrema inadecuación de su última pareja, un hombre en las etapas avanzadas del alcoholismo que estaba muy cerca del estereotipo del borrachín de los barrios bajos. Y aun así, Celeste, brillante, sofisticada, educada y mundana, pasó por alto todos los indicios de lo enferma e inapropiada que era esa unión. La negación de sus propios sentimientos y percepciones y su necesidad de controlar al hombre y la relación pesaban mucho más que su inteligencia. Una parte importante de la recuperación de Celeste implicaba que abandonara su análisis intelectual de sí misma y de su vida y comenzara a sentir el profundo dolor emocional que acompañaba al tremendo aislamiento que siempre había soportado. Sus numerosas y exóticas relaciones sexuales sólo fueron posibles porque ella sentía muy poca conexión con los demás seres humanos y con su propio cuerpo. En efecto, esas relaciones en realidad evitaban que ella tuviera que arriesgarse a una relación verdaderamente estrecha con los demás. El drama y la excitación sustituían la amenazadora intensidad de la intimidad. La recuperación significaba quedarse quieta consigo misma, sin un hombre que la apartara del camino, y sintiendo sus sentimientos, inclusive el doloroso aislamiento. Significaba también que otras mujeres que comprendían su conducta y sus sentimientos aprobaran sus esfuerzos por cambiar. Para Celeste, la recuperación requiere aprender a relacionarse y a confiar en otras mujeres, además de relacionarse y confiar en sí misma.

Celeste debe desarrollar una relación consigo misma antes de poder relacionarse en forma sana con un hombre, y aún le queda mucho trabajo por hacer en esa área. Básicamente, todos sus encuentros con los hombres eran meros reflejos de la ira, el caos y la rebelión que había en su interior, y sus intentos de controlar a esos hombres eran también intentos de apaciguar los sentimientos y las fuerzas interiores que la impulsaban. Su trabajo es consigo misma, y a medida que gane más estabilidad interior ésta se verá reflejada en sus interacciones con los hombres. Hasta que aprenda a quererse y a confiar en sí misma, no podrá experimentar el hecho de querer a un hombre o de confiar en él, o de que él la ame o confíe en ella.

Muchas mujeres cometen el error de buscar un hombre con quien desarrollar una relación sin antes desarrollar una relación consigo mismas; pasan de un hombre a otro, en busca de lo que falta en su interior. La búsqueda debe comenzar en casa, dentro del yo. Nadie puede amarnos lo suficiente para realizarnos si no nos amamos a nosotras mismas, porque cuando en nuestro vacío vamos en busca del amor, sólo podemos encontrar más vacío. Lo que manifestamos en nuestra vida es un reflejo de lo que hay en lo profundo de nuestro ser: nuestras creencias sobre nuestro propio valor, nuestro derecho a la felicidad, lo que merecemos en la vida. Cuando esas creencias cambian, también cambia nuestra vida.

**JANICE: treinta y ocho años; casada, madre de tres varones adolescentes.**

A veces, cuando una se ha esforzado mucho por guardar las apariencias, es prácticamente imposible mostrar lo que realmente nos sucede por dentro. Incluso es difícil conocerse. Durante años y años yo había estado ocultando lo que pasaba en casa mientras que en público demostraba otra cosa. Comencé, ya desde la escuela, a asumir responsabilidades, a postularme, a hacerme cargo. Eso me hacía sentir maravillosamente. A veces pienso que podría haberme quedado en la secundaria para siempre. Allí, yo era alguien que podía triunfar. Era capitana del equipo de gimnasia y vicepresidenta de la clase. Incluso Robbie y yo fuimos elegidos como la pareja más simpática para el anuario escolar. Todo parecía inmejorable.

En casa también todo parecía andar bien. Papá era vendedor y ganaba mucho dinero. Teníamos una casa grande y bonita, con piscina y casi todo lo que queríamos en lo material. Lo que faltaba estaba adentro, donde no se veía.

Papá estaba de viaje casi todo el tiempo. Le encantaba alojarse en moteles y conocer mujeres en los bares. Siempre que estaba en casa con mamá, tenían peleas terribles. Entonces ella y quienquiera que estuviese en casa en ese momento tenían que escuchar cómo él la comparaba con todas las mujeres que conocía. También peleaban físicamente. Cuando eso sucedía, mi hermano trataba de separarlos o yo tenía que llamar a la policía. Realmente era horrible.

Cuando él volvía a irse de viaje, mi madre tenía largas charlas con mi hermano y conmigo y nos preguntaba si debía dejar a papá. Ninguno de nosotros quería ser responsable por esa decisión aunque odiábamos sus peleas; entonces, evitábamos responder. Pero ella nunca se fue, porque tenía demasiado miedo de perder el apoyo económico que él proporcionaba. Empezó a consultar mucho al médico y a tomar píldoras, a fin de soportarlo. Entonces no le importaba lo que hiciera papá. Simplemente iba a su habitación, tomaba una o dos píldoras más y se quedaba dentro con la puerta cerrada. Cuando ella estaba allí, yo tenía que asumir muchas de sus responsabilidades, pero en cierto modo no me importaba. Eso era mejor que escuchar las peleas.

Cuando conocí a mi futuro esposo ya era muy buena reemplazando a otros.

Robbie ya tenía problemas de bebida cuando nos conocimos en la secundaria. Incluso tenía un apodo, «Burgie», porque bebía mucha cerveza Burgermeister. Pero eso no me molestaba. Estaba segura de que podía encargarme de los malos hábitos de Robbie. Siempre me habían dicho que era madura para mi edad, y yo lo creía.

Robbie era tan dulce que de inmediato me atrajo. Me recordaba a un cocker spaniel, suave y atractivo, con grandes ojos castaños. Empezamos a salir juntos cuando yo hice saber a su mejor amigo que él me interesaba. Prácticamente lo arreglé todo yo sola. Sentía que tenía que hacerlo porque él era muy tímido. De allí en adelante salimos juntos con regularidad. De vez en cuando él faltaba a una cita y al día siguiente se mostraba muy compungido, se disculpaba por haberse dejado llevar por la bebida y haber olvidado nuestra cita. Yo lo sermoneaba, lo regañaba y finalmente lo perdonaba. Él casi parecía agradecido por tenerme para mantenerle en el buen camino. Siempre fui para él una madre además de una novia. Solía coser el dobladillo de sus pantalones, recordarle los cumpleaños de sus familiares y aconsejarle sobre lo que debía hacer en la escuela y con su carrera. Los padres de Robbie eran agradables, pero tenían seis hijos. Su abuelo, que estaba enfermo, también vivía con ellos. Todos estaban un poco aturdidos por la presión de todo eso, y yo estaba más que dispuesta a compensar esa falta de atención para con Robbie.

Un par de años después de terminar la escuela secundaria le llegó la conscripción. Era en los comienzos del reclutamiento de tropas para Vietnam, y si un muchacho estaba casado quedaba exento del servicio. Yo no soportaba la idea de lo que le sucedería en Vietnam. Podría decir que tenía miedo de que lo hirieran o mataran, pero con sinceridad tengo que admitir que temía más aún que allá creciera y, al volver, ya no me necesitara.

Dejé bien en claro que estaba dispuesta a casarme con él para mantenerlo fuera del servicio, y eso hicimos. Nos casamos cuando ambos teníamos veinte años. Recuerdo que en la fiesta de bodas se emborrachó tanto que tuve que conducir yo para poder salir de luna de miel. Fue un gran chasco.

Después de que nacieron nuestros hijos, Robbie comenzó a beber más. Me decía que necesitaba escapar de tanta presión, y que nos habíamos casado demasiado jóvenes. Iba mucho a pescar y por las noches salía con los muchachos con mucha frecuencia. Yo nunca me enfadaba en realidad, porque sentía mucha pena por él. Cada vez que bebía, yo inventaba excusas para él y me esforzaba más porque las cosas anduvieran bien en casa.

Supongo que podríamos haber seguido así para siempre, con las cosas empeorando un poco cada año, de no ser porque en su trabajo advirtieron la forma en que bebía. Sus compañeros de trabajo y su jefe lo enfrentaron y le dieron dos alternativas: dejaba de beber o perdía el empleo. Bien, dejó de beber.

Entonces empezaron los problemas. Todos esos años en que Robbie había estado bebiendo y en problemas yo sabía dos cosas: una, que me necesitaba; y dos, que nadie más lo soportaría. Y esa era la única manera de sentirme a salvo. Sí, tenía que aguantar muchas cosas, pero no me importaba. Yo venía de un hogar en que mi padre hacía cosas mucho peores de las que hacía Robbie. Papá golpeaba mucho a mi madre y tenía aventuras con mujeres que conocía en los bares. Por eso el hecho de tener un marido que bebía demasiado en realidad no me resultaba tan pesado. Además, yo podía manejar la casa como quisiera, y cuando él realmente hacía algo malo yo lo regañaba y lloraba, y entonces él se enderezaba durante una o dos semanas. En realidad, yo no quería más que eso.

Claro que no supe nada de esto hasta que él dejó de beber. De pronto mi pobre e indefenso Robbie asistía a las reuniones de A.A. todas las noches, se hacía de amigos, hablaba seriamente por teléfono con gente que yo ni siquiera conocía. Luego consiguió un patrocinador en A.A., y ese hombre era a quien recurría cada vez que tenía un problema o una pregunta. ¡Yo me sentía como si me hubiesen despedido del trabajo, y estaba furiosa! Nuevamente, con sinceridad debo admitir que me agradaba más la situación cuando él bebía.

Antes de la sobriedad yo llamaba a su jefe con falsas excusas cuando Robbie no podía ir a trabajar por efectos de la borrachera. Yo mentía a su familia y a sus amigos acerca de los problemas en que Robbie se metía en el trabajo o por conducir ebrio. En general, yo era una interferencia entre él y la vida. Ahora ni siquiera podía entrar en el juego. Cada vez que debía encargarse de algo difícil, llamaba por teléfono a su patrocinador, quien siempre insistía en que Robbie hiciera frente a los problemas. Entonces él enfrentaba el problema, fuera lo que fuese, y volvía a llamar a su patrocinador para darle su informe. Todo el tiempo, yo quedaba sin intervenir.

Si bien había vivido durante años con un hombre irresponsable, poco confiable y muy deshonesto, cuando Robbie llevaba ya nueve meses de sobriedad y estaba mejorando en todos los aspectos, descubrimos que peleábamos más que nunca. Lo que más me enfadaba era que él llamaba a su patrocinador de A.A. para preguntarle cómo debía manejarse conmigo. ¡Como si yo fuera la mayor amenaza para su sobriedad!

Estaba preparándome para pedir el divorcio cuando la esposa de su patrocinador me llamó y me preguntó si podríamos encontramos para tomar un café. Yo acepté de muy mala gana, y ella fue al grano. Habló de lo difícil que había sido para ella cuando su esposo dejó de beber, porque ya no podía manejarlo a él ni a todos los aspectos de su vida en común. Habló de su resentimiento por las reuniones de A.A. y especialmente por su patrocinador, y dijo que le parecía un milagro que siguieran casados, por no decir que eran realmente felices. Dijo que las reuniones de familiares de alcohólicos la habían ayudado muchísimo y me instó a que asistiera a ellas.

Bueno, yo apenas la escuchaba. Seguía creyendo que yo estaba bien y que Robbie me debía mucho por haberlo aguantado todos esos años. Sentía que él debía tratar de compensarme por eso, en lugar de pasarse el tiempo en reuniones. No tenía idea de lo difícil que era para él mantenerse sobrio, y él no se había atrevido a decírmelo porque yo le habría dicho cómo hacerlo... ¡Cómo si yo supiera algo al respecto!

Alrededor de esa época, uno de nuestros hijos empezó a robar y a tener problemas en la escuela. Robbie y yo fuimos a una conferencia para padres y por algún motivo salió a la luz que Robbie era ex alcohólico y que asistía a A.A. La consejera sugirió con vehemencia que nuestro hijo fuera a esos grupos de familiares de alcohólicos y preguntó si yo también acudía a ellas. Me sentí acorralada, pero esa mujer tenía mucha experiencia con familias como la nuestra y fue muy benigna conmigo. Todos nuestros hijos comenzaron a ir, pero yo seguía sin asistir. Inicié los procedimientos de divorcio y me mudé con los niños a un apartamento. Cuando llegó el momento de arreglar todos los detalles, los niños me dijeron que querían vivir con su papá. Yo estaba destrozada. Después de dejar a Robbie había concentrado toda mi atención en ellos, ¡y ahora ellos lo preferían a él! Tuve que dejarlos ir. Tenían edad suficiente para decidir por sí solos. Entonces me quedé sola. Y nunca antes había estado sola conmigo misma. Estaba aterrada, deprimida e histérica, todo a la vez.

Después de unos días de estar fuera de combate, llamé a la esposa del patrocinador de Robbie. Quería culpar a su esposo y a A.A. por todo mi dolor. Me escuchó gritándole durante largo rato. Luego vino a casa y se sentó conmigo mientras yo no cesaba de llorar. Al día siguiente me llevó a una reunión y yo escuché, aunque estaba sumamente furiosa y asustada. Muy poco a poco, empecé a ver lo enferma que estaba. Durante tres meses asistí a diario a esas reuniones. Después fui tres o cuatro veces por semana durante mucho tiempo.

¿Sabe? En esas reuniones realmente aprendí a reírme de las cosas que había tomado con tanta seriedad, como el hecho de tratar de cambiar a otros y de manejar y controlar la vida de los demás. Y yo escuchaba a otras personas hablar de lo mucho que les costaba cuidar de sí mismas en lugar de concentrar toda su atención en el alcohólico. Eso también se daba en mí. Yo no tenía idea de lo que necesitaba para ser feliz. Siempre había creído que sería feliz en cuanto todos los demás se corrigieran. Allí veía a personas muy hermosas, y algunas de ellas tenían parejas que aún bebían. Habían aprendido a liberarse y a seguir con su propia vida. Pero también les oí decir lo difícil que era deshacerse de nuestras viejas costumbres de cuidar de todo y de todos, y de actuar como madre o padre del alcohólico. El hecho de oír a algunas de esas personas hablar sobre la forma en que solucionaron el problema de estar solas y los sentimientos de vacío, me ayudaron a encontrar mi camino. Aprendí a dejar de sentir pena por mí misma, y a estar agradecida por lo que sí tenía en la vida. Muy pronto dejé de llorar durante horas y descubrí que tenía mucho tiempo en mis manos, entonces tomé un empleo de tiempo parcial. Eso también me ayudó. Comencé a sentirme bien al hacer algo sola. Poco después Robbie y yo hablábamos de volver a estar juntos. Yo me moría por volver con él, pero su patrocinador le aconsejó que esperáramos un tiempo. La esposa de su patrocinador me dijo lo mismo. En ese momento yo no lo entendía, pero otras personas del programa estuvieron de acuerdo con ellos, así que esperamos. Ahora veo por qué era necesario. Para mí era importante esperar hasta que hubiese alguien dentro de mí antes de poder volver con Robbie.

Al principio yo estaba tan vacía que sentía como si el viento me atravesara. Pero con cada decisión que tomaba por mí misma, ese vacío comenzaba a llenarse un poco más. Tenía que averiguar quién era yo, qué me gustaba y qué no, qué quería para mí y para mi vida. No podía averiguar esas cosas a menos que tuviera tiempo para mí sola, sin nadie en quien pensar y por quien preocuparme, porque cuando había otra persona cerca yo prefería dirigir su vida en lugar de vivir la mía.

Cuando empezamos a pensar en volver a estar juntos, me observé llamando a Robbie por cualquier pequeñez, queriendo encontrarme con él y hablar sobre cada detalle. Me sentía retroceder cada vez que lo llamaba, por eso, finalmente, cuando necesitaba a alguien con quien hablar, iba a una reunión o llamaba a alguien del programa. Era como destetarme, pero sabía que tenía que aprender a dejar que las cosas fluyeran entre los dos, en lugar de entrometerme todo el tiempo y tratar de obligar a las cosas a ser como yo las quería. Eso fue increíblemente difícil para mí. Creo que quizá me haya costado mucho más dejar a Robbie en paz de lo que le costó a él dejar la bebida. Pero sabía que tenía que hacerlo. De otro modo, habría vuelto a caer en los papeles de costumbre. Es gracioso, pero al fin me di cuenta de que hasta que me gustara vivir sola no estaría lista para volver al matrimonio. Pasó casi un año, y los niños, Robbie y yo volvimos a estar juntos. Él nunca había querido el divorcio, aunque ahora no puedo entender por qué no. Yo era muy dominante con todos ellos. El caso es que mejoré y los dejé en más libertad, y ahora estamos realmente bien. Los niños y yo asistimos a los grupos y Robbie está en A.A. Creo que todos estamos más sanos que nunca porque cada uno está viviendo su propia vida.

Hay muy poco que agregar a la historia de Janice. Su tremenda necesidad de que la necesitaran, de tener un hombre débil e inadecuado y de controlar la vida de ese hombre no fue más que una manera de negar y evitar el inevitable vacío en el centro de su ser, que surgía de sus primeros años con su familia. Ya se ha notado que los hijos de familias disfuncionales se sienten responsables por los problemas de su familia y también por la solución de los mismos. Básicamente, hay tres maneras en que esos hijos tratan de «salvar» a sus familias: ser invisibles, ser malos o ser buenos.

Ser invisible significa nunca pedir nada, nunca causar problemas, nunca hacer ningún tipo de exigencias. La hija que elige este papel evita escrupulosamente agregar cualquier tipo de carga a su ya presionada familia. Se mantiene en su habitación o se funde con el papel de las paredes; habla muy poco y es muy reservada en lo que hace. En la escuela no anda ni mal ni bien: de hecho, apenas se la recuerda. Su contribución a la familia es no existir. En cuanto a su propio dolor, es insensible: no siente nada.

Ser malo es ser rebelde, el delincuente juvenil, el que agita una bandera roja. Esta clase de hija se sacrifica, acepta ser el culpable de la familia, el problema de la familia. Se convierte en el foco del dolor, la ira, el miedo y la frustración de la familia. La relación de sus padres puede estar desintegrándose, pero ella les proporciona un tema inofensivo en el que pueden trabajar juntos. Ellos pueden preguntar: «¿Qué vamos a hacer con Janice?» en lugar de «¿Qué vamos a hacer con nuestro matrimonio?» Así es como ella trata de «salvar» a la familia. Y tiene un solo sentimiento: la ira. Ésta cubre su dolor y su miedo.

Ser bueno es ser lo que fue Janice: una persona de éxito en el mundo, cuyos logros apuntan a redimir a la familia y a llenar el vacío interior. Su apariencia feliz, brillante y entusiasta sirve para disimular la tensión, el miedo y la furia interiores. Verse bien se vuelve mucho más importante que sentirse bien... que sentir algo.

A la larga, Janice necesitaba agregar a su lista de logros el hecho de cuidar a alguien, y Robbie, al replicar el alcoholismo del padre de Janice y la pasiva dependencia de su madre, era una elección apropiada. Él (y, después de su partida, los niños) se convirtió en la carrera de Janice, en su proyecto, y en su manera de evitar sus propios sentimientos.

Sin su esposo y sus hijos para concentrar su atención, era inevitable una crisis, porque ellos habían sido el medio principal por el cual ella podía evitar su dolor, su vacío y su miedo. Sin ellos, sus sentimientos la abrumaban. Janice siempre se había visto como la persona fuerte, la persona que ayudaba, alentaba y aconsejaba a quienes la rodeaban y, sin embargo, su esposo y sus hijos cumplían un papel más importante para ella que el que cumplía ella para ellos. Si bien ellos carecían de la «fortaleza» y la «madurez» de Janice, podían funcionar sin ella. Ella no podía funcionar sin ellos. El hecho de que esta familia haya sobrevivido intacta se debe, en gran parte, a la buena suerte que tuvieron de ver a una consejera experimentada y a la honestidad y la sabiduría del patrocinador de Robbie y su esposa. Cada una de esas personas reconoció que la enfermedad de Janice debilitaba tanto como la de Robbie, y que su recuperación era tan importante como la de él.

**RUTH: veintiocho años; casada, madre de dos hijas.**

Yo sabía, aun antes de casarnos, que Sam tenía problemas con su rendimiento sexual. Habíamos intentado hacer el amor un par de veces, y nunca había funcionado bien, pero ambos lo atribuíamos al hecho de que no estábamos casados. Compartíamos convicciones religiosas muy fuertes; es más, nos reuníamos en las clases nocturnas en un colegio religioso y salimos juntos durante dos años antes de tratar de tener relaciones sexuales. En ese momento ya estábamos comprometidos y habíamos fijado la fecha de la boda, de modo que no nos importó la impotencia de Sam y la adjudicamos a la forma en que Dios nos protegía del pecado antes de casarnos. Yo pensaba que Sam era un muchacho muy tímido, y que yo podría ayudarlo a superar eso una vez que estuviéramos casados. Ansiaba guiarle a través del proceso. Salvo que no fue así como salieron las cosas.

En nuestra noche de bodas Sam estaba listo, y luego perdió la erección y me preguntó en voz baja: «Aún eres virgen?». Al ver que yo no respondía enseguida dijo: «No lo creía». Se levantó, fue al baño y cerró la puerta. Los dos llorábamos, a ambos lados de aquella puerta. Fue una noche larga y desastrosa, la primera de muchas.

Yo había estado comprometida, antes de conocer a Sam, con un hombre que ni siquiera me agradaba mucho, pero una vez me había vuelto loca y habíamos tenido relaciones sexuales, y después de eso yo sentí que tenía que casarme con él para redimirme. A la larga se cansó de mí y se alejó.

Yo seguía usando su anillo cuando conocí a Sam. Creo que, después de aquella experiencia, yo esperaba seguir célibe para siempre, pero Sam era muy bueno y nunca me presionaba para tener relaciones con él, así que me sentía segura y aceptada. Podía ver que Sam era menos sofisticado y más conservador aún que yo en lo relativo al sexo, y eso me hacía sentir segura de la situación. Ese hecho, junto con nuestras convicciones religiosas compartidas, me aseguraban que éramos el uno para el otro.

Después de nuestro matrimonio, debido a mi sentimiento de culpa, yo asumí toda la responsabilidad por la curación de la impotencia de Sam. Leí todos los libros que pude encontrar, mientras él se negaba a leerlos. Conservé todos esos libros, con la esperanza de que los leyera. Más tarde me enteré de que sí los había leído a todos, cuando yo no lo veía. Él también ansiaba encontrar respuestas, pero yo no lo sabía porque Sam no quería hablar de eso. Me preguntaba si estaba dispuesta a que fuéramos sólo amigos, y yo mentía y decía que sí. Lo peor para mí no era la falta de sexo en nuestra vida; de todos modos, eso no me importaba mucho. Era mi sentimiento de culpa, de que yo había arruinado todo de alguna manera, desde el comienzo mismo.

Algo que yo aún no había probado era la terapia. Le pregunté si iría. Dijo rotundamente que no. Yo ya estaba obsesionada, con la sensación de que yo lo estaba privando a él de aquella maravillosa vida sexual que podría haber tenido de no haberse casado conmigo. Aun así sentía que quizás hubiese algo que un terapeuta podría decirme y que ayudaría, algo que los libros habían omitido. Estaba desesperada por ayudar a Sam. Y aún lo amaba. Ahora me doy cuenta de que en aquel tiempo gran parte de mi amor era en realidad una combinación de culpa y lástima, pero también sentía un genuino afecto por él. Era un hombre bueno, dulce y amable.

Bueno, fui a mi primera consulta con una consejera que me habían recomendado en Paternidad Planificada porque tenía experiencia en sexualidad humana. Yo sólo estaba allí para ayudar a Sam, y se lo dije. Me respondió que no podíamos ayudar a Sam puesto que él no estaba allí, en el consultorio, pero que podíamos trabajar conmigo y con lo que yo sentía respecto de lo que pasaba y lo que no pasaba entre Sam y yo. Yo no estaba en absoluto preparada para hablar de mis sentimientos. Ni siquiera sabía que los tuviera. Durante toda aquella primera consulta, traté de volver a llevar la conversación hacia Sam, y ella me volvía a llevar poco a poco hacia mí y mis sentimientos. Era la primera vez que yo veía mi habilidad para evitarme a mí misma, y más que nada porque ella se mostró tan sincera conmigo decidí volver a verla, aunque no estábamos trabajando en lo que yo estaba segura de que era el verdadero problema: Sam.

Entre nuestra segunda y tercera sesión, tuve un sueño muy vívido y perturbador, en el cual me perseguía y me amenazaba una figura cuya cara yo no podía ver. Cuando se lo conté a la terapeuta me ayudó a trabajar con ese sueño hasta que comprendí que esa figura amenazadora era mi padre. Ese fue el primer paso en un largo proceso que finalmente me posibilitó recordar que mi padre había abusado sexualmente de mí con frecuencia cuando yo tenía entre nueve y quince años. Yo había enterrado por completo ese aspecto de mi vida, y cuando los recuerdos empezaron a regresar pude dejarlos aflorar a mi conciencia muy poco a poco, porque eran sumamente devastadores.

A menudo mi padre salía por las noches y no volvía hasta muy tarde. Mi madre, supongo que para castigarlo, cerraba con llave la puerta de su dormitorio. Se suponía que él debía dormir en el sofá, pero después de un tiempo, empezó a venir a mi cama. Él bromeaba y me amenazaba con que nunca se lo dijera a nadie, y yo nunca lo hice porque sentía mucha vergüenza. Estaba segura de que lo que ocurría entre nosotros era mi culpa. La nuestra era una familia donde nunca se trataban los temas sexuales, pero de alguna manera se comunicaba la actitud general de que el sexo era algo sucio. Yo me sentía sucia, y no quería que nadie lo supiera.

A los quince años conseguí un empleo y empecé a trabajar por las noches, los fines de semana y en verano. Permanecía fuera de casa todo el tiempo que podía, y compré una cerradura para mi puerta. La primera vez que cerré con llave, mi padre se quedó allí fuera, dando fuertes golpes en mi puerta. Yo fingí no saber lo que pasaba, y mi madre despertó y le preguntó qué estaba haciendo. Él respondió: «¡Ruth ha cerrado su puerta con llave!», y mi madre dijo: «¿Y qué? ¡Vete a dormir!». Eso fue el fin. No hubo preguntas de mi madre. No hubo más visitas de mi padre.

Yo había necesitado todo el coraje para poner una cerradura en mi puerta. Temía que no diera resultado y que mi padre entrara y se pusiera furioso porque lo había dejado fuera. Pero más aún, yo casi estaba dispuesta a seguir como antes, en lugar de correr el riesgo de que alguien se enterara de lo que había estado pasando.

A los diecisiete años me marché a la universidad y conocí al hombre con quien me comprometí a los dieciocho. Yo compartía un apartamento con otras dos chicas, y una noche trajeron unos amigos a quienes yo no conocía. Me acosté temprano, más que nada para evitar la escena de marihuana que se estaba desarrollando. Si bien prácticamente todos los estudiantes se burlaban de las reglas estrictas de la escuela sobre la bebida y las drogas, yo nunca me acostumbré a hacerlo ni a estar cerca cuando alguien lo hacía. Bueno, mi dormitorio estaba junto al baño, y ambos estaban al final de un largo corredor. Uno de los sujetos que estaban en la fiesta, mientras buscaba el baño, entró por error a mi habitación. Al ver lo que había hecho, en lugar de marcharse me preguntó si podía hablar conmigo. Yo no pude decir que no. Es difícil explicarlo, pero no pude. Bueno, se sentó al borde de mi cama y empezó a hablarme. Luego me dijo que me diera vuelta para masajearme la espalda. Muy pronto estaba en mi cama, haciéndome el amor. Y fue así como terminé comprometida con él. Fumara marihuana o no, creo que era casi tan conservador como yo y que, al igual que yo, pensaba que el hecho de tener relaciones sexuales implicaba que teníamos que seguir juntos. Seguimos viéndonos unos cuatro meses hasta que, como dije, se alejó. Poco más de un año después conocí a Sam. Entonces supuse, porque nunca hablábamos de sexo, que lo evitábamos debido a nuestras convicciones religiosas. No me di cuenta de que lo evitábamos porque ambos estábamos tan dañados sexualmente. Me agradaba la sensación de ayudar a Sam, de trabajar duro con él para vencer nuestro problema a fin de que yo quedara embarazada. Me gustaba ser útil, comprensiva, paciente... y controlar. Cualquier cosa menor que ese control absoluto habría despertado aquellos viejos sentimientos que me producía mi padre al acercarse y tocarme durante todas aquellas noches y todos aquellos años.

Cuando lo que ocurrió entre mi padre y yo comenzó a salir a la superficie en la terapia, mi terapeuta me instó con vehemencia a asistir a las reuniones de un grupo de autoayuda de mujeres que habían sido sexualmente abusadas por sus padres. Me resistí durante mucho tiempo pero finalmente accedí. Realmente fue una bendición hacerlo. El hecho de enterarme de que había tantas otras mujeres que tenían experiencias parecidas y, a menudo, mucho peores que la mía fue tranquilizador y curativo. Varias de aquellas mujeres también se habían casado con hombres que tenían problemas sexuales propios. Esos hombres también formaban un grupo de autoayuda, y de alguna manera Sam reunió el coraje para integrarse a ellos.

Los padres de Sam habían tenido la obsesión de criarlo, en sus propias palabras, como «un muchacho limpio y puro». Si él tenía las manos sobre las rodillas en las comidas, le ordenaban mantenerlas sobre la mesa «donde podamos ver lo que estás haciendo». Si permanecía mucho tiempo en el baño, golpeaban la puerta y gritaban: «¿Qué estás haciendo allí adentro?». Era constante. Revisaban sus cajones en busca de revistas, y su ropa en busca de manchas. Él adquirió tanto temor a tener cualquier sentimiento o experiencia sexual que, a la larga, no podía tenerlos aunque lo intentara.

Cuando comenzamos a mejorar, en algunos aspectos la vida se volvió más difícil para nosotros como pareja. Yo seguía teniendo una inmensa capacidad de controlar cada expresión de sexualidad en Sam (tal como lo habían hecho sus padres), porque cualquier agresividad sexual de su parte me resultaba amenazadora. Si él me buscaba espontáneamente yo me retraía, o me daba vuelta, o me alejaba, o empezaba a hablar o hacía alguna otra cosa para evitar sus proposiciones. No soportaba que se inclinara sobre mí cuando yo estaba acostada porque me recordaba mucho la manera en que mi padre se me acercaba. Pero su recuperación exigía que se hiciera cargo por completo de su cuerpo y de sus sentimientos. Yo tenía que dejar de controlarlo para que pudiera, literalmente, experimentar su propia potencia. Y sin embargo, mi miedo a verme abrumada también era un problema. Aprendí a decir: «Ahora me estoy asustando», y Sam respondía: «¿Qué necesitas que haga?». Por lo general eso bastaba: el solo hecho de saber que a él le importaban mis sentimientos y me prestaba atención.

Hicimos un trato por el cual nos turnaríamos para estar a cargo de lo que ocurriera entre nosotros sexualmente. Cualquiera de los dos podía negarse a lo que no le gustara o no quisiera hacer, pero básicamente uno de los dos orquestaría todo el encuentro. Ésa fue una de las mejores ideas que hayamos tenido, porque estaba dirigida a la necesidad que tenía cada uno de nosotros de estar a cargo de nuestro propio cuerpo y de lo que hacíamos con él sexualmente. Realmente aprendimos a confiar el uno en el otro y a creer que podíamos dar y recibir amor con nuestros cuerpos. Además teníamos nuestros grupos de apoyo. Los problemas y sentimientos de todos eran tan parecidos que realmente nos ayudaba a ver nuestras luchas en perspectiva. Una noche nuestros dos grupos se reunieron juntos y pasamos la velada hablando de nuestras reacciones personales a las palabras impotente y frigidez. Hubo lágrimas y risas, y mucha comprensión y sensación de compartir. Eso nos quitó gran parte de la vergüenza y el dolor.

Tal vez porque Sam y yo habíamos compartido tanto hasta entonces y nos teníamos tanta confianza, la parte sexual de nuestra relación comenzó a funcionar. Ahora tenemos dos hermosas hijas y somos muy felices con ellas, con nosotros mismos y el uno con el otro. Soy menos madre para Sam y más pareja. Él es menos pasivo y más seguro de sí. No me necesita para mantener en secreto su impotencia, y yo no lo necesito para ser asexual. Ahora tenemos muchas alternativas, ¡y con esa libertad nos elegimos el uno al otro!

La historia de Ruth ilustra otra faceta de la forma en que se manifiestan la negación y la necesidad de controlar. Al igual que tantas mujeres que se obsesionan con los problemas de su pareja, Ruth sabía con exactitud, antes de su matrimonio con Sam, cuáles eran los problemas de él. Por lo tanto, no la sorprendió su incapacidad de funcionar juntos sexualmente. De hecho, ese fracaso era una especie de garantía de que ella nunca tendría que volver a sentirse fuera de control sobre su propia sexualidad. Ella podía ser la iniciadora, la que estaba en control, en lugar de lo que era para ella su único otro papel en el sexo: la víctima.

Nuevamente, esta pareja tuvo suerte porque la ayuda que recibió estaba hecha a medida para sus problemas. Para ella, el grupo de apoyo apropiado era el formado para promover la recuperación en las familias donde ha habido incesto. Por fortuna, los esposos de aquellas víctimas del incesto habían formado un grupo correspondiente, y en ese clima de comprensión, aceptación y experiencia compartida, cada una de esas personas dañadas pudo acercarse con cautela hacia la expresión sexual sana.

Para cada una de las mujeres que aparecen en este capítulo, la recuperación exigió que ella enfrentara el dolor, pasado y presente, que había tratado de evitar. Cuando eran niñas, cada una de ellas había desarrollado un estilo para sobrevivir que incluía la práctica de la negación y el intento de obtener el control. Más tarde, en la adultez, esos estilos perjudicaron a esas mujeres. De hecho, sus defensas eran lo que más contribuían a su dolor.

Para la mujer que ama demasiado, la práctica de la negación, magnánimamente expresada como «pasar por alto los defectos de él» o «mantener una actitud positiva», oculta la forma en que los defectos de él le permiten ejercer su papel deseado. Cuando el impulso de controlar se disfraza bajo la actitud de «ser útil» y «brindar apoyo», nuevamente lo que se ignora es la propia necesidad de superioridad y poder implícitos en esta clase de interacción.

Es necesario que reconozcamos que la práctica de la negación y el control, en cualquier forma que se los llame, no conduce a mejorar nuestra vida ni nuestras relaciones. Más bien, el mecanismo de la negación nos lleva a relaciones que permiten la representación compulsiva de nuestras viejas luchas, y la necesidad de controlar nos mantiene allí, tratando de cambiar a otra persona en lugar de cambiar nosotras mismas.

Ahora regresemos al cuento de hadas al que nos referimos en el comienzo del capítulo. Según notamos antes, el cuento *La Bella y la Bestia* parecería ser un vehículo para perpetuar la creencia de que una mujer tiene el poder de transformar a un hombre si tan sólo le brinda amor con devoción. En este nivel de interpretación, el cuento parece defender tanto la negación como el control como métodos para lograr la felicidad. La Bella, al amar al temible monstruo sin cuestionamientos (negación), parece tener el poder de cambiarlo (controlarlo). Esta interpretación parece acertada, porque encaja con los papeles sexuales que dicta nuestra cultura. No obstante, yo sugiero que una interpretación tan simplista equivoca ampliamente el significado de este antiguo cuento de hadas. El hecho de que esta historia perdure no se debe a que refuerza los preceptos y estereotipos de cualquier época. Perdura porque encama una profunda ley metafísica, una lección vital sobre cómo vivir nuestra vida en forma sensata y buena. Es como si la historia contuviera un mapa secreto, el cual, si tenemos la astucia suficiente para descifrarlo y el coraje de seguirlo, nos guiará a un gran tesoro escondido: nuestra propia felicidad por siempre jamás.

Entonces, ¿cuál es la intención de *La Bella y la Bestia*? La aceptación. La aceptación es la antítesis de la negación y el control. Es la voluntad de reconocer cuál es la realidad y dejarla tal como es, sin necesidad de modificarla. En eso radica una felicidad que surge no de la manipulación de la gente o de las condiciones externas, sino del desarrollo de la paz interior, aun frente a los desafíos y dificultades.

Recuerde que, en el cuento de hadas, la Bella no tenía necesidad de que la Bestia cambiara. Ella lo veía con realismo, lo aceptaba tal como era y lo apreciaba por sus buenas cualidades. No trataba de convertir a un monstruo en un príncipe. No decía: «Seré feliz cuando él ya no sea un animal». No le tenía lástima por lo que era ni trataba de cambiarlo. Y allí radica la lección. Debido a su actitud de aceptación, la Bestia fue liberada para convertirse en su verdadero yo. El hecho de que su verdadero yo resultara ser un apuesto príncipe (y una pareja perfecta para la Bella) demuestra simbólicamente que ella fue recompensada con creces por practicar la aceptación. Su recompensa fue una existencia rica y plena, representada por su vida feliz por siempre jamás con el príncipe.

La verdadera aceptación de un individuo tal como es, sin tratar de cambiarlo mediante el aliento, la manipulación o la coacción, es una forma muy elevada del amor y, para la mayoría de nosotros, resulta muy difícil de practicar. En el fondo de todos nuestros esfuerzos para cambiar a alguien hay un motivo básicamente egoísta, una creencia de que a través de ese cambio seremos felices. No hay nada malo en desear ser felices, pero colocar la fuente de esa felicidad fuera de nosotros mismos, en las manos de otra persona, significa que evitamos nuestra capacidad y nuestra responsabilidad de modificar nuestra propia vida para bien.

Resulta irónico, pero esta misma práctica de la aceptación es lo que permite a otra persona cambiar si así lo desea. Analicemos cómo funciona esto. Si la pareja de una mujer tiene un problema de adicción al trabajo, por ejemplo, y ella se queja y discute con él por las largas horas que pasa fuera de casa, ¿cuál es el resultado habitual? Él pasa el mismo tiempo o más lejos de ella, pues se siente justificado a hacerlo a fin de escapar de esos lamentos sin fin. En otras palabras, al regañar, quejarse y tratar de cambiarle, ella en realidad le hace creer que el problema entre ellos no es su adicción al trabajo sino la forma en que ella le fastidia; y, en efecto, su compulsión de cambiarle puede llegar a ser un factor tan importante para la distancia emocional entre ellos como la compulsión de él al trabajo. En sus esfuerzos por obligarlo a estar más cerca de ella, en realidad lo aleja más aún.

La adicción al trabajo es una alteración grave, como lo son todas las conductas compulsivas. Sirve a un propósito en la vida de su esposo; este puede ser protegerle de la cercanía y la intimidad que él teme e impedir que surjan diversas emociones incómodas para él, principalmente la ansiedad y la desesperación. (La adicción al trabajo es una de las maneras de evitarse a sí mismos que emplean con frecuencia los hombres que provienen de familias disfuncionales, tal como amar demasiado es uno de los principales medios de prevención utilizados por las mujeres provenientes de ese tipo de familias.) El precio que ese hombre paga por esta prevención es una existencia unidimensional que le impide disfrutar gran parte de lo que ofrece la vida. Pero solamente él puede decidir si el precio es demasiado alto, y sólo él puede elegir tomar las medidas necesarias y correr los riesgos que se requieren para que él cambie. La tarea de su esposa no es enderezar la vida de su marido sino realzar la propia.

La mayoría de nosotros tenemos la capacidad de ser mucho más felices y plenos como individuos de lo que creemos. A menudo, no reclamamos esa felicidad porque creemos que el comportamiento de otra persona nos lo impide. Ignoramos nuestra obligación de desarrollarnos mientras planeamos, maniobramos y manipulamos para cambiar a otro, y nos enfadamos, nos desalentamos y nos deprimimos cuando nuestros esfuerzos fracasan. El intentar cambiar a otra persona es frustrante y deprimente, pero el ejercer el poder que tenemos para cambiar nuestra propia vida es vivificante.

Para que la esposa de un adicto al trabajo esté libre para vivir una vida plena, haga lo que haga su esposo, debe llegar a creer que el problema de él no es el suyo, y que no está en su poder, ni es su deber, ni su derecho cambiarle. Debe aprender a respetar el derecho que tiene él de ser quien es, aun cuando ella desee que sea distinto.

Al hacerlo, ella quedará libre: libre de resentimiento por la inaccesibilidad de él, libre de culpa por no ser capaz de cambiarle, libre de la carga de tratar incansablemente de cambiar lo que no puede. Con menos resentimiento y culpa es probable que ella empiece a sentir más afecto hacia él por las cualidades que sí aprecia.

Cuando ella deje de tratar de cambiarlo y reencauce su energía al desarrollo de sus propios intereses, experimentará cierto grado de felicidad y satisfacción, sin importar lo que él haga. A la larga ella quizá descubra que sus objetivos son suficientemente gratificantes y que puede disfrutar una vida plena y satisfactoria sola, sin mucha compañía de su esposo. O bien, a medida que se vuelva cada vez menos dependiente de él para su felicidad, ella puede decidir que su compromiso con un hombre ausente no tiene sentido y puede decidir proseguir su vida sin el constreñimiento de un matrimonio insatisfactorio. Ninguno de estos dos caminos es posible, mientras ella necesite que él cambie para ser feliz. Hasta que lo acepte tal como es, estará congelada en animación suspendida, esperando que él cambie para poder empezar a vivir su vida.

Cuando una mujer que ama demasiado se da por vencida en su cruzada de cambiar al hombre de su vida, entonces él queda solo para reflexionar en las consecuencias de su propio comportamiento. Como ella ya no está frustrada ni infeliz, sino que cada vez se entusiasma más con la vida, se intensifica el contraste con la existencia de él. Él puede elegir luchar por desembarazarse de su obsesión y llegar a ser más accesible física y emocionalmente. O quizá no. Pero sea lo que fuere lo que él decida hacer, al aceptar al hombre de su vida exactamente como es, una mujer queda en libertad, de una forma o de otra, para vivir su propia vida... con felicidad por siempre jamás.

## 8

# Cuando una adicción alimenta a otra

*Hay mucho dolor en la vida y*
*quizás el único dolor que se puede*
*evitar es el que proviene de intentar*
*evitar el dolor.*

R. D. Laing

En el peor de los casos, las mujeres que amamos demasiado somos adictas a las relaciones, «hombreadictas» intoxicadas de dolor, miedo y anhelo. Como si eso no fuera suficiente, es posible que los hombres no sean lo único a lo que estamos «enganchadas». A fin de bloquear nuestros sentimientos más profundos de la niñez, algunas también hemos desarrollado dependencias de sustancias adictivas. En nuestra juventud o, más tarde, en la edad adulta, quizás hemos comenzado a abusar del alcohol o de otras drogas o, lo que es más típico en las mujeres que amamos demasiado, de la comida. Hemos comido en exceso o escasamente, o ambas cosas, para olvidar la realidad, para distraernos, y para insensibilizarnos al vasto vacío emocional que hay en lo profundo de nuestro ser.

No todas las mujeres que aman demasiado también comen demasiado o beben demasiado o abusan de las drogas, pero para aquellas que sí lo hacemos, nuestra recuperación de la adicción a las relaciones debe ir de la mano de nuestra recuperación de la adicción a la sustancia de la que abusamos. He aquí la razón: cuanto más dependemos del alcohol, las drogas o la comida, más culpa, vergüenza, miedo y odio por nosotras mismas sentimos. Cada vez más solas y aisladas, es posible que nos desesperemos por el consuelo que parece prometer una relación con un hombre. Como nos sentimos pésimamente con nosotras mismas, queremos un hombre que nos haga sentir mejor. Como no podemos querernos, necesitamos que él nos convenza de que somos dignas de ser amadas. Incluso nos decimos que con el hombre adecuado no necesitaremos tanta comida tanto alcohol o tantas drogas. Utilizamos las relaciones de la misma manera en que utilizamos nuestra sustancia adictiva: para alejar el dolor. Cuando una relación nos falla, recurrimos con mayor frenesí a la sustancia de la que hemos abusado, nuevamente en busca de alivio. Se crea un círculo vicioso cuando la dependencia física con respecto a una sustancia, se ve exacerbada por la tensión de una relación dañina, y los sentimientos caóticos engendrados por la adicción física, intensifican la dependencia emocional con respecto a una relación. Utilizamos el hecho de estar sin un hombre o de estar con un hombre inapropiado para explicar y excusar nuestra adicción física. A la inversa nuestro uso continuo de la sustancia adictiva nos permite tolerar nuestra relación dañina insensibilizándonos al dolor y quitándonos la motivación necesaria para cambiar. Culpamos a una por la otra. Utilizamos una para enfrentar la otra. Y cada vez nos volvemos más dependientes de ambas.

Mientras estamos empeñadas en huir de nosotras mismas y evitar nuestro dolor, seguimos enfermas. Cuanto más tratamos y cuantas más vías de escape buscamos, más nos enfermamos al combinar adicciones con obsesiones. A la larga descubrimos que nuestras soluciones se han convertido en nuestros problemas más graves. Al necesitar mucho alivio y no encontrarlo, a veces podemos empezar a enloquecer un poco.

—Estoy aquí porque me envió mi abogado. —Brenda casi susurraba al hacer esta confesión en ocasión nuestra primera cita—. Yo... Yo... Bueno, tomé algunas cosas y me atraparon, y a él le pareció una buena idea que consultara a un profesional... —prosiguió en tono de conspiración—, que daría una mejor impresión cuando vuelva al Juzgado, si ellos creen que estoy consultando a alguien para analizar mis problemas.

Apenas tuve tiempo de asentir antes de que ella prosiguiera de prisa.

—Excepto que, bueno ya no creo tener ningún problema. Tomé una par de cosas de una pequeña farmacia y olvidé pagarlas. Es horrible que piensen que las robé, pero en realidad fue un descuido. Lo peor de todo es la vergüenza. Pero yo no tengo verdaderos problemas, no como algunas personas.

Brenda me estaba presentando uno de los desafíos más difíciles del trabajo de consejera: una paciente que no tiene motivación suficiente para buscar ayuda, que incluso niega necesitar ayuda y, sin embargo, está en el consultorio, enviada por otra persona que cree que el asesoramiento la beneficiaría.

Mientras ella conversaba sin cesar, me encontré sin prestar atención a aquel torrente de palabras. En cambio, estudiaba a la mujer en sí. Era alta, de por lo menos un metro ochenta y delgada como una modelo: pesaría como máximo cincuenta y dos kilos. Llevaba un vestido elegante pero sencillo, de seda color coral profundo, acentuado con joyas de marfil y oro. Con su cabello rubio color miel y sus ojos verde mar debería haber sido una belleza, pero faltaba algo. Tenía el entrecejo crónicamente fruncido, lo que creaba una profunda arruga vertical entre sus cejas. Contenía mucho el aliento y las aletas de su nariz se abrían constantemente. Y su cabello, si bien cuidadosamente cortado y peinado, estaba seco y quebradizo. Tenía la piel cetrina y con aspecto de papel a pesar de su atractivo bronceado. Su boca habría sido ancha y llena, pero ella apretaba los labios constantemente, lo que los hacía parecer finos y leves. Cuando sonreía, era como si corriera cuidadosamente una cortina sobre sus dientes, y cuando hablaba se mordía los labios con frecuencia. Comencé a sospechar que practicaba vómitos autoinducidos junto con su apetito insaciable (bulimia) y/o autoinanición (anorexia), debido a la calidad de su piel y de su cabello, además de su extrema delgadez.

Las mujeres que sufren desórdenes alimenticios también tienen con frecuencia episodios de robo compulsivo, de modo que esa era otra pista. Yo tenía fuertes sospechas de que era coalcohólica. En mi experiencia profesional, casi todas las mujeres que he visto con desórdenes alimenticios eran hijas de un alcohólico, de dos alcohólicos (especialmente las mujeres que practican la bulimia) o de un alcohólico y una persona que come por compulsión. Los que comen por compulsión a menudo se casan con alcohólicos, y viceversa, lo cual no resulta sorprendente dado que muchas mujeres que comen por compulsión son hijas de alcohólicos, y las hijas de alcohólicos tienden a casarse con alcohólicos. La persona que come por compulsión está decidida a controlar su comida, su cuerpo y a su pareja con la fuerza de su voluntad. A Brenda y a mí nos esperaba mucho trabajo.

—Háblame de ti —le pedí con la mayor suavidad posible, aunque sabía lo que sobrevendría.

Como era de esperar, la mayor parte de lo que procedió a decirme aquel primer día eran mentiras: que estaba bien, que era feliz, que no sabía qué había sucedido en la farmacia, que no podía recordarlo en absoluto, que nunca antes había robado nada. Luego dijo que su abogado era muy bueno, como yo obviamente lo era, y que no quería que nadie más se enterara de aquel incidente porque nadie más lo entendería como lo hacíamos el abogado y yo. El halago estaba calculado para que yo me confabulara con ella en que en realidad no pasaba nada malo, para que la apoyara en su mito de que el arresto era un error, una pequeña broma inconveniente del destino y nada más.

Por fortuna, había bastante tiempo entre la primera consulta y el momento en que finalmente se fallaría en su caso, y como ella sabía que yo estaba en contacto con su abogado siguió tratando de ser una «buena paciente». Asistió a todas las sesiones, y después de un tiempo, poco a poco, empezó a mostrarse más sincera, a su pesar. Cuando eso sucedió, ella experimentó el alivio que sobreviene al dejar de vivir una mentira. Pronto, estaba en terapia tanto por ella misma como por el efecto que eso podría tener sobre el juez que oyera el caso. Cuando la sentenciaron (seis meses suspendida y restitución total, más cuarenta horas de trabajo comunitario que cumplió en el Club de Jóvenes local) estaba trabajando para ser sincera con la misma intensidad con que antes había trabajado para disimular quién era y qué hacía.

La verdadera historia de Brenda, que al principio reveló con mucha vacilación y cautela, comenzó a emerger durante nuestra tercera sesión. Parecía muy cansada y ojerosa, y cuando se lo comenté admitió que esa semana le había costado dormir. Le pregunté qué había provocado eso.

Primero culpó al juicio venidero, pero esa explicación no parecía totalmente cierta, de modo que insistí.

—¿Hay alguna otra cosa que te preocupe esta semana?

Brenda esperó un momento, mordiéndose los labios con decisión, avanzando sistemáticamente desde el labio superior hasta el inferior y viceversa. Luego dijo abruptamente:

—Pedí a mi esposo que se marchara, finalmente, y ahora deseo no haberlo hecho. No puedo dormir, no puedo trabajar, soy una pila de nervios. Odiaba lo que él estaba haciendo, andando en forma tan evidente con esa chica de su trabajo, pero seguir sin él es más difícil que aguantar todo aquello. Ahora no sé qué hacer, y me pregunto si, de todos modos, no habría sido mi culpa. Él siempre decía que lo era, que yo era demasiado fría y distante, que no era suficientemente mujer para él. Y creo que tenía razón. Yo me enfadaba y me apartaba mucho, pero era por todas sus críticas. Siempre le decía: «Si quieres que sea cálida contigo, tienes que tratarme como si yo te gustara y decirme cosas bonitas, en lugar de decirme lo horrible o tonta o poco atractiva que soy».

Entonces, de inmediato, Brenda se asustó, levantó las cejas más aún y comenzó a desestimar todo lo que acababa de revelar. Agitando sus manos bien cuidadas, dijo:

—En realidad, no estamos separados; sólo estamos tomándonos un tiempo lejos el uno del otro. Y Rudy no me critica tanto; creo que en realidad me lo merezco. A veces vuelvo del trabajo cansada y no quiero cocinar, especialmente porque a él no le gusta lo que cocino. Le gusta tanto lo que cocina su madre que deja la mesa y se va a casa de su madre y no vuelve hasta las dos de la mañana. Simplemente no tengo ganas de esforzarme tanto por hacerlo feliz cuando, de todos modos, no da resultado. Muchas mujeres la pasan peor.

—¿Qué hace él hasta las dos? No puede estar todo ese tiempo en casa de su madre —cuestioné.

—Ni siquiera deseo saberlo. Supongo que sale con su amiguita. Pero no me importa. Prefiero que me deje sola. Muchas veces quiere pelear cuando finalmente llega a casa, y fue más por eso (que me dejaba tan cansada para trabajar al día siguiente) que por su romance que al fin le pedí que se marchara.

Había allí una mujer decidida a no sentir ni revelar sus emociones. El hecho de que estas casi gritaban para hacerse oír sólo la llevaba a crear más situaciones difíciles en su vida para sofocarlas.

Después de nuestra tercera sesión llamé a su abogado y le dije que insistiera cuidadosamente a Brenda sobre la importancia de que siguiera en terapia conmigo. Yo iba a arriesgarme con ella y no quería perderla. Al comienzo de nuestra cuarta sesión, arremetí.

—Háblame de ti y la comida, Brenda —le pedí con la mayor amabilidad posible.

Sus ojos verdes se dilataron con alarma, su piel cetrina perdió más color aún, y ella se retrajo visiblemente. Luego esos ojos se estrecharon y Brenda sonrió para desarmarme.

—¿A qué se refiere? ¡Es una pregunta tonta!

Le dije lo que veía en su aspecto que me había alertado y le hablé de la etiología de los desórdenes alimenticios. El hecho de identificarla como una enfermedad compartida por muchas mujeres ayudó a Brenda a colocar su conducta compulsiva en una mejor perspectiva. No me llevó tanto tiempo como había temido hacerla hablar.

La historia de Brenda era larga y complicada, y le llevó bastante tiempo separar la realidad de su necesidad de distorsionar, disimular y fingir. Se había vuelto tan experta en aparentar que se había atrapado en su propia telaraña de mentiras. Se había esforzado por perfeccionar una imagen a presentar al mundo exterior, una imagen que enmascarara su miedo, su soledad, y el terrible vacío interior. Le costó mucho evaluar su situación para poder dar los pasos necesarios para satisfacer sus propias necesidades. Y esa necesidad era la razón por la que robaba, comía, vomitaba y volvía a comer, y mentía, todo por compulsión, intentando desesperadamente cubrir todos sus movimientos.

La madre de Brenda también comía por compulsión y, de acuerdo a lo que Brenda podía recordar, siempre había estado muy excedida de peso. Su padre, un hombre delgado, fuerte y enérgico, que desde mucho tiempo atrás rechazaba el aspecto y la excentricidad religiosa de su esposa, durante años había burlado sus promesas matrimoniales. Nadie en la familia dudaba de que fuera infiel, y nadie hablaba nunca del tema. Sabían que era una cosa pero admitían que era otra, una violación del acuerdo tácito de la familia: lo que no reconocemos en voz alta no existe para nosotros como familia y, por lo tanto, no puede lastimamos. Era una regla que Brenda aplicaba con vigor a su propia vida. Si no admitía que pasaba algo malo, entonces así era. Los problemas no existían a menos que los expresara con palabras. No es de extrañarse que se aferrara con tanta tenacidad a las mismas mentiras e invenciones que la estaban destruyendo. Y tampoco es de extrañarse que le costara tanto estar en terapia.

Brenda creció delgada como su padre, y con un inmenso

alivio de saber que podía comer mucho sin engordar como su madre. A los quince años su cuerpo empezó a re velar de pronto los efectos de la enorme cantidad de comida que ingería. A los dieciocho años pesaba 108 kilos, y estaba más desesperada e infeliz que nunca. Ahora papá decía cosas desagradables a aquella muchacha que había sido su hija favorita. Le decía que, después de todo, estaba resultando como su madre. Claro que él no habría dicho esas cosas si no hubiese estado bebiendo, pero el hecho era que en ese entonces bebía la mayor parte del tiempo, aun cuando estaba en casa, lo cual no ocurría con mucha frecuencia. Mamá no dejaba de rezar y de alabar al Señor, y papá no dejaba de beber y de tener aventuras, y Brenda seguía comiendo, tratando de no sentir el pánico que crecía en su interior.

La primera vez que estuvo lejos de su casa como estudiante universitaria, y echando mucho de menos a la misma madre y al mismo padre a quienes también censuraba, hizo un increíble descubrimiento. Sola en su habitación, en medio de una comilona, descubrió que podía vomitar casi todo lo que había comido sin verse castigada por su enorme consumo de comida aumentando de peso. Pronto estuvo tan fascinada por el control que ahora sentía sobre su peso que comenzó a ayunar, y a vomitar todo lo que comía. Estaba pasando de la etapa bulímica de su desorden alimenticio compulsivo a la etapa anoréxica.

En los siguientes años Brenda tuvo repetidos accesos de obesidad intercalados con una extrema delgadez. Lo que nunca experimentó en ese tiempo fue un solo día sin su obsesión por la comida. Cada mañana despertaba con la esperanza de que ese día fuera diferente del anterior, y cada noche se acostaba decidida a ser «normal» al día siguiente, y a menudo despertaba en mitad de la noche lista para otra comilona. Brenda no entendía realmente lo que le ocurría. No sabía que tenía un desorden alimenticio, con tanta frecuencia presente en las hijas de alcohólicos y en los hijos de quienes comen por obsesión. No comprendía que tanto ella como su madre sufrían de una alergia-adicción a ciertas comidas, principalmente a los carbohidratos refinados, que formaba un paralelo casi exacto con la alergia-adicción de su padre al alcohol. Ninguno de ellos podía ingerir una cantidad pequeñísima de su sustancia adictiva sin desatar un intenso deseo de ingerir más y más. Y al igual que la relación de su padre con el alcohol, la relación de Brenda con la comida —y especialmente con los alimentos dulces horneados— consistía en una larga y dilatada batalla por controlar la sustancia que, en cambio, la controlaba a ella.

Brenda siguió practicando el vómito autoinducido durante años después de haberlo «inventado» en la universidad. Su aislamiento y su sigilo fueron cada vez más extremos, y en muchos aspectos esta conducta se veía alentada tanto por su familia como por su enfermedad. La familia de Brenda no quería recibir ninguna noticia suya a la que no pudieran responder: «¡Qué bien, querida!». No había sitio para el dolor, el miedo, la soledad, la honestidad; no había sitio para la verdad sobre ella misma o sobre su vida. Como ellos siempre eludían la verdad, era implícito que ella también debía eludirla, en lugar de perturbar la calma. Con sus padres como cómplices mudos, Brenda se hundió más en la mentira que era su vida, segura de que si se las ingeniaba para verse bien por fuera, todo estaría bien —o, al menos, tranquilo— por dentro.

Aun cuando su aspecto estuviera bajo control durante períodos prolongados, no se podía ignorar el torbellino interior. Aunque Brenda hacía todo lo que podía por lucir bien —ropa diseñada por modistos de alta costura, junto con la última moda en maquillaje y peinados—, no bastaba para apaciguar su miedo, para llenar su vacío. En parte debido a todas las emociones que ella se rehusaba a reconocer y en parte por la devastación que su malnutrición autoimpuesta estaba produciendo en su cerebro, el estado mental de Brenda era confuso, ansioso, mórbido y obsesivo.

Tratando de liberarse de ese torbellino interior, Brenda, al seguir el patrón de su madre, buscó solaz en un grupo religioso fanático que se reunía en la universidad. Fue en ese círculo donde, en su último año de estudios, conoció a su futuro esposo, Rudy, una especie de ganador insospechado que la fascinó más aún por su misterio. Brenda estaba acostumbrada a los secretos, y él tenía muchos. En las historias que contaba y los nombres que mencionaba había insinuaciones de que había estado involucrado en actividades clandestinas relacionadas con la corrida de apuestas y números en la ciudad de Nueva Jersey donde había nacido. Aludió vagamente a grandes sumas de dinero que había ganado y gastado, automóviles y mujeres resplandecientes, clubes nocturnos, bebidas y drogas. Y ahora allí estaba, metamorfoseado en un estudiante serio que vivía en el terreno de una formal universidad del medio oeste, activo en un grupo religioso para jóvenes, luego de dejar atrás su dudoso pasado en busca de algo mejor. El hecho de que incluso había interrumpido la comunicación con su familia implicaba que se había marchado de prisa y bajo coacción, pero Brenda estaba tan impresionada con su pasado oscuro y misterioso y con sus intentos, en apariencia sinceros, de cambiar, que no tenía necesidad de pedir explicaciones detalladas de sus andanzas pasadas. Después de todo, ella también tenía sus secretos.

Entonces, esas dos personas que fingían ser lo que no eran —él, un delincuente disfrazado de niño cantor; ella, una mujer que comía por compulsión disfrazada de figurín de modas— naturalmente se enamoraron, con una ilusión proyectada recíprocamente. El hecho de que alguien amara lo que ella simulaba ser, selló el destino de Brenda. Ahora tendría que persistir con el engaño, y más de cerca. Más presión, más tensión, más necesidad de comer, vomitar, esconderse.

La abstinencia de Rudy de los cigarrillos, el alcohol y las drogas duró hasta que se enteró de que su familia se había mudado a California. Aparentemente decidió que, con suficiente distancia geográfica entre él y su pasado, podría volver sin peligro a su familia y a sus viejas costumbres, y él y su nueva esposa Brenda se marcharon hacia el oeste. Casi en el mismo instante en que atravesaron la primera frontera su personalidad comenzó a alterarse, a revertir a lo que había sido antes de que Brenda lo conociera. El camuflaje de Brenda duró más tiempo, hasta que ella y Rudy comenzaron a vivir con los padres de él. Con tanta gente en la casa, no podía continuar con sus vómitos autoinducidos. Si bien sus comilonas eran más difíciles de disimular, estas cobraron impulso bajo la tensión de aquellas circunstancias, y Brenda comenzó a engordar. En poco tiempo aumentó veinte kilos, y la bella esposa rubia de Rudy desapareció en los pliegues matronales del cuerpo cada vez más gordo de Brenda. Rudy, que se sentía estafado y furioso, la dejaba en casa mientras él salía a beber, y en busca de alguien cuyo aspecto complementara el suyo como una vez lo había hecho el de Brenda. Desesperada, ella comía más que nunca, al tiempo que se prometía a ella misma y a Rudy que lo único que necesitaba era una casa para ellos solos y que así podría volver a adelgazar. Cuando finalmente tuvieron su propia casa, Brenda comenzó a bajar de peso en forma tan precipitada como había aumentado, pero Rudy rara vez estaba en casa para notarlo. Ella quedó embarazada, y cuatro meses más tarde tuvo un aborto sola, mientras Rudy pasaba la noche en otro lugar.

Brenda estaba segura de que todo lo que ocurría era por su culpa. El hombre que una vez había sido sano y feliz y que había compartido sus principios y sus creencias era ahora otra persona, alguien a quien ella no conocía y que no le agradaba. Discutían por el comportamiento de él y por las quejas de ella. Brenda trataba de no fastidiarle, con la esperanza de que cambiara su conducta. No lo hizo. Brenda no estaba gorda como su madre, y aun así él tenía aventuras como su padre. Sentía pánico por su incapacidad de poner orden en su vida.

Brenda había robado cuando era adolescente, no con sus amigos en un asalto compartido al botín del mundo adulto, sino sola, en secreto, y rara vez usaba o conservaba las cosas que robaba. Luego, en su matrimonio infeliz con Rudy, comenzó a robar otra vez, como una forma simbólica de quitar al mundo aquello que no le era dado: amor, apoyo, comprensión y aceptación. Pero sus robos solamente la aislaban más aún, le proporcionaban otro secreto para guardar, otra fuente de vergüenza y culpa. Mientras tanto, su aspecto exterior volvía a convertirse en su mayor defensa para evitar que la vieran tal cual era: una persona temerosa, vacía y solitaria. Una vez más estaba delgada, y tenía un empleo principalmente para poder comprar la ropa cara que ansiaba. Hizo algunos trabajos como modelo, con la esperanza de que Rudy se sintiera orgulloso de ella. Mientras él se jactaba de su esposa, la modelo, nunca se molestaba en ir a verla caminar por una sola pasarela.

Debido a que Brenda recurría a Rudy para obtener aprecio y aprobación, la incapacidad de él de proporcionarle eso redujo más aún la autoestima de ella, que ya era tan marginal. Cuanto menos le daba Rudy, más necesitaba ella que le diera. Brenda se esforzaba por perfeccionar su aspecto, pero sentía que le faltaba algún elemento misteriosamente atractivo que todas las mujeres con quienes andaba Rudy parecían exudar sin esfuerzo. Se presionó más para ser delgada, porque ser delgada significaba ser más perfecta. Además, se volvió perfeccionista en el cuidado de la casa, y pronto estuvo totalmente ocupada con sus diversas conductas obsesivo-compulsivas: limpiar, robar, comer, vomitar. Mientras Rudy estaba fuera de casa, bebiendo y con otras mujeres, Brenda limpiaba la casa a altas horas de la noche, se acostaba con un sentimiento de culpa y fingía dormir si oía que el automóvil de Rudy entraba al garaje.

Rudy se quejaba por su minuciosidad en la casa, y con bastante agresividad deshacía los efectos de la cuidadosa limpieza todas las noches cuando volvía a la casa, fuese tarde o temprano. El resultado era que Brenda no veía la hora de que él se marchara para poder limpiar y acomodar lo que él había desarreglado. Cuando él salía por la noche a beber y andar de parranda, ella se sentía aliviada. Todo se volvía cada vez más demencial.

Su arresto en la farmacia fue, sin duda, una bendición, en el sentido de que creó una crisis que la llevó a la terapia, donde empezó a examinar en qué se había convertido su vida. Hacía mucho tiempo que quería alejarse de Rudy, pero no había podido abandonar su compulsión de reparar la relación perfeccionándose a sí misma. Por irónico que parezca, cuanto más completamente se separaba de Rudy, con más ardor la perseguía él: le llevaba flores, la llamaba por teléfono, aparecía inesperadamente en su lugar de trabajo con entradas para un concierto. Los compañeros de trabajo de Brenda, que le conocieron en una de esas actuaciones, pensaban que ella era una tonta al dejar a un hombre tan enamorado y devoto. Hicieron falta dos reconciliaciones esperanzadas, cada una de ellas seguida por dolorosas rupturas, para que ella aprendiera que Rudy sólo quería lo que no podía tener. Una vez que volvieron a vivir juntos como marido y mujer, él pronto reanudó sus aventuras. Durante la segunda ruptura Brenda le dijo que pensaba que él tenía un problema con la bebida y las drogas. Él se dispuso a buscar ayuda para demostrar que no era así. Durante dos meses estuvo limpio y sobrio. Volvieron a reconciliarse, y en ocasión de su primera discusión, unos días después, él bebió y pasó la noche fuera. Cuando sucedió eso, Brenda, con la ayuda de la terapia, vio el patrón en que ambos estaban atrapados. Rudy utilizaba la turbulencia deliberada de su relación con Brenda para disimular y justificar su adicción al alcohol, las drogas y las mujeres. Al mismo tiempo, Brenda utilizaba la tremenda tensión generada por su relación como excusa para entregarse a su bulimia y a otras conductas compulsivas. Cada uno utilizaba al otro para evitar enfrentarse a sí mismo y a sus propias adicciones. Cuando Brenda al fin reconoció eso, pudo abandonar la esperanza de tener un matrimonio feliz.

La recuperación de Brenda implicaba tres elementos muy importantes y necesarios. Permaneció en terapia, asistió a grupos para tratar su coalcoholismo de toda la vida, y finalmente, con el alivio que proviene de la rendición, se sumergió en Gordos Anónimos, donde recibió ayuda y apoyo para tratar su desorden alimenticio. Para Brenda, ingresar a

G. A. fue el factor más importante de su recuperación, y al cual se había resistido con más vigor desde el comienzo. Su hábito compulsivo de comer, vomitar y matarse de hambre comprendía su problema más serio y arraigado, su proceso primario de enfermedad. La obsesión por la comida agotaba toda la energía que necesitaba para lograr cualquier tipo de relación sana consigo misma y con otras personas en su vida. Hasta que pudiera dejar de obsesionarse con su peso, su ingestión de comida, las calorías, las dietas, etc., no podría sentir verdaderas emociones con respecto a nada que no fuese la comida, y tampoco podría ser sincera consigo misma o con los demás.

Mientras sus sentimientos estuvieran ahogados por su desorden alimenticio, no podría empezar a cuidarse, a tomar decisiones sensatas por sí misma, o a vivir realmente su vida. En cambio, la comida era su vida, y en muchos aspectos era la única vida que ella quería. Por desesperada que fuera su batalla por controlar la comida, era una lucha menos amenazadora que la que enfrentaba consigo misma, con su familia, con su esposo. Si bien había fijado límites por hora respecto de lo que comería o no, Brenda nunca había impuesto límites para lo que los demás podían hacerle o decirle. A fin de recuperarse, tenía que empezar a definir el punto en que terminaban los demás y comenzaba ella como persona autónoma. También tenía que permitirse enojarse con los demás, no sólo consigo misma, lo cual había sido su estado crónico.

En G. A. Brenda empezó a practicar la sinceridad por primera vez en muchos, muchos años. Después de todo, ¿qué sentido tenía mentir sobre su conducta a personas que la entendían y aceptaban como era y con lo que hacía? A cambio de su sinceridad obtuvo el poder curativo de la aceptación de sus pares. Eso le dio el coraje de trasladar esa honestidad a un círculo más amplio fuera del programa de G. A., hasta su familia, sus amigos y posibles parejas.

Los grupos de familiares de alcohólicos la ayudaron a entender las raíces de su problema en su familia de origen y además le dieron herramientas para comprender tanto los desórdenes compulsivos de sus padres como la forma en que las enfermedades de estos la habían afectado. Allí aprendió a relacionarse con ellos en forma más sana.

Rudy volvió a casarse en cuanto se completó el divorcio, a pesar de afirmar por teléfono, la noche anterior a su segunda boda, que sólo quería a Brenda. Esa conversación profundizó la comprensión de Brenda de la incapacidad de Rudy para cumplir con los compromisos que asumía, de su necesidad de buscar constantemente una forma de evitar cualquier relación que tuviera. Al igual que el padre de Brenda, era un vagabundo a quien también le gustaba tener esposa y hogar.

Brenda pronto aprendió que era necesario que mantuviera una distancia considerable, tanto geográfica como emocionalmente, entre ella y su familia. Dos visitas a casa, que reactivaron en forma temporaria su síndrome de comilonas y purgas, le enseñaron que aún no podía estar con su familia sin recurrir a sus viejas maneras de manejar la tensión.

Mantenerse sana se ha convertido en su primera prioridad, pero sigue asombrándose por lo difícil que es ese desafío y por la poca habilidad que posee para ello. El hecho de llenar su vida con un trabajo agradable, además de nuevas amistades e intereses, ha sido un proceso lento, paso por paso. Como sabía muy poco sobre el hecho de ser feliz, estar cómoda y en paz, ha tenido que evitar rigurosamente el crear problemas que le permitirían sentir aquella locura ya conocida.

Brenda sigue asistiendo a sus dos grupos de apoyo y ocasionalmente a sesiones de terapia cuando siente necesidad de hacerlo. Ya no es tan delgada como lo fue una vez, ni tan gorda. «¡Soy normal!», exclama, riendo de sí misma y sabiendo que nunca lo será. Su desorden alimenticio es una enfermedad de por vida que exige su respeto, aunque ya no ejerce un dominio absoluto sobre su salud ni su cordura.

La recuperación de Brenda sigue siendo algo frágil. Pasará mucho tiempo hasta que esa manera nueva y sana de vivir la haga sentir más cómoda que la anterior. Podría recaer una vez más en el hábito de evitarse a sí misma y a sus sentimientos, mediante la comida o a través de la obsesión con una relación dañina. Como lo sabe, Brenda actualmente actúa con los hombres con cautela; nunca acepta una cita que le exigiría faltar a una reunión de alguno de los grupos, por ejemplo. Su recuperación es valiosísima para ella, y no tiene intenciones de perjudicarla. En sus propias palabras: «Me he acostumbrado a no guardar más secretos, ya que, en primer lugar, fue por eso que me enfermé. Ahora cuando conozco a un hombre, si me parece que la relación podría llegar a algún lado, siempre le cuento sobre mi enfermedad y la importancia que tienen para mí los programas de Anónimos. Si él no soporta saber la verdad sobre mí o es incapaz de comprender, lo considero su problema, no el mío. Ya no trato de hacer lo imposible para complacer a un hombre. Hoy en día mis prioridades son muy diferentes. Mi recuperación está en primer lugar. De otro modo, no me queda nada que ofrecer a nadie más».

# 9

# Morir por amor

*Todos, cada uno de nosotros,*
*estamos llenos de horror. Si te casas*
*para espantar tu horror, sólo lograrás*
*casar tu horror con el de otra persona;*
*los dos horrores tendrá el matrimonio,*
*tú sangrarás y llamarás a eso amor.*

Michael Ventura,
*Bailando con la propia sombra*
*en la zona matrimonial.*

Fumando un cigarrillo tras otro, con los hombros erguidos y tensos, Margo movía su pierna cruzada rápidamente hacia adelante y hacia atrás, y su pie daba un impulso extra al final de cada oscilación. Estaba sentada muy tiesa, inclinada hacia delante, junto a la ventana de la sala de espera, mirando fijamente uno de los paisajes más bellos del mundo. Los techos de tejas rojas de Santa Bárbara trepaban las colinas azules y púrpuras sobre el océano, pero la escena, ligeramente teñida de rosa y oro en aquella tarde de verano, no lograba comunicar su tranquilidad española al rostro de Margo. Parecía una mujer apresurada, y en efecto lo era.

Cuando le señalé el camino, se movió con rapidez, con sus tacones golpeteando en el suelo; entró a mi consultorio y se sentó, nuevamente al borde de la silla, y me clavó la mirada.

—¿Cómo sé si usted me puede ayudar? Nunca hice esto de venir a hablar con alguien sobre mi vida. ¿Cómo sé si valdrá el tiempo y el dinero?

Yo sabía que también trataba de preguntarme: «¿Cómo sé si puedo confiar en que usted se interese por mí si le dejo ver cómo soy en realidad?». Por eso, con mi respuesta, intenté contestar ambas preguntas.

—La terapia requiere una inversión de tiempo y dinero. Pero la gente nunca viene, siquiera a su primera consulta, a menos que en su vida esté sucediendo algo muy temible o muy doloroso, algo que ya se han esforzado por dominar pero nunca lo han logrado. Nadie viene por casualidad a ver a un terapeuta. Estoy segura de que tú debes de haberlo pensado mucho antes de decidirte a venir.

La precisión de esa declaración pareció aliviarla un poco, y se permitió recostarse en la silla con un leve suspiro.

—Tal vez debí hacer esto hace quince años, o antes, pero ¿cómo sabía que necesitaba ayuda? Yo creía que me iba bien. Y en algunos aspectos así era... inclusive ahora. Tengo un buen empleo y gano un sueldo decente. —Se detuvo de pronto y luego, con actitud más reflexiva, prosiguió—: A veces es como si tuviera dos vidas. Voy a trabajar, y soy brillante e inteligente; me respetan. La gente me pide consejos y me da mucha responsabilidad, y me siento adulta, capaz y segura de mí misma. —Miró al techo y tragó saliva para controlar su voz—. Después vuelvo a casa y mi vida es como una novela larga y de mala calidad. Es tan mala que, si fuera un libro, no lo leería. Demasiado cursi, ¿sabe? Pero aquí estoy, sin poder dejar de vivirla. Ya estuve casada cuatro veces, y apenas tengo treinta y cinco años. ¡Apenas! Dios mío, me siento muy vieja. Comienzo a tener miedo de no poder nunca arreglar mi vida, y de que se me acabe el tiempo. Ya no soy tan joven como antes, ni tan bonita. Me asusta la idea de que nadie más me quiera, de haber gastado todas mis oportunidades y de que ahora siempre estaré sola.

El miedo que reflejaba su voz concordaba con las arrugas de preocupación que se marcaron en su frente al expresar eso. Tragó saliva varias veces y parpadeó con fuerza.

—Sería difícil decir cuál de mis matrimonios fue el peor. Todos fueron desastrosos, pero en distinta forma.

«Mi primer marido y yo nos casamos cuando yo tenía veinte años. Cuando le conocí, sabía que era licencioso. Me era infiel antes de casarnos, y también después. Yo creía que al estar casados sería distinto, pero no fue así. Cuando nació nuestra hija yo estaba segura de que eso lo frenaría un poco, pero surtió el efecto contrario. Permanecía más tiempo fuera de casa. Cuando estaba con nosotras era muy malo. Yo podía soportar que me gritara, pero cuando empezó a castigar a la pequeña Autumn por nada y por todo, decidí interferir. Al ver que eso no daba resultado, me marché y me llevé a mi hija. No fue fácil, porque ella era muy pequeña y yo tenía que buscar trabajo. Él nunca nos dio ninguna clase de apoyo, y yo tenía miedo de que nos causara problemas para que yo no acudiera al fiscal de distrito o algo así. No podía volver a casa de mis padres, porque habría sido igual que mi matrimonio. Mi padre abusaba mucho de mi madre, tanto física como verbalmente, y también de mis hermanos y de mí. Cuando era niña, siempre estaba escapando. Finalmente, me fugué y me casé para salir de allí, por eso estaba decidida a no volver.

»Tardé dos años desde que me marché, en reunir el coraje para divorciarme de mi primer marido. No podía hacerlo hasta haber encontrado otro hombre. El abogado que manejó mi divorcio terminó convirtiéndose en mi segundo esposo. Era bastante mayor que yo y también acababa de divorciarse. No creo que estuviera realmente enamorada de él, pero quería estarlo, y creí haber encontrado a alguien que podría cuidamos a Autumn y a mí. Hablaba mucho de que quería volver a empezar en la vida, iniciar una nueva familia con alguien a quien pudiera amar de verdad. Creo que me sentí halagada de que sintiera eso por mí. Me casé con él al día siguiente de terminar el divorcio. Todo saldría bien, estaba segura. Conseguí un buen preescolar para Autumn y reanudé mis estudios. Mi hija y yo pasábamos las tardes juntas, luego yo hacía la cena y volvía a la universidad para las clases nocturnas. Por las noches, Dwayne se quedaba en casa con Autumn, haciendo trabajos legales. Una mañana en que estábamos solas, Autumn dijo algunas cosas que me hicieron comprender que algo horrible, algo sexual, estaba ocurriendo entre ella y Dwayne. En ese momento yo también sospechaba que estaba embarazada, pero esperé hasta el día siguiente, como si todo estuviera normal, y después de que Dwayne fuera trabajar puse a mi hija y todo lo nuestro en mi automóvil y me marché. Le escribí una nota en la que hablaba de lo que me había dicho Autumn y le advertí que no tratara de encontrarnos o revelaría lo que le había hecho a la niña. Yo tenía tanto miedo de que tuviera alguna forma de encontrarnos y hacernos volver que decidí que, si estaba embarazada, no se lo diría ni le pediría nada. Sólo quería que nos dejara en paz.

»Por supuesto, sí averiguó dónde vivíamos y me envió una carta, sin ninguna referencia a Autumn. En cambio, me culpaba por haber sido fría e indiferente con él, porque lo dejaba solo mientras iba a estudiar por las noches. Durante mucho tiempo me sentí culpable por eso, pensando que lo que le había pasado a Autumn era mi culpa. Yo creía que mi hija estaría bien y en cambio la había puesto en una situación horrible.

Una expresión perturbada cubrió el rostro de Margo al recordar aquella vez.

—Por suerte, encontré una habitación en una casa con otra joven madre. Ella y yo teníamos mucho en común. Ambas nos habíamos casado demasiado jóvenes y proveníamos de hogares infelices. Nuestros padres se parecían mucho, al igual que nuestros primeros esposos. Pero ella había estado casada una sola vez. —Margo sacudió la cabeza y prosiguió—. La cuestión es que cuidábamos a nuestros respectivos bebés, y eso nos permitía continuar con los estudios y salir. Sentía más libertad que nunca en mi vida, aunque resultó que sí estaba embarazada. Dwayne aún no lo sabía, y yo nunca se lo dije. Recordaba todas sus historias acerca de las maneras en que podía causar problemas a la gente dentro de lo legal, y sabía que conmigo también podía hacerlo. No quería tener nada más que ver con él. Antes de casamos, esas historias me habían hecho pensar que era fuerte. Ahora me daban miedo de él.

»Susie, mi compañera de cuarto, me preparó para el parto natural con mi segunda hija, Darla. Parece una locura, pero fue uno de los mejores momentos de mi vida. Éramos tan pobres, estudiábamos, cuidábamos a nuestros bebés, comprábamos ropa en las tiendas baratas y comida con cupones. Pero a nuestra manera éramos libres.

Se encogió de hombros.

—Sin embargo, yo estaba muy inquieta. Quería un hombre en mi vida. Conservaba la esperanza de encontrar a alguien que hiciera que mi vida fuese como yo la quería. Aún siento lo mismo. Quiero aprender a encontrar alguien que sea bueno para mí. Hasta ahora no me ha ido muy bien en eso.

El rostro tenso de Margo, aún bonito aunque muy delgado, me miró con expresión de ruego. ¿Podría yo ayudarla a encontrar y conservar al señor maravilloso? Ésa era la pregunta escrita en aquella cara, la razón por la que había acudido a la terapia.

Margo continuó con su saga. El siguiente jugador en su torneo matrimonial fue Giorgio, que conducía un convertible Mercedes Benz blanco y se ganaba la vida proveyendo cocaína a algunas de las narices más adineradas de Montecito. Desde el comienzo, su relación con Giorgio fue como un paseo en la montaña rusa, y pronto Margo no podía distinguir entre la química de la droga que él le proporcionaba con tanta generosidad y la química de su relación con aquel hombre moreno y peligroso. De pronto, su vida era veloz y sofisticada. También era muy dura para ella, física y emocionalmente. Su temperamento se alteró. Regañaba a sus hijas por pequeñeces. Sus frecuentes peleas con Giorgio se convirtieron en batallas físicas. Después de quejarse incansablemente a su compañera de cuarto por la desconsideración, la infidelidad y las actividades ilegales de Giorgio, Margo se asombró cuando Susie finalmente le dio un ultimátum. Olvidaba a Giorgio o se iba de esa casa. Susie ya no quería escucharlo ni verlo. Esa decisión no fue buena para Margo ni para las niñas. Margo, exasperada, voló a los brazos de Giorgio. Él permitió que ella y sus hijas se mudaran a la casa donde hacía la mayor parte de sus transacciones, con la condición implícita de que el arreglo sería temporario. Poco después, lo arrestaron por venta de drogas. Antes del juicio, Giorgio y Margo se casaron, aunque para entonces sus enfrentamientos casi siempre llegaban al borde del punto de ebullición.

La razón que dio ella para su tercera decisión de casarse fue la presión de Giorgio sobre ella para que, al convertirse en su esposa, no le pudieran pedir que atestiguara en su contra. La tentación de atestiguar era una posibilidad clara, dada la naturaleza inflamatoria de sus enfrentamientos y la persistencia del fiscal. Una vez que se casaron, el desagradecido Giorgio se negó a tener relaciones sexuales con ella porque, según decía, se sentía atrapado. A la larga se anuló el matrimonio, pero no antes de que Margo conociera al número cuatro, un hombre cuatro años menor que ella que nunca había trabajado porque siempre había estado estudiando. Margo se dijo que ese estudiante serio era justo lo que ella necesitaba, después de su catástrofe con Giorgio, y para entonces ya la aterraba la idea de estar sola. Margo trabajaba y mantenía a ambos, hasta que él se marchó para ingresar a una comunidad religiosa. Durante ese cuarto matrimonio, Margo había obtenido una considerable suma de dinero por la muerte de un familiar, y permitió que su esposo tuviera acceso a esa suma con la esperanza de que ese gesto demostrara su lealtad, confianza y amor por él (los cuales él cuestionaba todo el tiempo). Él dio la mayor parte del dinero de Margo a la comunidad, y luego le aclaró que ya no deseaba estar casado con ella y que no quería que ella lo siguiera allí, pues la culpaba por el fracaso de su matrimonio por ser tan «mundana».

Esos acontecimientos habían marcado profundamente a Margo, y aun así estaba ansiosa por conocer al número cinco, con la seguridad de que esa vez todo saldría bien si lograba hallar al hombre adecuado. Recurrió a la terapia demacrada y con los ojos hundidos, pues temía haber perdido su belleza y no poder atraer a otro hombre. Estaba totalmente fuera de contacto con su eterno patrón de relacionarse con hombres imposibles, hombres en quienes no confiaba o que no le agradaban. Si bien había admitido que hasta entonces no había tenido suerte al elegir maridos, no tenía conciencia de la manera en que sus propias necesidades la habían atrapado en cada desastre matrimonial.

El cuadro que presentaba era alarmante. Además de estar demasiado delgada (sus úlceras hacían que el hecho de comer fuese para ella una tortura autoimpuesta, en las raras ocasiones en que tenía apetito), Margo exhibía una cantidad de otros síntomas nerviosos, relacionados con la tensión. Estaba pálida (confirmó que estaba anémica), con las uñas muy comidas y el cabello seco y quebradizo. Describió problemas de eczema, diarrea e insomnio. Su presión sanguínea era demasiado alta para su edad y su nivel de energías era alarmantemente bajo.

—A veces me cuesta muchísimo levantarme e ir a trabajar. He usado todas mis licencias por enfermedad para quedarme en casa llorando. Me siento culpable si lloro cuando las niñas están en casa, por eso es un alivio descargarme cuando están en la escuela. En realidad no sé por cuánto tiempo podré seguir así.

Informó que sus dos hijas tenían problemas en la escuela, en lo académico y en lo social. En casa se peleaban constantemente, y Margo se enfadaba con rapidez. Aún recurría con frecuencia a la cocaína para levantar su ánimo, como acostumbrara hacerlo en sus días con Giorgio; era algo que mal podía permitirse, económica o físicamente.

Sin embargo, ninguno de estos factores preocupaba a Margo tanto como el hecho de estar sin pareja. Desde la adolescencia, en toda su vida nunca lo había estado. Cuando niña había peleado con su padre y, ya adulta, en una u otra forma, había peleado con todas sus parejas. Ahora hacía cuatro meses que estaba sola, y era sólo por su triste historia que se encontraba tan reacia a buscar otro hombre como a quedarse quieta consigo misma.

Muchas mujeres, debido a realidades económicas opresivas, sienten que necesitan un hombre que las mantenga, pero no era ese el caso de Margo. Ella tenía un empleo con buena paga haciendo un trabajo que le agradaba. Ninguno de sus maridos la había mantenido a ella ni a sus hijas. Su necesidad de otro hombre apuntaba a otra dirección. Era adicta a las relaciones, y a las malas.

En su familia de origen había habido abuso para con su madre, sus hermanos y ella misma. Había problemas de dinero, inseguridad, sufrimiento. La tensión emocional de esta clase de niñez había dejado profundas marcas en su psiquis.

En primer lugar, Margo sufría de una grave depresión subyacente, presente con tanta frecuencia en las mujeres con historias similares. Irónicamente, debido a esa depresión, además de los papeles ya conocidos que ella podía jugar con cada pareja, Margo se veía atraída hacia hombres que eran imposibles: abusivos, imprevisibles, irresponsables, o insensibles. En ese tipo de relaciones habría muchas discusiones, incluso peleas violentas, salidas dramáticas y reconciliaciones, y períodos de espera con tensión y miedo. Podía haber serios problemas de dinero o incluso con la ley. Mucho drama. Mucho caos. Mucha excitación. Mucha estimulación.

Suena agotador, ¿verdad? Claro, a la larga lo es pero, como sucede cuando se usa cocaína u otro estimulante poderoso, a corto plazo estas relaciones proporcionan una estupenda vía de escape, una gran distracción y, por cierto, una máscara muy eficaz para la depresión. Es casi imposible experimentar la depresión cuando estamos muy excitados, ya sea en forma positiva o negativa, debido a los elevados niveles de adrenalina que se libera y nos estimulan. Pero una exposición demasiado prolongada a una excitación fuerte agota la capacidad de respuesta del cuerpo, y el resultado es una depresión más profunda que la anterior, esta vez con una base tanto física como emocional.* Muchas mujeres como Margo, debido a sus historias emocionales de haber vivido con episodios constantes y/o severos de tensión en la niñez (y también porque a menudo es probable que hayan heredado una vulnerabilidad bioquímica a la depresión por parte de un progenitor alcohólico o en general bioquímicamente ineficaz), son básicamente depresivas incluso antes de iniciar sus relaciones amorosas en la adolescencia y la adultez. Es posible que tales mujeres busquen el poderoso estímulo de una relación difícil y dramática a fin de obligar a sus glándulas a liberar adrenalina: una práctica similar al hecho de azotar a un caballo cansado para que la pobre bestia exhausta camine unos kilómetros más. Es por eso que, cuando se elimina el fuerte estímulo que constituye el comprometerse en una relación dañina, ya sea porque la relación llega a su fin o porque el hombre empieza a recuperarse de sus problemas y a relacionarse con ella en forma más sana, una mujer de este tipo por lo general se hunde en la depresión, cuando está sin pareja, o bien trata de revivir la última relación fracasada o busca con frenesí otro hombre difícil en quien concentrarse, porque necesita con desesperación el estímulo que él le proporciona. Si el hombre comenzara a enfrentar sus propios problemas de forma más sana, es probable que ella se encontrara de pronto ansiando hablar a alguien más excitante, más estimulante, a alguien que le permita evitar el enfrentamiento con sus propios sentimientos y problemas.

* Hay dos tipos de depresión: exógena y endógena. La de presión exógena se produce en reacción a acontecimientos externos y está estrechamente relacionada con el dolor emocional. La depresión endógena es el resultado de un funcionamiento inadecuado de la bioquímica y parece guardar una relación genética con el hecho de comer por compulsión y/o con la adicción al alcohol y a las drogas. De hecho, estas pueden ser distintas expresiones de los mismos o similares desórdenes bioquímicos.

Nuevamente, el paralelismo entre el uso de una droga y su interrupción resultan obvios. Para evitar sus propios sentimientos, ella literalmente se «inyecta» con un hombre, utilizándole como su droga de escape. Para que se produzca la recuperación, ella debe obtener el apoyo para afirmarse y permitir que vengan los sentimientos dolorosos. No es una exageración comparar este proceso con lo que se produce cuando un adicto a la heroína interrumpe su consumo de golpe y en forma total. El miedo, el dolor y la inquietud son enormes, y la tentación de recurrir a otro hombre, a otra inyección, es igualmente grande.

Una mujer que utiliza al hombre como una droga hará de su relación con él algo tan negativo como cualquier adicto a una sustancia química. Experimentará el mismo grado de resistencia y miedo a desembarazarse de la droga como del hombre. Pero en general, si se la enfrenta con suavidad y firmeza, en algún momento reconocerá el poder de su adicción a las relaciones y sabrá que está en poder de un patrón de conducta sobre el cual ha perdido el control.

El primer paso para tratar a una mujer con este problema es ayudarla a comprender que, al igual que cualquier adicto, sufre de un proceso de enfermedad que es identificable, que es progresivo sin tratamiento, y que responde bien al tratamiento específico. Ella necesita saber que es adicto al dolor y a la familiaridad de una relación insatisfactoria, que es una enfermedad que afecta a muchísimas mujeres y que tiene su origen en las relaciones perturbadas de la niñez.

Esperar que alguien como Margo descubra por sí sola que es una mujer que ama demasiado, cuya enfermedad es cada vez más grave y, a la larga, puede costarle la vida, es tan inapropiado como escuchar todos los síntomas típicos de cualquier otra enfermedad y luego esperar que la paciente adivine cuál es su enfermedad y su tratamiento. Más pertinente aun, es tan improbable que Margo, con su enfermedad en particular y la negación que la acompaña, pudiera autodiagnosticarse, como lo es que un alcohólico igualmente enfermo pudiera autodiagnosticarse con precisión. Tampoco podría ninguno de ellos esperar recuperarse solo, o simplemente con la ayuda de un médico o terapeuta, porque la recuperación requiere que dejen de hacer lo que parece proporcionarles alivio.

La terapia sola no ofrece una alternativa de apoyo adecuado para la dependencia del alcohólico con la droga o de la adicta a las relaciones con su hombre. Cuando alguien que ha estado practicando una adicción trata de ponerle fin, se crea un enorme vacío en la vida de esa persona: un vacío demasiado grande para ser llenado por una hora de sesión con un terapeuta una o dos veces por semana. Debido a la tremenda ansiedad que se genera cuando se interrumpe la dependencia de la sustancia o la persona, hay que tener un acceso constante a cierto apoyo, consuelo y comprensión. La mejor manera de obtener esto es con personas que han pasado por el mismo proceso doloroso.

Otro fracaso de la terapia tradicional en el tratamiento de cualquier tipo de adicción es la tendencia a ver la adicción, ya sea a una sustancia o a una relación, como un mero síntoma, en lugar de reconocerla como el proceso de enfermedad principal que debe tratarse primero para que la terapia continúe y progrese. En cambio, por lo general se permite que el paciente siga practicando su conducta adictiva mientras que las sesiones de terapia se dedican a descubrir las «razones» para esa conducta. Este enfoque es absolutamente inverso a lo necesario y, en general, totalmente ineficaz. Cuando alguien ya está en una situación alcohólica, el problema básico es la adicción al alcohol, y eso es lo que hay que enfocar; es decir, hay que eliminar el hábito de beber antes de que se puedan empezar a mejorar otros aspectos de la vida. La búsqueda de motivos subyacentes para el hábito de beber en exceso con la esperanza de que el descubrimiento de la «causa» permitirá eliminar el abuso de alcohol no da resultado. La «causa» es que esa paciente tiene la enfermedad del alcoholismo. Sólo si se enfrenta primero al alcoholismo hay posibilidades de recuperación.

Para la mujer que ama demasiado, su enfermedad principal es la adicción al dolor y la familiaridad de una relación que no es gratificante. Claro que eso se genera a partir de patrones que datan de la infancia, pero antes que nada ella debe tratar sus modelos en el presente, a fin de que pueda comenzar su recuperación. Por enfermo, cruel o incompetente que sea su hombre, ella, junto con su médico o terapeuta, debe entender que cada intento suyo de cambiarlo, ayudarlo, controlarlo o culparlo es una manifestación de su propia enfermedad, y que debe eliminar esas conductas antes de poder mejorar otras áreas de su vida. Su único trabajo legítimo radica en ella misma. En el siguiente capítulo delinearemos los pasos específicos que debe dar una mujer adicta a las relaciones a fin de recuperarse.

Los siguientes cuadros que describen las características de los alcohólicos y las mujeres adictas a las relaciones, en su práctica y en vías de recuperación, dejan en claro los paralelos de conducta de estas enfermedades, tanto en la fase activa como en la recuperación. Lo que un cuadro no puede transmitir de verdad es el marcado paralelismo de la lucha por recuperarse de cualquiera de las dos enfermedades. Es tan difícil recuperarse de la dependencia de las relaciones (o amar demasiado) como lo es recuperarse del alcoholismo. Y para quienes sufren de alguna de estas dos enfermedades, esa recuperación bien puede constituir la diferencia entre la vida y la muerte.

Cuando estamos gravemente enfermos, nuestra recuperación a menudo requiere que se identifique correctamente el proceso específico de enfermedad que padecemos a fin de proporcionar el tratamiento adecuado. Si consultamos a profesionales, parte de su responsabilidad para con nosotros consiste en estar familiarizados con los síntomas y signos de las enfermedades específicas comunes para poder diagnosticar nuestra enfermedad y tratarnos de acuerdo con ella, utilizando los medios más efectivos disponibles.

Yo defiendo la aplicación del concepto de enfermedad al patrón de amar demasiado. Eso podrá parecerle una exageración, y si usted se resiste a aceptar esta propuesta, espero

## CARACTERÍSTICAS DE LA PRÁCTICA

| Alcohólicos | Mujeres adictas a las relaciones |
|---|---|
| obsesión por el alcohol | obsesión por la relación |
| negación del alcance del problema | negación del alcance del problema |
| mienten para disimular lo mucho que beben | mienten para disimular lo que sucede en la relación |
| evitan a la gente para ocultar problemas de bebida | evitan a la gente para ocultar problemas en la relación |
| repetidos intentos de controlar la bebida | repetidos intentos de controlar la relación |
| cambios anímicos inexplicables | cambios anímicos inexplicables |
| ira, depresión, culpa | ira, depresión, culpa |
| resentimiento | resentimiento |
| actos irracionales | actos irracionales |
| violencia | violencia |
| accidentes debidos a la intoxicación | accidentes debidos a la distracción |
| autoodio/autojustificación | autoodio/autojustificación |
| dolencias físicas debidas al abuso del alcohol | dolencias físicas debidas a enfermedades relacionadas con el estrés |

## CARACTERÍSTICAS DE LA RECUPERACIÓN

| Alcohólicos | Mujeres adictas a las relaciones |
|---|---|
| admiten incapacidad de controlar la enfermedad | admiten incapacidad de controlar la enfermedad |
| dejan de culpar a otros por sus problemas | dejan de culpar a otros por sus problemas |
| concentración en el yo, asumiendo responsabilidad por los propios actos | concentración en el yo, asumiendo responsabilidad por los propios actos |
| buscan ayuda de sus iguales para recuperarse | buscan ayuda de sus iguales para recuperarse |
| empiezan a enfrentar sus propios sentimientos en lugar de evitarlos | empiezan a enfrentar sus propios sentimientos en lugar de evitarlos |
| creación de un círculo de amigos apropiados; intereses sanos | creación de un círculo de amigos apropiados; intereses sanos |

que al menos vea la analogía existente entre una enfermedad como el alcoholismo, que es la adicción a una sustancia, y lo que sucede en las mujeres que aman demasiado, adictas como lo son a los hombres de sus vidas. Yo estoy plenamente convencida de que lo que aqueja a las mujeres que aman demasiado no es como un proceso de enfermedad; es un proceso de enfermedad, que requiere un diagnóstico específico y un tratamiento específico.

Analicemos primero lo que se quiere decir literalmente, con la palabra enfermedad: cualquier desviación de la salud con un conjunto específico y progresivo de síntomas identificables en sus víctimas, que pueden reaccionar a formas específicas de tratamiento.

Esta definición no exige la presencia de un virus o un microbio ni de otro agente físico causante en especial; sólo que la víctima de la enfermedad desmejora en una forma reconocible y previsible, exclusiva de esa enfermedad, y que la recuperación puede ser posible después de la aplicación de ciertas intervenciones apropiadas.

No obstante, es un concepto difícil de aplicar para muchos en la profesión médica cuando la enfermedad tiene manifestaciones de conducta en lugar de físicas en sus etapas iniciales y medias. Ésta es una de las razones por las cuales la mayoría de los médicos no reconoce el alcoholismo a menos que la víctima esté en etapas tardías, cuando el deterioro físico es evidente.

Tal vez resulte más difícil aún reconocer como enfermedad al hecho de amar demasiado, porque la adicción no es con una sustancia sino con una persona. Sin embargo, la mayor barrera para reconocerlo como condición patológica que requiere tratamiento es que los médicos, consejeros y todo el resto de nosotros tenemos ciertas creencias muy arraigadas respecto de las mujeres y el amor. Todos tendemos a creer que el sufrimiento es una señal de verdadero amor, que el negarse a sufrir es egoísta, y que si un hombre tiene un problema, entonces una mujer debe ayudarlo a cambiar. Estas actitudes ayudan a perpetuar ambas enfermedades: el alcoholismo y amar demasiado.

Tanto el alcoholismo como amar demasiado son enfermedades sutiles en sus primeras etapas. Cuando se hace evidente que está ocurriendo algo muy destructivo, la tentación es examinar y tratar las manifestaciones físicas —el hígado o el páncreas del alcohólico, los nervios o la alta presión sanguínea de la mujer adicta a las relaciones— sin evaluar con precisión el cuadro entero. Es vital ver a esos «síntomas» en el contexto general de los procesos de enfermedad que los han creado y reconocer la existencia de estas enfermedades

# Adicción al alcohol y su recuperación

LÉASE DE IZQUIERDA A DERECHA

Fuente: Dr. M. M. Glatt. *The British Journal of Addiction* 54.

## La progresión de «amar demasiado» y su recuperación

LÉASE DE IZQUIERDA A DERECHA

Fuente: Adaptado de M. M. Glatt

cuanto antes posible a fin de detener la continua destrucción de la salud emocional y física.

El paralelismo entre la progresión de la enfermedad del alcoholismo y la progresión de la enfermedad de amar demasiado está claramente delineado en los siguientes gráficos. Cada gráfico demuestra cómo la adicción, ya sea a una sustancia que altera la mente o una relación infeliz, a la larga afecta todas las áreas de la vida del adicto en forma progresivamente desastrosa. Los efectos van del área emocional a la física, e involucran no sólo a otros individuos (hijos, vecinos, amigos, compañeros de trabajo) sino que, para la mujer adicta a las relaciones, a menudo incluyen también otros procesos de enfermedad, tales como el comer, robar o trabajar compulsivamente. Los gráficos describen también los procesos paralelos de recuperación para las personas adictas a sustancias químicas y a las relaciones. Cabe mencionar que el gráfico de la progresión y la recuperación de la enfermedad del alcoholismo quizá sea ligeramente más representativo de lo que ocurre cuando el alcohólico es un hombre, y el gráfico sobre la adicción a las relaciones es más representativo del proceso de enfermedad y recuperación de una mujer, y no de un hombre, que ama demasiado. Las variaciones debidas al sexo no son importantes y quizá se las pueda imaginar con facilidad al ver ambos gráficos, pero no está dentro del alcance de este libro analizar esas diferencias en detalle. La cuestión principal aquí es comprender con mayor claridad cómo las mujeres que aman demasiado se enferman y cómo pueden sanar.

Recuerde también que la historia de Margo no estaba basada en el gráfico, como tampoco el gráfico fue construido para reflejar su historia. Ella, con varias parejas, pasó por las mismas etapas progresivas de la enfermedad por las que pasaría otra mujer que ama demasiado con una sola pareja. Si la adicción a las relaciones, o el hecho de amar demasiado, es una enfermedad similar al alcoholismo, entonces sus etapas son igualmente identificables y su progresión es igualmente previsible. El próximo capítulo analizará en detalle el aspecto de recuperación del gráfico, pero ahora concentrémonos brevemente en los sentimientos y conductas descritos en el gráfico, que indican tanto la presencia de la enfermedad de amar demasiado como su progresión hacia abajo.

Tal como lo indica cada historia presentada en este libro, las mujeres que aman demasiado provienen de familias en las cuales estuvieron muy solas y aisladas, o bien fueron rechazadas o sobrecargadas con responsabilidades inapropiadas, y por esa razón se volvieron excesivamente maternales y altruistas; si no, se vieron sujetas a un caos peligroso, de modo que desarrollaron una abrumadora necesidad de controlar a quienes las rodeaban y a las situaciones en que se encontraban. La consecuencia natural de esto es que una mujer que necesita controlar, atender, o ambas cosas, sólo podrá hacerlo con un hombre que al menos le permita —o, más aún, invite— ese tipo de conducta. Es inevitable que ella se involucre con un hombre que es irresponsable en por lo menos algunas áreas importantes de su vida, porque está claro que él necesita su ayuda, su atención y su control. Allí comienza la lucha de esa mujer por tratar de cambiarlo mediante el poder y la persuasión de su amor.

Es en este punto inicial donde se presagia la posterior insania de la relación, cuando ella comience a negar la realidad de esa relación. Recuerde que la negación es un pro ceso inconsciente, que ocurre en forma automática e involuntaria. El sueño que ella tiene sobre cómo podrían ser las cosas y sus esfuerzos por lograr esa meta distorsionan su percepción de cómo son las cosas. Ignora o disipa racionalmente cada decepción, fracaso y traición en la relación. «No es tan malo.» «Tú no entiendes cómo es él en realidad.» «No lo hizo a propósito.» «No es su culpa.» Estas son sólo algunas de las frases hechas que emplea la mujer que ama demasiado a esta altura de su proceso de enfermedad para defender su pareja y su relación.

Al mismo tiempo que ese hombre la decepciona y le falla, ella se vuelve más dependiente de él en lo emocional.

Esto se debe a que ella ya se ha concentrado totalmente en él, en sus problemas, en su bienestar y, lo que quizá sea más importante, en sus sentimientos hacia ella. Mientras sigue tratando de cambiarle, él absorbe la mayor parte de sus energías. Muy pronto ese hombre se convierte en la fuente de todas las cosas buenas en su vida. Si el hecho de estar con él no la hace sentir bien, trata de arreglarlo a él o a sí mismo para que sí lo haga. No busca gratificación emocional en otra parte. Está demasiado ocupada tratando de que la relación funcione. Está segura de que si puede hacerlo feliz él la tratará mejor, y entonces ella también será feliz. En sus esfuerzos por complacer, ella se convierte en celosa guardiana del bienestar de su hombre. Cada vez que él se enfada, ella interpreta esa reacción como su propio fracaso y se siente culpable, por no haber sido capaz de aliviar la infelicidad de él, por no haber podido rectificar las insuficiencias de su hombre. Pero quizá, más que nada, se sienta culpable por ser infeliz ella misma. Su negación le dice que en realidad no hay nada malo en él, entonces toda la culpa debe ser de ella.

En su desesperación, que considera fundada en problemas triviales y quejas sin importancia, comienza a tener una intensa necesidad de discutir las cosas con su pareja. A continuación se producen largas charlas (si él acepta hablar con ella), pero en general no se tratan los verdaderos problemas. Si él está bebiendo demasiado, la negación de la mujer hace que ella no pueda admitirlo, y le ruega que le diga por qué es tan desdichado, dando por sentado que su hábito de beber no es importante pero que la infelicidad sí lo es. Si él le es infiel, ella le pregunta por qué no es suficiente mujer para él, y acepta la situación como su culpa, en lugar de culparlo a él. Y así sucesivamente.

Las cosas empeoran. Pero como el hombre teme que ella se desaliente y se aparte de él, y él necesita su apoyo —emocional, económico, social o práctico—, le dice que está equivocada, que imagina cosas, que la ama y que la situación está mejorando pero que ella es demasiado negativa para notarlo. Y ella le cree, porque necesita tanto creerle. Acepta esa opinión de que ella está exagerando los problemas y se aleja más aún de la realidad.

Él se ha convertido en su barómetro, su radar, su medidor emocional. Y lo observa constantemente. Todos sus sentimientos son generados por el comportamiento de él. Al tiempo que le da el poder de dominarla emocionalmente, interfiere entre él y el mundo. Trata de que él luzca mejor de lo que es y de que ambos parezcan más felices de lo que son. Encuentra explicaciones para cada falla de él, para cada decepción, y mientras oculta la verdad ante el mundo también la oculta ante sí misma. Incapaz de aceptar que él es como es y que sus problemas son de él, no de ella, experimenta una profunda sensación de haber fracasado en todos sus enérgicos intentos de cambiarlo. Su frustración aflora en una erupción de ira y se producen batallas, a veces físicas, que ella inicia en su furia impotente por lo que parece ser un bloqueo deliberado por parte de él para con sus mejores esfuerzos. Tal como una vez excusó cada falla de él, ahora toma todo en forma personal. Siente que es la única que trata de que la relación funcione. Su sentimiento de culpa aumenta mientras se pregunta de dónde viene esa furia en ella y por qué no puede ser suficientemente digna de ser amada para que él quiera cambiar por ella, por los dos.

Cada vez más decidida a provocar en él los cambios que desea, ahora está dispuesta a intentar cualquier cosa.

Intercambian promesas. Ella no lo fastidiará si él no bebe ni vuelve tarde ni le es infiel o lo que sea. Ninguno de los dos es capaz de cumplir con el trato, y ella percibe vaga mente que está perdiendo el control, no sólo sobre él sino también sobre sí misma. No puede dejar de pelear, de regañarlo, de intentar persuadirlo con halagos o con ruegos. Su respeto por sí misma decae en forma vertiginosa.

Es probable que se muden, pensando que los amigos, el trabajo, los familiares, son culpables de sus problemas. Y tal vez las cosas mejoren por un tiempo... pero sólo por un tiempo. Muy pronto, los viejos patrones vuelven a asentarse.

A esta altura, ella ya está tan consumida por esa amarga

batalla que no le queda tiempo ni energías para otra cosa. Si hay hijos, estos sufren una negligencia emocional, si no también física. Las actividades sociales llegan a un punto muerto. Hay demasiada acritud y demasiados secretos que guardar para que una aparición en público sea otra cosa que una ordalía. Y la falta de contacto social sirve para aislar más aún a la mujer que ama demasiado. Ha perdido otro vínculo vital con la realidad. Su relación ha pasado a ser su mundo entero.

Hubo una vez en que la irresponsabilidad y la necesidad de ese hombre la atraían. Era cuando ella estaba segura de que podría cambiarlo, repararlo. Ahora se encuentra llevando sobre sus hombros cargas que le corresponden a él, y mientras siente un profundo resentimiento hacia él por ese cambio de la situación, también se deleita con la sensación de control que eso le da por sobre él, pues es ella quien dispone del dinero de él y quien asume el control total sobre los hijos.

Si usted tiene en mente el gráfico, notará que ya estamos en la llamada «fase crucial», un tiempo de rápido deterioro, primero emocional y luego físico. La mujer que ha estado obsesionada por la relación puede incorporar ahora un desorden alimenticio a sus otros problemas, si es que no lo tiene ya. Buscando recompensarse por todos sus esfuerzos y, además, tratando de sofocar la ira y el resentimiento que bullen en su interior, es probable que empiece a usar la comida como droga tranquilizante. O bien puede descuidar seriamente su alimentación debido a úlceras o a problemas estomacales crónicos, tal vez combinados con una actitud de mártir. («No tengo tiempo para comer.») También es probable que controle su alimentación con rigidez para compensar la sensación de descontrol que experimenta con su vida en general. Puede comenzar el abuso del alcohol o de otras drogas «recreativas» y, con mucha frecuencia, las drogas prescriptas llegan a formar parte de su repertorio para tolerar la insostenible situación en que se encuentra. Los médicos, al no diagnosticar en forma apropiada su alteración progresiva, pueden exacerbar su condición ofreciéndole tranquilizantes para sofocar la ansiedad generada por su situación en la vida y su actitud hacia la misma. Ofrecer esa clase de drogas potencialmente muy adictivas a una mujer que atraviesa tales circunstancias es como ofrecerle un trago fuerte de ginebra. Tanto la ginebra como un tranquilizante mitigarán el dolor en forma temporaria, pero su uso puede crear más problemas aún, sin solucionar ninguno.

Es inevitable que, cuando una mujer llegue a esta altura de la progresión de su enfermedad, aparezcan problemas físicos además de los emocionales. Pueden manifestarse cualquiera de las alteraciones provocadas por la exposición a una tensión severa y prolongada. Como notamos antes, puede desarrollarse una dependencia a la comida, al alcohol o a otras drogas. Puede haber también problemas digestivos y/o úlceras, además de todo tipo de problemas en la piel, alergias, alta presión sanguínea, tics nerviosos, insomnio y constipación o diarrea, o ambas cosas alternadamente. Pueden empezar periodos depresivos o si, como sucede tan a menudo, la depresión ya ha sido un problema, los episodios ahora pueden prolongarse y profundizarse en forma alarmante.

A esta altura, cuando el cuerpo comienza a quebrantarse debido a los efectos de la tensión, entramos en la fase crónica. Es posible que el sello distintivo de la fase crónica sea el hecho de que a esta altura el pensamiento se ha afectado tanto que a la mujer le cuesta evaluar su situación con objetividad. Hay una insania gradualmente progresiva implícita en el hecho de amar demasiado, y en esta etapa la insania está en pleno florecimiento. Ahora la mujer es totalmente incapaz de ver cuáles son sus alternativas desde el punto de vista de la vida que lleva. Gran parte de lo que hace es en reacción a su pareja, inclusive las aventuras amorosas, la obsesión con el trabajo o con otros intereses, o la devoción a «causas» en las que nuevamente trata de ayudar/ controlar la vida y la situación de quienes la rodean. Es triste, pero incluso el hecho de que busque personas e intereses fuera de la relación ya forma parte de su obsesión.

Ha llegado a sentir una tremenda envidia por la gente que no tiene sus problemas, y cada vez más se encuentra descargando sus frustraciones en quienes la rodean, mediante ataques cada vez más violentos a su pareja e incluso, a veces, a sus hijos. A esta altura, a modo de intento supremo de controlar a su pareja mediante la culpabilidad, puede amenazar o llegar a intentar suicidarse. Huelga decir que ella y todos los que la rodean ya están enfermos, muy enfermos, principalmente en lo emocional y a menudo también en lo físico.

Resulta ilustrativo considerar por un momento la manera en que se vería afectada una criatura cuya madre padece la enfermedad de amar demasiado. Muchas de las mujeres que protagonizaron las historias que usted ya ha leído aquí crecieron en esas condiciones.

Cuando la mujer que ha comenzado amando demasiado al fin se da cuenta de que lo ha probado todo para cambiar a su hombre y que sus mejores esfuerzos han fallado, tal vez pueda ver que debe buscar ayuda. Por lo general, esa ayuda implica recurrir a otra persona, quizás a un profesional, en otro intento de cambiar a su hombre. Es crucial que la persona a quien ella recurra la ayude a reconocer que ella es quien debe cambiar, que su recuperación debe empezar por ella misma.

Esto es muy importante, porque amar demasiado es una enfermedad progresiva, como ya quedó tan claramente demostrado. Una mujer como Margo va camino a la muerte. Quizá la muerte llegue por una alteración relacionada con el estrés, como, por ejemplo, una insuficiencia cardíaca o un ataque de apoplejía, o algún otro problema físico causado o exacerbado por el stress. O bien ella puede morir por la violencia que ha llegado a formar parte tan grande de su vida, o quizás en un accidente que no habría ocurrido de no haber estado distraída por su obsesión. Puede morir muy rápidamente o pasar muchos años en un deterioro progresivo. Sea cual fuere la causa aparente de la muerte, quiero reiterar que amar demasiado puede matar.

Ahora volvamos a Margo, desalentada por el estado de su vida y, al menos por el momento, buscando ayuda tentativamente. En realidad, Margo tiene sólo dos alternativas. Necesita que se las delineen con claridad y luego elegir entre ambas.

Puede seguir buscando el hombre perfecto para ella. Dada su predilección por los hombres hostiles y poco dignos de confianza, será inevitable que la atraigan más sujetos de la misma clase que ya conoció. O bien puede iniciar la tarea muy difícil y exigente de llevar a su conciencia sus patrones dañinos de relación, y al mismo tiempo escrutar con objetividad los ingredientes que han contribuido á la «atracción» entre ella y diversos hombres. Puede seguir buscando fuera de sí misma el hombre que la haga feliz, o bien puede comenzar el proceso lento y concienzudo (pero a la larga mucho más gratificante) de aprender a quererse y cuidarse con la ayuda y el apoyo de sus iguales.

Es triste, pero la vasta mayoría de las mujeres como Margo elegirán continuar practicando su adicción, buscando al hombre mágico que las haga felices, o tratando sin cesar de controlar y mejorar al hombre con quien están.

Parece mucho más fácil y resulta mucho más conocido el hecho de seguir buscando una fuente de felicidad fuera de sí misma que practicar la disciplina que se requiere para construir los recursos interiores propios, aprender a llenar el vacío desde dentro más que desde fuera. Pero para aquellas que son lo suficientemente sensatas, que están lo bastante cansadas o desesperadas como para sentir más deseos de curarse que de reparar al hombre con quien están o encontrar uno nuevo, para aquellas que sí desean cambiar, a continuación están los pasos a seguir para la recuperación.

## 10

# El camino hacia la recuperación

*Si un individuo es capaz de amar productivamente, también se ama a sí mismo; si sólo sabe amar a los demás, no sabe amar en absoluto.*

Erich Fromm, *El Arte de Amar.*

Después de leer estas páginas sobre tantas mujeres que se parecen tanto en su forma infeliz de relacionarse, quizás usted ya crea que eso es una enfermedad. ¿Cuál es, entonces, el tratamiento apropiado? ¿Cómo puede recuperarse una mujer atrapada en esa enfermedad? ¿Cómo hace para dejar atrás esa serie interminable de luchas con «él» y aprender a emplear sus energías en la creación de una existencia rica y plena para sí misma? ¿Y en qué difiere de las muchas mujeres que no se recuperan, que nunca logran desembarazarse del lodazal y la desdicha de las relaciones insatisfactorias?

No es, por cierto, la gravedad de sus problemas lo que determina si una mujer se recuperará o no. Antes de la recuperación, las mujeres que aman demasiado se parecen mucho en carácter, a pesar de los detalles específicos de sus circunstancias actuales o de sus historias pasadas. Pero una mujer que ha vencido a su patrón de amar demasiado es profundamente distinta de quien era y de lo que era antes de la recuperación.

Tal vez, hasta ahora, haya sido la suerte o el destino los que determinaron cuáles de esas mujeres encontrarían su camino v cuáles no. Sin embargo, yo he observado que todas las mujeres que se recuperan a la larga han tomado medidas para hacerlo. Mediante un método de tanteo y a menudo sin pautas con qué guiarse, ellas siguieron, a pesar de todo, una y otra vez, el programa de recuperación que bosquejaré para usted. Más aun, en mi experiencia personal y profesional, jamás he visto una mujer que siguiera estos pasos y no se recuperara, y jamás he visto una mujer recuperarse sin haber seguido estos pasos. Si esto parece una garantía, lo es. Las mujeres que sigan estos pasos se curarán.

Los pasos son sencillos, pero no fáciles. Todos son igualmente importantes y aparecen en la lista en el orden cronológico más típico.

1. Busque ayuda.
2. Haga que su recuperación sea la primera prioridad en su vida.
3. Busque un grupo de apoyo integrado por pares que le entiendan.
4. Desarrolle su lado espiritual mediante la práctica diaria.
5. Deje de manejar y controlar a los demás.
6. Aprenda a no «engancharse» en los juegos.
7. Enfrente con coraje sus propios problemas y defectos.
8. Cultive lo que necesite desarrollar en usted misma.
9. Vuélvase «egoísta».
10. Comparta con otros lo que ha experimentado y aprendido.

Uno por uno, analizaremos qué significa cada uno de estos pasos, qué requiere, por qué es necesario y cuáles son sus implicaciones.

### 1. Busque ayuda

*Qué significa*

El primer paso en la búsqueda de ayuda puede implicar desde la consulta de un libro pertinente en la biblioteca (lo cual puede requerir una enorme cantidad de coraje; ¡una se siente como si todo el mundo estuviera mirando!) hasta concertar una cita con un terapeuta. Puede significar una llamada anónima a una línea de emergencia para hablar de lo que usted siempre se esforzó tanto por mantener en secreto, o ponerse en contacto con una agencia de su comunidad que se especialice en la clase de problemas que usted enfrenta, ya sea coalcoholismo, una historia de incesto, una pareja que la golpea, o lo que sea. Puede significar averiguar dónde se reúne un grupo de autoayuda y reunir el coraje para asistir, o recibir una clase a través de la educación para adultos, o ir a un centro de asesoramiento que se ocupe de su tipo de problemas. Incluso puede significar llamar a la policía. Básicamente, buscar ayuda significa hacer algo, dar el primer paso, extender la mano. Es muy importante entender que buscar ayuda no significa amenazar a su pareja con el hecho de que usted está pensando en hacerlo. Un movimiento así, por lo general, es un intento de chantajearlo para que se corrija de modo que usted no tenga que exponerlo públicamente como la pésima persona que es. Déjelo fuera del asunto. De otro modo, buscar ayuda (o amenazar con hacerlo) será apenas un intento más de manejarlo y controlarlo. Trate de recordar que está haciendo esto por usted.

*Qué requiere el hecho de buscar ayuda*

Para buscar ayuda usted debe abandonar al menos en forma temporaria, la idea de que puede arreglárselas sola. Debe enfrentar la realidad de que, con el tiempo, las cosas empeoraron en su vida en lugar de mejorar y comprender que, a pesar de sus mejores esfuerzos, usted no es capaz de resolver el problema. Eso significa que debe sincerarse consigo misma sobre su verdadera situación. Lamentablemente, esta sinceridad sólo nos llega cuando la vida nos ha dado un golpe o una serie de golpes tan grandes que hemos caído de rodillas y jadeando. Como en general esa es una situación temporaria, en cuanto podemos volver a funcionar tratamos de reanudar donde habíamos interrumpido: siendo fuertes, manejando, controlando y haciéndolo todo solas. No se conforme con el alivio temporario. Si empieza leyendo un libro, entonces necesita dar el paso siguiente, que tal vez sea ponerse en contacto con algunas de las fuentes de ayuda que ese libro recomienda.

Si concierta una cita con un profesional, averigüe si esa persona entiende la dinámica de su problema en particular. Si, por ejemplo, usted ha sido víctima de un incesto, alguien que no tenga entrenamiento especial ni sea experto en esa área no le será útil como alguien que conozca aquello por lo que usted ha pasado y cómo puede haberla afectado.

Vea a alguien que sea capaz de formular preguntas sobre la historia de su familia similares a las planteadas en este libro. Es probable que usted desee saber si su potencial terapeuta está de acuerdo con la premisa de que amar demasiado es una enfermedad progresiva y acepta el tratamiento esbozado aquí.

Mi fuerte inclinación personal es que las mujeres deben tener a consejeras mujeres. Nosotras compartimos la experiencia básica de lo que es ser mujer en esta sociedad, y eso crea una profundidad especial de comprensión.

Además, podemos evitar los juegos de hombre-mujer casi inevitables que podríamos vernos tentadas a jugar con un terapeuta hombre o que, lamentablemente, él podría verse tentado a jugar con nosotras.

Pero el hecho de consultar a una mujer no basta. Esa mujer también debe tener conciencia de los métodos más efectivos de tratamiento, según los factores que estén presentes en su historia, y estar dispuesta a derivarla a un grupo de apoyo apropiado, o más aun, a hacer que la participación en tal grupo sea un elemento obligatorio del tratamiento.

Por ejemplo, yo no asesoro a alguien que es coalcohólico a menos que ingrese a los grupos de familiares de alcohólicos. Si después de varias visitas se muestra renuente a hacerlo, llego a un acuerdo con ella de que sólo volveré a atenderla si decide hacerlo, pero no de otro modo. Mi experiencia me ha enseñado que sin participar en esos grupos, los coalcohólicos no se recuperan. En cambio, repiten sus patrones de conducta y continúan con sus formas alteradas de pensar, y la terapia sola no basta para cambiar eso. Sin embargo, con la terapia y dichos grupos de apoyo, la recuperación se produce con mayor rapidez; estos dos aspectos del tratamiento se complementan muy bien.

Su terapeuta también debe requerirle que usted ingrese a un grupo de autoayuda que sea apropiado para usted. De otro modo, es posible que ella le permita quejarse de su situación sin requerir que usted haga todo lo que pueda para ayudarse.

Una vez que encuentre una buena terapeuta, debe permanecer con ella y seguir sus recomendaciones. Nadie cambió nunca un patrón de toda la vida solamente con una o dos visitas a un profesional.

Buscar ayuda puede requerir gastar dinero, o no. No hay correlación entre el terapeuta más caro y el tratamiento más eficaz. Lo que usted busca es alguien que tenga experiencia y pericia, y que sea una persona con la que usted se sienta cómoda. Confíe en sus propios sentimientos y esté dispuesta a ver a varios terapeutas, si es necesario, hasta poder encontrar al más adecuado para usted.

No es imprescindible que usted inicie específicamente la terapia para recuperarse. De hecho, ver a un terapeuta que no es el apropiado puede hacer más daño que bien. Pero alguien que entienda el proceso de enfermedad que implica el amar demasiado puede ser una ayuda inapreciable para usted.

Buscar ayuda no requiere que usted esté dispuesta a poner fin a su relación, si la tiene. Tampoco es necesario que lo haga en ningún punto del proceso de recuperación. A medida que siga estos pasos, del uno al diez, la relación se encargará de sí misma. Cuando las mujeres vienen a verme, a menudo quieren dejar su relación antes de estar listas, lo cual significa que volverán o bien empezarán una nueva e igualmente infeliz. Si siguen estos diez pasos, cambia su perspectiva de quedarse o marcharse. Estar con él deja de ser El Problema, y abandonarle deja de ser La Solución. En cambio, la relación se convierte en una de las muchas cosas a tener en cuenta en el cuadro general de su manera de vivir.

### *Por qué es necesario buscar ayuda*

Es necesario porque usted ya se ha esforzado mucho y, a la larga, ninguno de sus mejores esfuerzos ha dado resultado. Si bien pueden haberle dado ocasionalmente alivio temporario, el cuadro general muestra un deterioro progresivo. Aquí la parte engañosa es que usted tal vez no se dé cuenta de lo mal que se ha puesto la situación porque, sin duda, tiene un alto grado de negación funcionando en su vida. Ésa es la naturaleza de la enfermedad. Por ejemplo, mis pacientes me han dicho incontables veces que sus hijos no saben que algo anda mal en casa, o que sus hijos no se despiertan con las peleas nocturnas. Éste es un ejemplo muy común de la negación autoprotectora. Si estas mujeres enfrentaran el hecho de que sus hijos están sufriendo de verdad, se verían abrumadas por la culpa y los remordimientos. Por otro lado, su negación les hace muy difícil ver la gravedad del problema y buscar la ayuda necesaria.

Dé por sentado que su situación es peor de lo que usted se permite admitir actualmente, y que su enfermedad está avanzando. Comprenda que necesita tratamiento adecuado, que no puede hacerlo sola.

### *Qué implica buscar ayuda*

Una de las implicaciones más temidas es que la relación, si la hay, pueda terminar. De ninguna manera es necesariamente verdad, aunque, si usted siguiera estos pasos, le garantizo que la relación mejoraría o terminaría. Ni la relación ni usted serían las mismas.

Otra implicación temida es desvelar el secreto. Una vez que una mujer ha buscado ayuda con sinceridad, rara vez se arrepiente de haberlo hecho, pero el miedo previo puede ser monumental. Ya sea que los problemas que vive una mujer dada, sean desagradables e inconvenientes o gravemente dañinos o incluso constituyan una amenaza para su vida, ella puede decidir buscar ayuda o no. Es la magnitud de su miedo, y a veces también de su orgullo, lo que determina si buscará ayuda, y no la gravedad de sus problemas.

Para muchas mujeres, buscar ayuda ni siquiera parece una alternativa; hacerlo les parece correr un riesgo innecesario en una situación ya precaria. «No quería que él se enfadara» es la respuesta clásica de la mujer golpeada cuando se le pregunta por qué no llamó a la policía. Un profundo miedo de empeorar las cosas, irónicamente, la convicción de que aún puede controlar la situación de alguna manera evitan que recurra a las autoridades, o a otros que podrían ayudarla. Esto también se da en una escala menos dramática. Es posible que una esposa frustrada no quiera agitar cosas porque la fría indiferencia de su esposo «no es tan mala». Se dice a sí misma que básicamente es un buen hombre, que no tiene muchas de las características indeseables que ella ve en los maridos de sus amigas, y por eso tolera una vida sexual inexistente, la actitud desalentadora de su esposo hacia cada entusiasmo suyo, o su concentración en los deportes durante todo el tiempo que están juntos. Eso no es tolerancia por parte de ella. Es falta de confianza en el hecho de que la relación pueda sobrevivir a su renuencia a seguir esperando pacientemente la atención de él, que nunca llega y es, más precisamente aún, una falta de convicción de que ella merezca más felicidad de la que tiene. Éste es un concepto clave en la recuperación. ¿Usted merece algo mejor que sus circunstancias actuales? ¿Qué está dispuesta a hacer para mejorar su propia situación? Comience por el principio, y busque ayuda.

## 2. Haga que su recuperación sea su primera prioridad

*Qué significa*

Hacer que su recuperación sea su primera prioridad significa decidir que, no importa lo que se requiera, usted está dispuesta a seguir esos pasos para ayudarse. Ahora bien, si eso le parece extremo, piense un momento hasta qué extremos estaría dispuesta a llegar para hacerlo cambiar a él, para ayudarlo a él a recuperarse. Entonces desvíe la fuerza de esa energía hacia usted misma. Aquí la fórmula mágica es que, si bien todo su trabajo y todos sus esfuerzos no pueden cambiarlo a él, usted sí puede, con el mismo gasto de energías, cambiarse a sí misma. Entonces, use su poder donde pueda surtir efecto: ¡en su propia vida!

*Qué requiere hacer que su recuperación sea su primera prioridad.*

Requiere un compromiso total con usted misma. Quizás esta sea la primera vez en su vida que usted se ve como alguien realmente importante, realmente digno de su propia atención y su propio cuidado. Tal vez le resulte muy difícil hacerlo, pero si cumple con los procedimientos de asistir a las consultas, participar en un grupo de apoyo, etc., eso la ayudará a aprender a valorar y promover su propio bienestar. Entonces, por un tiempo, hágase ver, y empezará el proceso de curación. Pronto se sentirá tanto mejor que querrá continuar.

Para colaborar en el proceso, esté dispuesta a educarse sobre su problema. Si usted creció en una familia alcohólica, por ejemplo, lea libros sobre el tema. Vaya a conferencias pertinentes al tema y averigüe lo que se sabe sobre los efectos de esa experiencia en la vida posterior. Será algo incómodo y a veces hasta doloroso exponerse a esa información, pero no tan incómodo como el continuar viviendo sus patrones sin ninguna comprensión de la forma en que su pasado la controla. Con la comprensión viene la oportunidad de elegir, de modo que cuanto mayor sea la comprensión, mayor será su libertad para elegir.

Se requiere también la voluntad de continuar invirtiendo tiempo y quizá también dinero para curarse. Si usted se resiste a invertir tiempo y dinero en su recuperación, si le parece un gasto inútil, considere cuánto tiempo y dinero ha gastado tratando de evitar el dolor, ya sea por mantener su relación o por llevarla a su fin. Bebiendo, usando drogas, comiendo demasiado, haciendo viajes para huir de todo, teniendo que reponer cosas (de él o suyas) que rompió en sus ataques de furia, faltando al trabajo, haciendo costosas llamadas de larga distancia a él o alguien que usted espera que entienda, comprándole regalos a modo de compensación, comprando regalos para usted misma para ayudarse a olvidar, pasando días y noches llorando por él, descuidando su salud hasta el punto de enfermar de gravedad... la lista de formas en las que usted ha invertido tiempo y dinero para mantenerse enferma quizá sea lo suficientemente larga como para hacerla sentir muy incómoda si la mira con honestidad. La recuperación requiere que usted esté dispuesta a invertir, por lo menos, eso mismo para curarse. Y como inversión, tiene la garantía de que le dará ganancias considerables.

El compromiso total con su recuperación también requiere que usted reduzca severamente o suspenda del todo el consumo del alcohol o de otras drogas durante el proceso terapéutico. El uso de sustancias que alteran la mente durante dicho proceso le impedirá experimentar totalmente las emociones que aflorarán en usted, y solamente experimentándolas en profundidad podrá obtener la curación que proviene de la liberación de esas emociones. El malestar y el miedo que le produzcan esos sentimientos pueden llevarla a intentar apagarlos de una manera u otra (incluso utilizando la comida como droga), pero es importante que no lo haga. La mayor parte del «trabajo» de terapia ocurre durante las horas en que usted no está en el grupo ni en sesión. Mi experiencia con los pacientes es que cualquier conexión que se haga durante las sesiones de terapia o entre ellas, tiene valor duradero sólo si la mente se halla inalterada al procesar ese material.

*Por qué es necesario hacer que su recuperación sea su primera prioridad*

Es necesario porque, si no lo hace, usted nunca tendrá tiempo de curarse. Estará demasiado ocupada haciendo todas las cosas que la mantienen enferma. De la misma manera en que el aprendizaje de un nuevo idioma a menudo requiere una exposición repetida a nuevos sonidos y estructuras que se contradicen con las formas ya conocidas de hablar y de pensar, y no puede ser entendido en absoluto si esa exposición es infrecuente o esporádica, lo mismo sucede con la recuperación. Un gesto ocasional y no muy decidido de hacer algo por usted misma no bastará para afectar sus formas arraigadas de pensar, sentir y relacionarse. A través del hábito exclusivamente, se reafirmarían sin un trabajo correctivo.

Para contribuir a ponerlo en perspectiva, considere los extremos a los que llegaría usted si tuviera cáncer y alguien le ofreciera una esperanza de recuperación. Esté dispuesta a llegar a esos extremos para recuperarse de esta enfermedad, que destruye la calidad de la vida y, posiblemente, la vida misma.

Sus citas con el terapeuta o su tiempo con el grupo están en primer lugar. Son más importantes que:

- una invitación a almorzar o cenar con el hombre de su vida;
- encontrarse con su hombre para hablar de la situación;
- evitar sus críticas o su ira;
- hacerlo (a él o a cualquier otro) feliz; obtener su aprobación (de él o de cualquier otro);
- hacer un viaje para huir de todo por un tiempo (para poder volver y seguir soportando lo mismo).

## 3. Busque un grupo de apoyo integrado por pares que la entiendan

*Qué significa*

Encontrar un grupo de apoyo integrado por pares que comprendan puede requerir cierto esfuerzo. Si el grupo específico que mejor se adapta a sus necesidades no existe en su comunidad, busque un grupo de apoyo en el que las mujeres traten sus problemas de dependencia emocional con respecto a los hombres, o inicie su propio grupo. En el Apéndice encontrará pautas para formar su propio grupo.

Un grupo de apoyo de personas iguales no es una reunión no estructurada de mujeres que hablan de todas las cosas horribles que les han hecho los hombres, ni sobre las malas pasadas que les ha hecho la vida. Un grupo es un lugar donde trabajar para su propia recuperación. Es importante hablar de traumas pasados, pero si descubre que usted u otras mujeres relatan largas historias con muchos «él dijo... y entonces yo le dije...», es probable que esté en la senda equivocada, y quizá también en el grupo equivocado. La empatía sola no provocará la recuperación. Un buen grupo de apoyo se dedica a ayudar a mejorar a todas las que asisten e inclusive a algunos miembros que han logrado cierto grado de recuperación y que pueden compartir con las recién llegadas los principios por los cuales lo lograron.

*Qué requiere un grupo de apoyo*

Se le pedirá que asuma un compromiso con usted misma y con el grupo y que asista a un mínimo de seis reuniones antes de decidir que no tiene nada que ofrecerle. Esto es necesario porque es el tiempo que se tarda en empezar a sentirse parte del grupo, en aprender la jerga, si existe, y en comenzar a entender el proceso de recuperación.

Será necesario asistir con regularidad. Si bien es importante para las demás que usted esté allí, su asistencia es para su propio beneficio. A fin de recibir lo que el grupo tiene para ofrecer, usted debe presentarse.

Lo ideal es que usted llegue a sentir cierto nivel de confianza, pero aun cuando eso no sea algo que usted pueda todavía dominar, sí puede ser sincera. Hable de su falta de confianza para con la gente en general, con el grupo, con el proceso; irónicamente, su confianza comenzará a aumentar.

*Por qué es necesario un grupo de apoyo de iguales*

A medida que las demás mujeres compartan sus historias, usted podrá identificarse con ellas y con sus experiencias. Ellas le ayudarán a recordar aquello que usted ha bloqueado fuera de su conciencia, tanto hechos como sentimientos. Se pondrá más en contacto con usted misma.

Al descubrir que se identifica con las demás y las acepta a pesar de sus defectos y sus secretos, usted podrá aceptar más esas características y sentimientos en usted misma. Éste es el comienzo del desarrollo de la autoaceptación, que es un requisito absolutamente vital para la recuperación.

Cuando esté lista, compartirá algunas de sus propias experiencias, y al hacerlo se volverá más honesta y menos sigilosa y temerosa. Al aceptar el grupo lo que ha sido tan inaceptable para usted, su autoaceptación aumentará.

Verá a otras mujeres utilizando en su vida técnicas que dan resultado, y usted también podrá probarlas. Verá también personas que intentan cosas que no dan resultado, y podrá aprender de sus errores.

Junto con toda la empatía y la experiencia compartida que proporciona un grupo, hay un elemento de humor que también es vital para la recuperación. Las sonrisas comprensivas al reconocer un intento más de manejar a alguien, los aplausos felices cuando alguien ha logrado superar un obstáculo importante, las risas por las idiosincrasias compartidas, todo eso es verdaderamente curativo.

Usted comenzará a sentir que pertenece a ese grupo. Esto tiene una importancia crítica para cualquiera que provenga de una familia disfuncional, puesto que esa experiencia produce intensas sensaciones de aislamiento. El hecho de estar con otros que entienden su experiencia y la comparten produce una sensación de seguridad y bienestar que usted necesita.

### *Qué implica encontrar un grupo de apoyo de iguales e ingresar a él*

El secreto se devela. Claro que no todos lo saben, pero algunas personas sí. Usted acude a grupos de familiares de alcohólicos y hay una suposición tácita de que alguna vez, en algún lugar, usted se vio afectada por el alcoholismo.

El miedo de que otros lo sepan evita que mucha gente obtenga la ayuda que podría salvarles la vida y las relaciones.

Recuerde que en cualquier grupo de apoyo válido su asistencia y lo que se discute allí nunca sale del grupo. Se respeta y protege su privacidad. De no ser así, es necesario encontrar un grupo donde sí lo sea.

Por otro lado, el hecho de ir una sola vez significa que los demás saben que usted tiene un problema. Es de esperar que, a esta altura del libro, usted pueda ver que el hecho de contárselo a algunas personas, especialmente cuando ellas también comparten su problema, es una forma de salir de su doloroso aislamiento.

## 4. Desarrolle su espiritualidad con la practica diaria

### *Qué significa*

Bueno, significa distintas cosas para las distintas personas. Para algunas de ustedes, la idea en sí resulta de inmediato repelente, y quizás usted se esté preguntando si puede saltear este paso. No quiere saber nada de ese asunto de «Dios». Para usted, tales creencias son inmaduras e ingenuas, y usted es demasiado sofisticada para tomarlas en serio.

Otras tal vez ya estén rezando con decisión a un Dios que no parece escucharlas. Les han dicho lo que está mal y lo que necesitan componer y aun así se sienten muy mal. O quizá han rezado tanto durante tanto tiempo sin obtener resultados visibles que se han enfadado, se han dado por vencidas, o se sienten traicionadas y se preguntan qué cosa terrible han hecho para merecer ese castigo.

Tenga usted o no una creencia en Dios —y, si la tiene, hable con él o no—, igualmente puede practicar este paso. Desarrollar su espiritualidad puede significar en gran medida seguir el camino que usted elija. Aun cuando usted sea ciento por ciento atea, tal vez le produzca placer y solaz una caminata tranquila, o contemplar una puesta de sol o algún aspecto de la naturaleza. Este paso incluye cualquier cosa que la lleve más allá de sí misma, hasta una perspectiva más amplia de las cosas. Averigüe qué es lo que le da paz y serenidad y dedique un poco de tiempo, al menos media hora diaria, a esa práctica. Por angustiantes que sean sus circunstancias, esta disciplina puede traerle alivio e incluso consuelo.

Si usted aún no está convencida de que haya un poder superior en el universo, quizá le interese actuar como si creyera en él, aunque no sea así. El hecho de empezar a adjudicar aquello que usted no puede manejar a un poder mayor que usted puede traerle un enorme alivio. O bien, si eso la hace sentir obligada a hacer algo que usted no desea hacer, ¿qué le parece usar a su grupo de apoyo como poder superior? Sin duda hay más fuerza en el grupo que la que pueda tener cualquiera de ustedes por separado. Permítame usar al grupo en conjunto como fuente de fuerza y apoyo, o comprométase a ponerse en contacto con un miembro individual para que la ayude cuando llega un momento difícil. Sepa que ya no está sola.

Si usted tiene una fe activa, si la ejerce con regularidad y reza con frecuencia, desarrollar su espiritualidad puede significar confiar en que lo que está ocurriendo en su vida tiene su propia razón y sus propios resultados, y que Dios está a cargo de su pareja, no usted. Tómese un tiempo de tranquilidad para meditar y rezar, y para pedir consejo sobre la forma de vivir su propia vida al tiempo que deja que los demás vivan la suya.

Desarrollar su espiritualidad, sea cual fuere su orientación religiosa, básicamente significa abandonar la obstinación, la decisión de hacer que las cosas sucedan como creemos que deben suceder. En cambio, usted debe aceptar el hecho de que quizá no sepa lo que es mejor en una situación dada para usted misma o para otra persona. Es posible que haya resultados y soluciones que usted nunca tuvo en cuenta, o quizá los que usted más temió y trató de evitar sean exactamente lo que se necesita para que las cosas comiencen a mejorar. Obstinación significa creer que usted sola tiene todas las respuestas. Abandonar la obstinación significa estar dispuesta a permanecer quieta, a abrirse, y a esperar asesoramiento para usted misma. Significa aprender a deshacerse del miedo (todos los «¿y si...?») y la desesperación (todos los «si tan sólo...») y reemplazarlos con declaraciones y pensamientos positivos sobre su vida.

### *Qué requiere el desarrollo de su espiritualidad*

Requiere voluntad, no fe. A menudo con la voluntad viene la fe. Si usted no quiere fe, es probable que no la consiga, pero aun así puede encontrar más serenidad que nunca.

Desarrollar su espiritualidad también requiere que usted use afirmaciones para vencer viejos patrones de pensar y sentir, y para reemplazar viejos sistemas de creencias. Crea usted o no en un poder superior, las afirmaciones pueden cambiarle la vida. Utilice algunas de las que aparecen en el Apéndice 2, o mejor aún, invéntelas usted misma. Haga que sean totalmente positivas y repítalas en silencio, o en voz alta si es posible, cada vez que pueda. Sólo para ayudarla a empezar, aquí va una: «Ya no sufro. Mi vida está llena de alegría, prosperidad y plenitud».

### *Por qué es necesario desarrollar su espiritualidad*

Sin desarrollo espiritual, es casi imposible dejar de dirigir y controlar, y llegar a creer que todo saldrá como debe.

La práctica individual la tranquiliza, y ayuda a cambiar su perspectiva de víctima por la de verse elevada.

Es una fuente de fortaleza en las crisis. Cuando los sentimientos o las circunstancias son abrumadores, usted necesita recurrir a algo más grande que usted misma.

Sin desarrollo espiritual, es casi imposible abandonar la

obstinación, y sin abandonar la obstinación usted no podrá dar el siguiente paso. No podrá dejar de manejar y controlar al hombre de su vida porque seguirá creyendo que es su deber hacerlo. No podrá ceder el control de la vida de él a una fuerza más elevada que usted misma.

*Qué implica desarrollar su espiritualidad*

Usted queda liberada de la abrumadora responsabilidad de componerlo todo, de controlar al hombre de su vida y de evitar los desastres.

Usted tiene herramientas para encontrar alivio que no requieren que usted manipule a nadie para que haga o sea lo que usted desee. Nadie tiene por qué cambiar para que usted se sienta bien. Como usted tendrá acceso al consuelo espiritual, su vida y su felicidad estarán más bajo su control y menos vulnerables a las acciones de los demás.

### 5. Deje de dirigirle y de controlarlo

*Qué significa*

Dejar de dirigirle y controlarlo significa no ayudarlo ni aconsejarlo. Supongamos que este otro adulto a quien usted está ayudando y aconsejando tiene tanta capacidad como usted para encontrar un empleo, un apartamento, un terapeuta, una reunión de A.A., o cualquier otra cosa que necesite. Quizá no tenga tanta motivación como usted para encontrar esas cosas para sí mismo, o para solucionar sus propios problemas. Pero cuando usted trata de solucionarle sus problemas, él queda liberado de su propia responsabilidad por su propia vida. Entonces usted queda a cargo del bienestar de él, y cuando sus esfuerzos fallan, él la culpará a usted.

Permítame darle un ejemplo de cómo funciona esto. Con frecuencia recibí llamadas de esposas y novias que desean concertar una cita para su pareja. Yo siempre insisto en que sean los hombres quienes concierten la cita. Si la persona que se supone será el paciente no tiene suficiente motivación para elegir su propio terapeuta y concertar su propia cita, ¿cómo espera estar motivado para seguir en terapia y trabajar por su propia recuperación? Antes, en mi carrera de terapeuta, yo solía aceptar esas citas, pero después siempre recibía otra llamada de la esposa o novia para decirme que él había cambiado de idea respecto de consultar a alguien, o que no quería ver a una mujer terapeuta, o que quería ver a alguien con distintas credenciales. Entonces esas mujeres me preguntaban si podía recomendarles a otro profesional a quien pudieran llamar para concertar otra cita para él. Aprendí a no aceptar nunca citas concertadas por alguien que no fuera el paciente y a pedir a esas esposas y novias que vinieran a verme por ellas mismas.

No dirigirle ni controlarlo también significa salirse del papel de alentarlo y elogiarlo. Es probable que usted haya utilizado esos métodos para tratar de que él hiciera lo que usted quería, y eso significa que se han convertido en herramientas para manipularle. El elogio y el aliento están muy cerca de la presión, y cuando usted hace eso nuevamente está tratando de controlar la vida de él. Piense por qué usted alaba algo que él ha hecho. ¿Lo hace para ayudar a elevar su amor propio? Eso es manipulación. ¿Lo hace para que él continúe con la conducta que usted está elogiando? Eso es manipulación. ¿Lo hace para que él sepa lo orgullosa que está? Eso puede ser una carga pesada para él. Deje que él desarrolle su propio orgullo a partir de sus propios logros. De otro modo, se acercará peligrosamente a un papel de madre para con él. Él no necesita otra madre (¡por mala que haya sido su madre!) y, lo que es más pertinente: usted no necesita que él sea su hijo.

Significa dejar de observarlo. Preste menos atención a lo que él está haciendo y más atención a su propia vida. A veces, cuando usted comience a abandonar estas conductas, su pareja «elevará su apuesta inicial», por así decirlo, para que usted siga observándolo y sintiéndose responsable por el resultado. De pronto, las cosas pueden ir de mal en peor para él. ¡Deje que así sea! Él debe solucionar sus propios problemas, no usted. Deje que él asuma toda la responsabilidad por sus problemas y todo el crédito por sus soluciones. Manténgase afuera. (Si usted está ocupada con su propia vida y practicando su propio desarrollo espiritual, le resultará más fácil apartar los ojos de él.)

Significa desprenderse. Para eso es necesario que usted desembarace su ego de los sentimientos de él y, especialmente, de sus acciones y los resultados de las mismas. Es necesario que usted le permita ocuparse de las consecuencias de su conducta, que no lo salve de su dolor. Puede continuar queriéndolo, pero no le cuide. Permítale encontrar su propio camino, tal como usted está tratando de encontrar el suyo.

### *Qué requiere dejar de dirigirle y controlarlo*

Requiere aprender a no decir ni hacer nada. Ésta es una de las tareas más difíciles que usted enfrentará en la recuperación. Cuando la vida de él es inmanejable, cuando todo en usted quiere hacerse cargo, aconsejarle y alentarle, manipular la situación de cualquier manera que usted pueda, debe aprender a estarse quieta, a respetar a esa otra persona lo suficiente para permitir que la lucha sea de él, no de usted.

Requiere enfrentar sus propios miedos con respecto a lo que podría pasarle a él y a su relación si usted deja de dirigirlo todo, y luego se esfuerza por eliminar esos miedos en lugar de manipularle a él.

Requiere que usted use su práctica espiritual para sostenerse cuando se asuste. Su desarrollo espiritual cobra especial importancia cuando usted aprende a dejar de sentir que debe dirigir todo. En realidad, se puede llegar a producir la sensación física de caer desde un acantilado cuando usted comienza a dejar de controlar a otros en su vida. La sensación de no tener control sobre sí misma cuando deja de intentar controlar a otros puede ser alarmante. Aquí puede serle útil su práctica espiritual, porque en lugar de abandonarse a un vacío, usted puede ceder el control de quienes ama a su poder superior.

Requiere un concienzudo análisis de lo que es, en lugar de lo que usted espera que sea. Cuando usted deja de controlar y manejar, también debe abandonar la idea de que «cuando él cambie seré feliz». Es posible que él no cambie nunca. Usted debe dejar de intentar hacerlo cambiar. Y debe aprender a ser feliz de todos modos.

*Por qué es necesario dejar de dirigirle y controlarle*

Mientras usted se concentre en cambiar a alguien sobre quien no tiene poder (y nadie tiene poder para cambiar a nadie más que a sí mismo), no puede emplear sus energías para ayudarse a sí misma. Lamentablemente, el hecho de cambiar a alguien nos resulta mucho más atractivo que trabajar en nosotras mismas, de modo que hasta que abandonemos la noción anterior nunca podremos ponemos a trabajar en la segunda.

La mayor parte de la locura y la desesperación que usted experimenta proviene directamente de sus intentos de dirigir y controlar lo que no puede. Piense en todos los intentos que ha hecho: los interminables sermones, los ruegos, las amenazas, extorsiones, tal vez incluso violencia, todos los caminos que ha probado y que no han dado resultado.

Y recuerde cómo se sintió después de cada intento fallido. Su autoestima se redujo más aún, y se volvió más ansiosa, más impotente, más furiosa. La única manera de salir de todo esto es abandonar los intentos de controlar lo que no puede: a él y su vida.

Finalmente, es necesario dejar de hacerlo porque él casi nunca cambiará ante esa presión por parte de usted. Lo que debiera ser problema de él empieza a parecer de usted y, de alguna manera, usted termina atascada en ese problema a menos que deje de intentarlo. Aun cuando él trate de apaciguarla con alguna promesa de cambiar sus costumbres, es probable que vuelva a su viejo comportamiento, a menudo con mucho resentimiento hacia usted. Recuerde: si usted es la razón por la cual él abandona una conducta, también será la razón por la cual la reanude.

Ejemplo: Una pareja de jóvenes están en mi consultorio. Derivado por su agente judicial de vigilancia debido a delitos relacionados con el alcohol o las drogas, él está allí porque trata de acompañarlo a todos lados. Considera que es su deber mantenerlo en buen camino. Como es tan común en tales casos, ambos provienen de hogares donde hay alcoholismo en por lo menos uno de los padres. Sentados frente a mí, tomados de la mano, me dicen que van a casarse.

—Yo creo que el matrimonio lo ayudará —dice la muchacha, a veces con tímida compasión, a veces con firme decisión.

—Sí —asiente él con timidez—. Ella evita que me vuelva loco. Me ayuda mucho.

Hay un matiz de alivio en su voz, y su novia brilla de placer por la fe que él le tiene, por la responsabilidad que le ha sido conferida sobre la vida de él.

Y yo trato —con suavidad, por la esperanza y el amor de ambos— de explicarles que si él tiene problemas con el alcohol u otras drogas, y ella es el motivo por el cual él se dedica menos a ella, deja de beber o de usar drogas, ella también será el motivo por el cual, más adelante, él vuelva a beber o a usar drogas. Les advierto a ambos que algún día él le dirá, en medio de una discusión: «Dejo de beber por ti y ¿qué ha cambiado? Nunca te conformas, así que ¿por qué he de seguir intentándolo?». Pronto serán destrozados por las mismas fuerzas que ahora parecen unirlos.

### *Qué implica dejar de dirigirle y controlarlo todo*

Es probable que él se enfade mucho y la acuse de no quererlo más. Esa ira se genera en el pánico que siente él al tener que responsabilizarse por su propia vida. Mientras pueda pelear con usted, hacerle promesas o tratar de recuperarla, su lucha está fuera de él, con usted, y no dentro de él consigo mismo. (¿Le resulta conocido? Esto también se aplica para usted, mientras su pelea sea con él.)

Quizás encuentre que hay muy poco de qué hablar una vez que dejan de discutir, amenazar, pelear y reconciliarse. Está bien. Haga sus afirmaciones en voz baja o en silencio.

Es muy probable que, una vez que usted realmente deje de manejarle y controlarle, se libere gran parte de su energía, que entonces usted podrá utilizar para examinarse, desarrollarse y mejorar. Sin embargo, es importante saber que volverá a sentir la tentación de buscar una razón de ser fuera de sí misma. Evite esa inclinación y manténgase concentrada en usted misma.

Es justo mencionar que, mientras usted abandone el papel de componer la vida de él, las cosas pueden volverse caóticas, y usted puede recibir críticas de gente que no entiende lo que está haciendo (o lo que no está haciendo). Trate de no estar a la defensiva y no se moleste en darles explicaciones detalladas. Si lo desea, recomiéndeles este libro y luego cambie de tema. Si insisten, evítelos por algún tiempo.

Por lo general, tales críticas son mucho menos frecuentes y mucho menos intensas de lo que esperamos y tememos. Nosotras somos nuestras peores críticas, y proyectamos nuestra expectativa de críticas a quienes nos rodean, las vemos y oímos en todas partes. Manténgase de su propio lado en todo esto, y el mundo se convertirá por arte de magia en un lugar de mayor aprobación.

Una de las implicaciones del hecho de dejar de dirigir y controlar a otros es que usted debe renunciar a la identidad de «ser útil» pero, irónicamente, esa misma renunciación es a menudo lo más útil que usted pueda hacer por la persona que ama. La identidad de «ser útil» es un error del ego. Si realmente quiere ser útil, renuncie a los problemas de él y ayúdese a sí misma.

## 6. Aprenda a no engancharse en los juegos

*Qué significa*

El concepto de juegos según se aplican entre dos personas proviene del tipo de psicoterapia conocida como análisis transaccional. Los juegos son formas estructuradas de interacción que se emplean para evitar la intimidad. Todo el mundo recurre a veces a los juegos en sus interacciones, pero en las relaciones insalubres los juegos abundan. Son maneras estereotipadas de reaccionar que sirven para evitar cualquier intercambio genuino de información y sentimientos, y permiten a los participantes poner en manos del otro la responsabilidad por su bienestar o su angustia. Típicamente, los papeles que juegan las mujeres que aman demasiado y sus parejas son variedades de las posiciones de rescatador, perseguidor y víctima. En un intercambio típico, cada miembro de la pareja juega cada uno de estos papeles muchas veces. Designaremos el papel de rescatador como (R) y lo definiremos como «quien trata de ayudar»; el rol de perseguidor como (P) y lo definiremos como «quien trata de culpar», y el papel de víctima como (V), definido como «quien está libre de culpa e indefenso». El siguiente libreto ilustrará el funcionamiento de este juego:

*Tom, que a menudo vuelve tarde a casa, acaba de llegar a su dormitorio. Son las 11.30 de la noche y su esposa, Mary, comienza.*

*MARY* (llorosa): (V) ¿Dónde estabas? He estado preocupadísima. No podía dormir, y tenía miedo de que hubiera habido un accidente. Tú sabes cómo me preocupo. ¿Cómo pudiste dejarme así sin al menos llamarme para decirme que seguías vivo?

*TOM* (en tono apaciguador): (R) Oh, querida, lo siento. Pensé que estarías dormida y no quería despertarte con una llamada. No te enfades. Ya volví y te prometo que la próxima vez te llamaré. En cuanto me prepare te masajearé la espalda y te sentirás mejor.

*MARY* (enfadándose): (P) ¡No quiero que me toques! ¡Dices que la próxima vez llamarás! Bromeas. La última vez que pasó esto dijiste que llamarías, ¿y lo hiciste? ¡No! No te importa si yo estoy aquí pensando que estás muerto en la calle. Nunca piensas en los demás, así que no sabes lo que es preocuparse por alguien querido.

*TOM* (desvalido): (V) Querida, eso no es cierto. Sí pensaba en ti. No quería despertarte. No sabía que te enfadarías. Sólo trataba de ser considerado. Parece que haga lo que haga, me equivoco. ¿Y si te hubiese llamado y tú hubieses estado dormida? Entonces yo sería un imbécil por haberte despertado. Nunca puedo ganar.

*MARY* (cediendo): (R) Bueno, eso no es verdad. Es sólo que eres muy importante para mí; quiero saber que estás bien, que no te han atropellado por ahí. No estoy tratando de hacerte sentir mal; sólo quiero que entiendas que me preocupo por ti porque te quiero mucho. Lamento haberme enfadado tanto.

*TOM* (presintiendo una ventaja): (P) Bueno, si te preocupas tanto, ¿por qué no te alegra verme cuando llego a casa? ¿Cómo es que me recibes con todos estos reproches sobre dónde he estado? ¿Acaso no confías en mí? Me estoy cansando de tener que explicarte todo siempre. ¡Si confiaras en mí te dormirías, y cuando yo llegara te alegrarías de verme en lugar de atacarme! A veces pienso que simplemente te gusta pelear.

*MARY* (levantando la voz): (P) ¡Alegrarme de verte! ¿Después de estar aquí dos horas pensando dónde estarías? Si no confío en ti es porque nunca haces nada para que con fíe en ti. ¡No llamas, me culpas por enojarme, y después me acusas de no ser agradable contigo cuando al fin llegas! ¿Por qué no vuelves adonde estabas, donde sea que hayas estado toda la noche?

*TOM* (en tono conciliador): (R) Mira, sé que estás enojada, y mañana tengo mucho trabajo. ¿Y si te preparo una taza de té? Eso es lo que necesitas. Después me daré una ducha y vendré a la cama. ¿De acuerdo?

*MARY* (llorando): (V) Tú no entiendes lo que es esperar y esperar, sabiendo que podrías llamar pero no lo haces, porque no soy tan importante para ti...

¿Nos detenemos aquí? Como podrán ver, estos dos podrían seguir intercambiando lugares en su triángulo de posiciones como rescatador, perseguidor y víctima durante muchas horas o días más, incluso años. Si usted se encuentra respondiendo a cualquier declaración o acción de otra persona desde cualquiera de estas posiciones, ¡cuidado! Usted está participando en un ciclo sin ganador de acusación, refutación, culpa y contraculpa que no tiene sentido, es fútil y degradante. Deténgase. Deje de tratar que las cosas salgan como usted quiere mostrándose amable, enfadada o indefensa. Cambie lo que pueda, ¡y eso significa cambiarse usted misma! Deje de necesitar ganar. Deje incluso de necesitar pelear, o hacer que él le dé una buena razón o excusa por su comportamiento o su abandono. Deje de necesitar que él se arrepienta lo suficiente.

*Qué requiere no engancharse en los juegos*

No engancharse requiere que aun cuando usted se vea tentada a reaccionar en alguna de las formas que sabe que seguirá el juego, no lo haga. Reaccione en una forma que ponga fin al juego. Al principio es un poco difícil no caer en las trampas, pero con la práctica usted llegará a dominarlo con facilidad (si domina también su necesidad de participar en los juegos, lo cual es parte del paso anterior: dejar de dirigir y controlar).

Volvamos a examinar la situación presentada y veamos en qué forma Mary podría mantenerse fuera de ese triángulo mortal con Tom. A esta altura, Mary ya ha comenzado a desarrollar su espiritualidad, y tiene conciencia de que no debe tratar de dirigir y controlar a Tom. Como está tratando de cuidarse, esa noche, al ver que se hacía tarde y Tom no regresaba, en lugar de permitirse ponerse nerviosa y enfadarse por ello, llamó a una amiga suya del grupo de apoyo. Hablaron de su miedo cada vez mayor, lo cual ayudó a calmarla. Mary necesitaba que alguien oyera cómo se sentía, y su amiga la escuchó con comprensión pero sin darle consejos. Luego de colgar, practicó una de sus afirmaciones favoritas: «Mi vida está guiada por la divinidad, y crezco en paz, seguridad y serenidad cada día, cada hora». Dado que nadie puede mantener dos pensamientos distintos al mismo tiempo, Mary descubrió que al dedicar sus pensamientos a las palabras tranquilizadoras de la afirmación, se calmaba e incluso se relajaba. Cuando Tom llegó a casa, a las 23.30, ella estaba dormida. Él la despertó al entrar a la habitación, y Mary de inmediato sintió el regreso del fastidio y la ira, por eso repitió para sí su afirmación un par de veces y dijo:

«Hola, Tom. Me alegra que hayas vuelto». Ahora bien. Tom siempre ha estado acostumbrado a pelear en esas circunstancias, y se sintió un poco perplejo por el saludo de Mary. «Iba a llamarte, pero...» comienza a excusarse a la defensiva. Mary espera a que termine y dice: «Si quieres, podemos hablar de eso en la mañana. Ahora tengo demasiado sueño. Buenas noches». Si Tom se sentía culpable por la hora tardía, una pelea con Mary habría apaciguado ese sentimiento de culpa. Entonces él podría decirse que Mary era una regañona y el problema pasaría a ser de ella, por sus reproches, en lugar de ser él, por haber llegado tarde. Con esta alteración de la situación, Tom se queda con su sentimiento de culpa y ella no sufre por las acciones de él. Así debe ser.

Es como un juego de ping pong, cuando ambos juegan al rescatador-perseguidor-víctima. Cuando a uno le llega la pelota, siempre la devuelve. Para no engancharse en el juego, usted tiene que aprender a dejar que la pelota pase de largo y caiga de la mesa. Una de las mejores maneras de dejarla pasar de largo es cultivar el uso de la exclamación «Ah». Por ejemplo, en respuesta a la excusa de Tom, Mary puede responder simplemente «Ah» y seguir durmiendo. Es una experiencia fortalecedora el no dejarse atrapar en la lucha implícita en los intercambios de rescatador-perseguidor-víctima. No engancharse, mantener la objetividad y la dignidad, hacen que una se sienta maravillosamente. Y significa que una ha dado otro paso en su recuperación.

### *Por qué es necesario no engancharse en los juegos*

Para comenzar, entienda que los papeles que representamos en esos juegos no se limitan a los intercambios verbales. Se extienden a la forma en que llevamos nuestra vida, cada una de nosotras tiene un papel especial que debe preferir.

Tal vez sea su papel el de rescatadora. Para muchas mujeres que aman demasiado resulta conocido y reconfortante sentir que están cuidando (dirigiendo y controlando) a otra persona. De su historial caótico y/o de privaciones, han elegido ese camino como forma de mantenerse a salvo y de ganarse cierto grado de autoaceptación. Lo hacen con amigos, familiares, y a menudo también en su vida profesional.

O quizás usted se encuentre haciendo de perseguidora, la mujer empeñada en encontrar el defecto, señalarlo y enderezar las cosas. Una y otra vez, esa mujer debe recrear la lucha con las fuerzas oscuras que la derrotaron cuando niña, con la esperanza de tener más paridad en la batalla ahora que es adulta. Furiosa desde la niñez, busca en el presente vengarse del pasado; es una luchadora, buscapleitos, polemista, regañona. Necesita castigar. Exige, disculpas, retribución.

Y finalmente, y esto es lamentable, usted puede ser la víctima, la posición más impotente de las tres, que no ve otra alternativa que estar a disposición del comportamiento de otros. Tal vez cuando usted era una niña no parecía haber otra alternativa que ser la víctima, pero ahora está tan familiarizada con el papel que en realidad puede ganar fuerzas de él. Hay cierta tiranía en la debilidad; su moneda es la culpabilidad, y esa es la moneda de intercambio en las relaciones de la víctima.

El hecho de jugar en cualquiera de estas posiciones, ya sea en una conversación o en la vida, impide que usted se concentre en sí misma y la mantiene en su patrón infantil de miedo, furia e impotencia. Usted no puede desarrollar su potencial como ser humano plenamente evolucionado, una mujer adulta a cargo de su vida, sin renunciar a cada uno de esos papeles restrictivos, esas formas de estar obsesionada con quienes la rodean. Mientras esté atrapada en esos papeles, esos juegos, parecerá que otra persona está impidiéndole alcanzar su meta de felicidad. Una vez que usted renuncie a esos juegos, le queda su total responsabilidad por su propia conducta, sus propias decisiones y su propia vida. De hecho, cuando los juegos terminan, sus decisiones (tanto las que ya ha tomado como las otras que tiene ahora) se vuelven más obvias, menos evitables.

*Qué implica no dejarse enganchar en los juegos*

Ahora usted debe desarrollar nuevas maneras de comunicarse con usted misma y con los demás, maneras que demuestren su voluntad de asumir responsabilidad por su vida. Menos «Si no fuera por...» y mucho más «Ahora estoy decidiendo que...».

Cuando empiece a practicar este paso, necesitará toda la energía liberada al renunciar al hecho de dirigir y controlar, para evitar caer en los juegos (el mismo hecho de anunciar «No voy a jugar» es jugar). Con la práctica se vuelve mucho más fácil, y después de un tiempo le servirá mucho para autofortalecerse.

Usted necesitará aprender a vivir sin toda la excitación de las batallas acaloradas, esos dramas que consumen tiempo y agotan energías en que usted ha compartido el papel protagónico. Esto no es fácil de hacer. Muchas mujeres que aman demasiado han sepultado sus sentimientos tan profundamente que necesitan la excitación de las peleas, las separaciones y las reconciliaciones simplemente para sentirse vivas. ¡Cuidado! Al principio, el hecho de no tener otra cosa en qué concentrarse que su vida interior puede resultarle aburrido. Pero si usted puede soportar el aburrimiento, este se convertirá en autodescubrimiento. Y usted estará lista para el siguiente paso.

## 7. Enfrente con coraje sus propios problemas y defectos

*Qué significa*

Enfrentar sus problemas significa que, habiendo renunciado a dirigir y controlar a otros y a los juegos, ahora no le queda nada para distraerla de su propia vida, de sus problemas y de su dolor. Éste es el momento en que usted necesita empezar a mirarse en profundidad, con la ayuda de su programa espiritual, su grupo de apoyo y su terapeuta, si lo tiene. No siempre es necesario tener un terapeuta para este proceso. En los Programas de Anónimos, por ejemplo, las personas que han experimentado una gran medida de recuperación pueden convertirse en patrocinadores de los recién llegados, y en ese papel a menudo ayudan a sus patrocinados a atravesar ese proceso de autoanálisis.

Significa también que usted examine a fondo su vida actual, tanto lo que la hace sentir bien como lo que la hace sentir incómoda o infeliz. Haga listas de ambas cosas. Y también examine el pasado. Examine todos sus recuerdos, buenos y malos, sus logros, sus fracasos, las veces que se vio lastimada y las veces que usted lastimó a otros. Examínelo todo, nuevamente por escrito. Concéntrese en áreas de especial dificultad. Si el sexo es una de esas áreas, escriba una historia sexual personal completa. Si los hombres siempre han sido un problema para usted, comience por sus primeras relaciones con ellos y, nuevamente, haga una historia completa. ¿Sus padres? Utilice la misma técnica con ellos. Comience por el principio y escriba. Hay mucho que escribir, es cierto, pero es una herramienta valiosísima que la ayudará a clasificar su pasado y a empezar a reconocer los patrones, los temas repetitivos, en sus luchas con usted misma y con los demás.

Cuando inicie este proceso, haga un trabajo lo más completo que pueda antes de detenerse. Ésta es una técnica que usted querrá volver a utilizar más adelante, cuando surjan áreas problemáticas. Es probable que al principio se concentre en las relaciones. Más tarde, en otro momento, quizá desee escribir su historial de trabajos, qué sentía respecto de cada uno de ellos antes de empezar, durante el tiempo en que estuvo empleada allí y después. Simplemente deje que sus recuerdos, sus pensamientos y sus sentimientos fluyan. No analice lo que escribe en busca de patrones sobre la marcha; hágalo después.

*Qué requiere enfrentar con coraje sus propios problemas y defectos*

Usted tendrá que escribir mucho, dedicar el tiempo y las energías necesarios para lograrlo. Quizá para usted la escritura no sea una forma de expresión fácil o cómoda. Sin embargo, es la mejor técnica para este ejercicio. No se preocupe por hacerlo a la perfección, ni siquiera por hacerlo bien. Sólo hágalo de manera que tenga sentido para usted.

Tendrá que ser completamente honesta y revelar lo más posible sobre sí misma en todo lo que escriba.

Una vez que haya completado este proyecto lo mejor que pueda, compártalo con otro ser humano que la quiera y en quien usted confíe. Esa persona debe ser alguien que entienda lo que usted trata de hacer para recuperarse y que simplemente pueda escuchar lo que usted ha escrito sobre su historia sexual, su historia de relaciones, su historia con sus padres, sus sentimientos para consigo misma y los hechos de su vida, buenos y malos. La persona a quien usted elija para escucharla debe, obviamente, ser compasiva y comprensiva. No hay ninguna necesidad de comentarios, y esto debe quedar entendido desde el comienzo. Nada de consejos, nada de aliento. Sólo escuchar.

A esta altura de su recuperación, no elija a su pareja para que escuche todo esto sobre usted. Mucho, mucho tiempo más tarde podrá decidir compartir con él lo que ha escrito, o no. Pero ahora no es apropiado compartirlo con él. Usted deja que alguien escuche eso para que usted pueda experimentar lo que es contar su propia historia y ser aceptada. No es un mecanismo para planchar arrugas en la relación. Su propósito es el autodescubrimiento, y punto.

*Por qué es necesario enfrentar con coraje sus propios problemas y defectos*

La mayoría de quienes amamos demasiado estamos atrapadas en el hábito de culpar a otros por la infelicidad de nuestra vida, mientras negamos nuestras propias fallas y nuestras propias decisiones. Éste es un enfoque canceroso de la vida, que debe extirparse de raíz y eliminarse, y la forma de hacerlo es examinarnos a fondo y con honestidad. Sólo al ver nuestros problemas y fallas (y también nuestros aspectos buenos y éxitos) como nuestros, en lugar de verlos como de alguna manera relacionados con él, podemos tomar las medidas necesarias para cambiar aquello que hay que cambiar.

*Qué implica enfrentar con coraje a sus propios problemas y defectos*

En primer lugar, es muy probable que usted pueda renunciar a la culpa secreta relacionada con muchos de los acontecimientos y sentimientos del pasado. Esto despejará el camino para permitir que en su vida se pongan de manifiesto más alegrías y actitudes más sanas.

Luego, como alguien ha oído sus peores secretos y eso no la ha destruido a usted, comenzará a sentirse más a salvo en el mundo.

Cuando usted deja de culpar a los demás y asume la responsabilidad por sus propias decisiones, queda en libertad de abrazar toda clase de opciones que no estaban a su alcance cuando usted se veía como víctima de los demás. Eso la prepara para comenzar a cambiar aquellas cosas de su vida que no le hacen bien, ni son satisfactorias ni le dan plenitud.

## 8. Cultive lo que necesite desarrollar en usted misma

*Qué significa*

Cultivar lo que necesite desarrollar en usted misma significa no esperar que él cambie antes de seguir con la vida. Esto también significa no esperar el apoyo de él —en cuestiones financieras, emocionales o prácticas— para iniciar su carrera, o cambiar su carrera, o retomar los estudios, o lo que usted desee hacer. En lugar de subordinar sus planes a la cooperación de él, actúe como si no tuviera nadie más que usted misma en quien apoyarse. Cubra todas las contingencias —el cuidado de los hijos, dinero, tiempo, transporte— sin usarlo a él como recurso (¡ni como excusa!). Si, mientras lee esto usted está protestando que sin la colaboración de él sus planes son imposibles, considere sola, o con una amiga, cómo lo haría si no lo conociera. Descubrirá que es muy posible hacer que la vida funcione bien para usted cuando deje de depender de él y haga uso de todas sus otras alternativas.

Cultivarse significa actuar en pro de sus intereses. Si usted ha estado demasiado ocupada con él por demasiado tiempo y no tiene vida propia, entonces comience por tomar muchos caminos distintos para averiguar qué le atrae. Esto no es fácil para la mayoría de las mujeres que aman demasiado. Dado que ese hombre fue su proyecto durante tanto tiempo, se sienten incómodas al pasar a concentrarse en sí mismas y analizar lo que es bueno para su crecimiento personal. Esté dispuesta a probar por lo menos una actividad nueva por semana. Vea la vida como si fuera una mesa de platos variados, y sírvase muchas experiencias distintas para poder descubrir qué la atrae.

Cultivarse significa correr riesgos: conocer gente nueva, entrar a un aula por primera vez en años, hacer un viaje sola, buscar un empleo... cualquier cosa que usted sepa que necesita hacer, pero no ha podido reunir el coraje suficiente para emprenderla. Éste es el momento de zambullirse. En la vida no hay errores, sino sólo lecciones, de modo que salga y permítase aprender algo de lo que la vida quiere enseñarle. Utilice su grupo de apoyo como fuente de aliento y realimentación. (No recurra a su relación ni a aquella familia disfuncional de origen en busca de aliento. Ellos necesitan que usted siga siendo la misma, para poder seguir siendo los mismos. No se sabotee usted misma ni a su crecimiento apoyándose en ellos.)

### *Qué requiere cultivar lo que necesita desarrollar en usted misma*

Para comenzar, cada día haga dos cosas que no desee hacer, a fin de flexibilizarse y expandir su idea de quién es usted y de qué es capaz de hacer. Defiéndase cuando preferiría fingir que no le importa, o vuelva sobre un punto insatisfactorio aunque prefiera hacerlo a un lado. Haga esa llamada telefónica que preferiría evitar. Aprenda a cuidarse mejor y a preocuparse menos por los demás en sus interacciones. Diga que no para complacerse, en lugar de decir que sí para complacer a otro. Pida con claridad algo que desee, y arriésguese a que se lo nieguen.

Luego, aprenda a darse a sí misma. Dése tiempo, atención, objetos materiales. A menudo el hecho de comprometerse a comprarse algo todos los días puede ser una verdadera lección de amor propio. Los regalos pueden ser baratos, pero francamente cuanto menos prácticos y más frívolos, mejor. Éste es un ejercicio de autocomplacencia. Necesitamos aprender que nosotras mismas podemos ser la fuente de cosas buenas en nuestra vida, y esta es una buena forma de empezar. Pero si usted no tiene problemas por gastar dinero en sí misma, si hace compras y gasta en forma compulsiva para calmar su ira o su depresión, entonces esta lección de darse necesita tomar otra dirección. Regálese nuevas experiencias en lugar de juntar más objetos materiales (y más deudas). Dé un paseo por el parque, haga una excursión por las sierras o vaya al zoológico. Deténgase a observar la puesta de sol. La idea es pensar en usted misma y en cómo le gustaría que fuese su presente ese día, y luego permitirse experimentar tanto el dar como el recibir. Por lo general somos muy buenas dando a los demás, pero tenemos muy poca práctica en darnos a nosotras mismas. ¡Entonces, practique!

Al dar estos pasos, de vez en cuando se le pedirá que haga algo muy difícil. Tendrá que enfrentar el terrible vacío que aflora cuando usted no está concentrada en otra persona. A veces el vacío será tan profundo que usted casi podrá sentir el viento al pasar a través del lugar donde debería estar su corazón. Permítase sentirlo, en toda su intensidad (de otro modo, usted buscará otra manera dañina de distraerse). Abrace el vacío y sepa que no siempre se sentirá así, y que con sólo estarse quieta y sentirlo comenzará a llenarlo con la calidez de la autoaceptación. Que su grupo de apoyo la ayude con esto. La aceptación de ellos también puede ayudar a llenar el vacío, al igual que nuestros propios proyectos y actividades. Con lo que hacemos por nosotras mismas y la forma en que desarrollamos nuestra propia capacidad, logramos una sensación de identidad propia. Si usted dedicó todos sus esfuerzos al desarrollo de los demás, sin duda se sentirá vacía. Ahora es su turno.

### *Por qué es necesario cultivar lo que necesita desarrollar en usted*

A menos que eleve sus propios talentos al máximo, siempre estará frustrada. Y entonces podrá culparlo a él por esa frustración, cuando en realidad surge del hecho de que usted no sigue con su propia vida. El desarrollo de su potencial quita la culpa de los hombros de él y ubica la responsabilidad por su vida exactamente donde debe estar: en usted.

Los proyectos y las actividades que usted elija la mantendrán demasiado ocupada para poder concentrarse en lo que él hace o no hace. Si en este momento usted no tiene una relación, esto le dará una alternativa sana al suspirar por su último amor o esperar al próximo.

*Qué implica cultivar lo que necesita desarrollar en usted*

En primer lugar, no necesitará buscar a un hombre que sea lo contrario de usted para equilibrar su vida. Lo explicaré: al igual que la mayoría de las mujeres que aman demasiado, es probable que usted sea excesivamente seria y responsable. A menos que cultive activamente su lado juguetón, se verá atraída hacia hombres que encarnen lo que a usted le falta. Un hombre despreocupado e irresponsable es encantador como amigo, pero es una mala perspectiva para una relación satisfactoria. No obstante, hasta que usted pueda darse permiso para ser más despreocupada, lo necesitará para crear la diversión y la excitación en su vida.

Por otro lado, el hecho de cultivarse le permite crecer. Al llegar a ser todo lo que usted es capaz de ser, usted también asume toda la responsabilidad por sus decisiones, su vida, y en esta forma abraza la adultez. Mientras no nos responsabilicemos por nuestra propia vida y nuestra propia felicidad, no seremos seres humanos totalmente maduros, sino que seguiremos siendo niños dependientes y asustados con cuerpos de adultos.

Finalmente, desarrollarse hace que usted sea mejor en una pareja, porque es una mujer creativa, totalmente expresiva, no alguien que está incompleto (y por lo tanto asusta do) sin un hombre. Irónicamente, cuanto menos necesite una pareja, mejor pareja se vuelve usted… y atrae (y se ve atraída por) hombres más sanos.

## 9. Vuélvase egoísta

*Qué significa*

Al igual que la palabra espiritualidad en el paso 4, aquí la palabra egoísta necesita una cuidadosa explicación. Es probable que evoque imágenes exactas de lo que usted no quiere ser: indiferente, cruel, desconsiderada, egocéntrica. Para algunas personas, el egoísmo puede significar todo eso, pero recuerde que usted es una mujer que tiene un historial de amar demasiado. Para usted, volverse egoísta es un ejercicio necesario para renunciar al martirio. Examinemos qué significa un egoísmo sano para las mujeres que aman demasiado.

Usted coloca su bienestar, sus deseos, su trabajo, juegos, planes y actividades en primer lugar en vez de último; antes, y no después de que estén satisfechas las necesidades de los demás. Aun cuando usted tenga hijos pequeños, incorpora a su día algunas actividades puramente en beneficio propio.

Usted espera e incluso requiere que las situaciones y las relaciones sean cómodas para usted. No trata de adaptarse a las incómodas.

Cree que sus deseos y necesidades son muy importantes, y que es su tarea satisfacerlos. Al mismo tiempo, concede a los demás el derecho de responsabilizarse por sus propios deseos y necesidades.

*Qué requiere volverse egoísta*

Al comenzar a ponerse en primer lugar, usted debe aprender a tolerar la ira y la desaprobación de los demás. Son reacciones inevitables de aquellos cuyo bienestar usted había puesto hasta ahora antes que el propio. No discuta, no se disculpe ni trate de justificarse. Manténgase lo más serena y alegre que le sea posible y siga con sus actividades. Los cambios que usted está haciendo en su vida requieren que los que la rodean también cambien, y es natural que se resistan. Pero a menos que usted dé crédito a esa indignación, durará bastante poco. No es más que un intento de volver a llevarla a su viejo comportamiento abnegado, a hacer por ellos lo que ellos pueden y deberían hacer solos. Usted debe escuchar con atención a su voz interior en cuanto a lo que es bueno o correcto para usted, y luego hacerle caso. Así desarrolla un sano interés por usted misma: escuchando sus propios indicios. Es probable que, hasta ahora, usted haya tenido una capacidad casi psíquica para captar los indicios de los demás sobre la forma en que querían que usted se comportara. «Desconecte» esos indicios, o continuarán sofocando los suyos.

Finalmente, volverse egoísta requiere que usted reconozca que su valor es grande, que sus talentos son dignos de expresión, que su realización personal es tan importante como la de cualquier otra persona, y que su mejor identidad personal es el mejor regalo que tiene usted para el mundo en general y, más especialmente, para quienes están más cerca de usted.

### *Por qué es necesario volverse egoísta*

Sin este fuerte compromiso con usted misma, la tendencia es volverse pasiva, desarrollarse no para su mayor expresión sino para beneficio de otra persona. Si bien el hecho de volverse egoísta (lo que también significa volverse honesta) hará de usted una mejor pareja, ese no puede ser su objetivo final. Su objetivo debe ser el logro de su propio y más alto yo.

No basta haber superado todas las dificultades que encontró. Aún le queda vivir su vida, explorar su propio potencial. Es el paso que sigue naturalmente cuando usted gana respeto para sí y empieza a satisfacer sus deseos y necesidades.

Asumir responsabilidad por usted misma y por su felicidad da una mayor libertad a los hijos que se sentían culpables y responsables por su infelicidad (y siempre se sien ten así). Un hijo nunca puede esperar equilibrar la balanza o saldar una deuda cuando uno de sus padres ha sacrificado su vida, su felicidad, su realización personal por ese hijo o por la familia. El hecho de ver que uno de sus padres abraza totalmente la vida da al hijo permiso para hacer lo propio, del mismo modo que ver sufrir a uno de sus padres indica al hijo que toda la vida es sufrimiento.

### *Qué implica volverse egoísta*

Sus relaciones automáticamente se vuelven más sanas. Nadie le «debe» el hecho de ser distinta de ellos, porque usted ya no es para ellos distinta de usted misma.

Usted deja a las demás personas en su vida en libertad para ocuparse de sí mismas sin preocuparse por usted. (Es muy probable que sus hijos, por ejemplo, se hayan sentido responsables por mitigar su frustración y su dolor. Al ocuparse usted más de sí misma, ellos quedan libres para ocuparse mejor de sí mismos.)

Ahora usted puede decir que sí o que no cuando lo desee.

En este dramático cambio de papeles, al pasar de cuidadora de los demás a cuidadora de sí misma, es muy probable que su conducta se vea equilibrada por cambios de roles en todas sus relaciones. Si los cambios de papeles son demasiado difíciles para el hombre de su vida, quizás él se marche en busca de alguien que sea como usted era antes, de modo que es posible que usted no termine con la persona con quien empezó.

Por otro lado, resulta irónico que al volverse más capaz de atenderse, tal vez descubra que ha atraído a alguien capaz de atenderla. Al volvernos más sanas y equilibradas, atraemos a parejas más sanas y equilibradas. Al volvernos menos necesitadas, una mayor parte de nuestras necesidades se ven satisfechas. Al renunciar al papel de superencargada, hacemos lugar para que alguien nos atienda.

## 10. Comparta con otros lo que ha experimentado y aprendido

*Qué significa*

Compartir sus experiencias con otros significa recordar que este es el último paso en la recuperación, no el primero. Ser demasiado dispuestas a ayudar y concentrarnos demasiado en los demás es parte de nuestra enfermedad, de modo que espere hasta haber trabajado duro en pro de su propia recuperación antes de emprender este paso.

En su grupo de apoyo de personas iguales, significa compartir con las recién llegadas cómo era la vida antes para usted y cómo es ahora. Eso no significa aconsejar, sino sólo explicar lo que dio resultado para usted. Tampoco significa dar nombres ni echar la culpa a otros. A esta altura de la recuperación usted ya sabe que el culpar a otros no la ayudará.

Compartir con otros significa también que cuando conozca a alguien que tiene antecedentes similares o se encuentra en una situación parecida a la que tuvo usted, está dispuesta a hablar de su propia recuperación sin necesidad de coaccionar a esa persona para que haga lo que usted hizo para recuperarse. Aquí no hay lugar para dirigir ni controlar, como tampoco lo había en su relación.

Compartir puede significar dedicar algunas horas como voluntaria para ayudar a otras mujeres, tal vez trabajando en una línea telefónica de emergencia o en reuniones personales con alguien que ha pedido ayuda.

Finalmente, puede significar educar a las profesiones médicas y de asesoramiento psicológico acerca del enfoque y tratamiento apropiados para usted y mujeres como usted.

*Qué requiere compartir con otros lo que ha experimentado y aprendido*

Usted debe aprovechar su profunda gratitud por haber llegado tan lejos, y por la ayuda que le dieron otras personas al compartir con usted sus experiencias.

Necesita honestidad y voluntad de desprenderse de sus secretos y su necesidad de «verse bien».

Finalmente, debe revelar una capacidad de dar a otros sin motivos de gratificación personal. La mayor parte de lo que «dábamos» cuando amábamos demasiado era en realidad manipulación. Ahora tenemos suficiente libertad para dar libremente. Nuestras propias necesidades están satisfechas y estamos llenas de amor. Ahora es natural compartir ese amor, sin esperar nada a cambio.

*Por qué es necesario compartir lo que ha experimentado y aprendido*

Si usted cree tener una enfermedad, también necesita comprender que, al igual que un alcohólico que está sobrio, podría sufrir una recaída. Sin una vigilancia constante usted podría recaer en su antigua forma de pensar, sentir y relacionarse. Trabajar con recién llegadas contribuye a mantenerla en contacto con el grado de enfermedad que tuvo una vez, y con lo mucho que ha progresado. Evita que usted niegue lo malo que fue en realidad, porque la historia de una recién llegada será muy parecida a la suya, y usted recordará con compasión, por ella y por usted misma, cómo era.

Al hablar de ello, usted da esperanza a los demás, y validez a todo lo que atravesó en su lucha por recuperarse. Gana perspectiva en su coraje y en su vida.

*Qué implica compartir lo que ha experimentado y aprendido*

Ayudará a otra a recuperarse. Y mantendrá su propia recuperación.

Este hecho de compartir, entonces, es en última instancia un acto de egoísmo sano, por el cual usted promueve más aún su propio bienestar manteniéndose en contacto con los principios de recuperación que le servirán toda la vida.

## 11

# Recuperación e intimidad: cerrar la brecha

*Para nosotros el matrimonio es un*
*viaje hacia un destino desconocido...*
*el descubrimiento de que la gente*
*debe compartir no sólo lo que no*
*saben el uno del otro, sino también*
*lo que no saben de sí mismos.*

Michael Ventura,
*Bailando con la propia sombra*
*en la zona matrimonial.*

—Lo que quisiera saber es dónde se fueron todos mis sentimientos sexuales.

Tilly sigue en movimiento, dando grandes pasos hacia el sofá de mi consultorio. Hace esa incógnita a un lado como a la ligera, pero cuando pasa junto a mí noto un destello de acusación en su mirada. En su mano izquierda, un anillo de compromiso lanza su brillo propio, y yo tengo una intensa corazonada de por qué concertó la cita. Han pasado ocho meses desde la última vez que la vi, y hoy se la ve mejor que nunca; sus cálidos ojos castaños brillan y su hermoso cabello castaño-rojizo de ondas suaves parece más largo y con más cuerpo de lo que yo recordaba. Su rostro tiene la misma atracción dulce, casi como el de una gatita, pero las dos expresiones entre las que una vez alternó en forma crónica —la de huerfanita triste y la de mujer mundana— han sido reemplazadas por un femenino resplandor de confianza. Ha recorrido un largo camino en los tres años que pasaron desde su intento de suicidio, cuando terminara su romance con Jim, el policía casado.

Me alegra ver que su proceso de recuperación todavía continúa. Tilly aún no lo sabe, pero incluso los problemas sexuales que se le presentan ahora forman parte del inevitable proceso de su recuperación.

—Háblame de eso, Tilly —le pido, y ella vuelve a acomodarse en el sofá.

—Bueno, tengo a un hombre maravilloso en mi vida. ¿Recuerda a Hal? Estaba saliendo con él la última vez que vine.

Recuerdo muy bien ese nombre. Había sido uno de los varios jóvenes con los que salía Tilly al dejar la terapia. «Es agradable, pero un poco aburrido», había dicho entonces. «Conversamos mucho y me parece sólido y confiable. También es apuesto, pero no hay fuegos artificiales, así que supongo que no es el hombre adecuado.» En aquel momento, Tilly había estado de acuerdo conmigo en que necesitaba ejercitarse en el hecho de estar con un hombre considerado y confiable, de modo que decidió seguir viéndolo por un tiempo, «sólo para practicar».

Ahora prosigue con orgullo:

—Es muy distinto de la clase de hombres con los que solía involucrarme, gracias a Dios, y estamos comprometidos para casarnos en septiembre... pero, bueno, tenemos algunos problemas. No nosotros, en realidad; soy yo. Me cuesta excitarme de verdad, y como eso nunca fue un problema para mí, quiero saber qué sucede. Usted sabe cómo era yo. Prácticamente rogaba tener relaciones sexuales con cada uno de aquellos hombres que nunca me amaron, pero como ya no me arrojo a los brazos de nadie, parezco una solterona mojigata e inhibida. Allí está Hal, apuesto, responsable, confiable, y realmente enamorado de mí. Y yo estoy en la cama con él, sintiéndome como un pedazo de madera.

Yo asiento, pues sé que Tilly está enfrentando un obstáculo que la mayoría de las mujeres que aman demasiado deben superar cuando se recuperan. Habiendo utilizado su sexualidad como herramienta para manipular a un hombre difícil e imposible y lograr que las amara, una vez eliminado ese desafío no saben ser sexuales con una pareja que las quiere.

La aflicción de Tilly es evidente. Se golpea la rodilla suavemente con el puño, enfatizando casi cada palabra.

—¿Por qué no me puedo excitar con él? —Entonces deja de golpearse la rodilla y me mira con temor—. ¿Es porque no lo amo de verdad? ¿Es eso lo que pasa con nosotros?

—¿Tú crees que lo amas? —le pregunto.

—Creo que sí, pero estoy confundida porque todo es muy distinto de lo que conocí antes. Me gusta mucho estar con él. Podemos hablar de cualquier cosa. Él conoce toda mi historia, de modo que no hay secretos entre nosotros. No finjo nada con él. Soy completamente yo misma, lo que significa que con él estoy más relajada de lo que estuve jamás con otro hombre. Ahora no actúo, lo cual es estupendo, pero a veces aquellas actuaciones eran más fáciles que el solo hecho de relajarme y confiar en que bastará con mostrarme tal como soy para mantener el interés de alguien.

»Tenemos muchos gustos en común: navegar, pasear en bicicleta e ir de excursión. Compartimos principios casi idénticos, y cuando discutimos, él sabe pelear limpio. En realidad, es casi un placer discutir con Hal. Pero al principio incluso las charlas abiertas y francas que teníamos sobre las cosas en que no coincidíamos me asustaban. Yo no estaba acostumbrada a que alguien fuera tan honesto y franco sobre lo que sentía ni a que esperara que yo hiciera lo mismo. Hal me ayudó a no tener miedo de decir lo que pensaba o a pedirle lo que necesitaba de él, porque nunca me ha castigado por ser honesta. Siempre terminamos llegando a un acuerdo y sintiéndonos más unidos. Es el mejor amigo que yo haya tenido, y me enorgullece que me vean con él. Por eso, sí, pienso que lo amo, pero si estoy enamorada de él, ¿por qué no puedo estar bien con él en la cama? Tampoco hay nada malo en su forma de hacer el amor. Es muy considerado, realmente quiere complacerme. Eso es muy nuevo para mí. No es tan agresivo como era Jim, pero no creo que eso sea el problema. Yo sé que él piensa que soy maravillosa, y se excita mucho conmigo, pero por mi parte no pasa mucho. Gran parte del tiempo me siento fría y avergonzada. Sabiendo cómo era yo antes, no tiene mucho sentido, ¿no cree?

Me alegra poder tranquilizarla.

—En realidad, Tilly, tiene mucho sentido. Lo que te está pasando es algo que muchas mujeres con antecedentes similares a los tuyos, y que han logrado recuperarse, enfrentan cuando empiezan a relacionarse con un hombre que es una pareja adecuada. La excitación, el desafío, el viejo nudo en el estómago simplemente no están más, y dado que es así como siempre han sentido el «amor», temen que les falte algo muy importante. Lo que falta es la locura, el dolor, el miedo, la espera y la ilusión.

»Ahora, por primera vez, tienes a un hombre agradable, seguro y confiable que te adora, y no tienes motivos para tratar de cambiarlo. Él ya tiene las cualidades que buscabas en un hombre, y se ha comprometido contigo. El problema es que tú nunca experimentaste el hecho de tener lo que querías. Sólo conociste cómo era el no tenerlo, y esforzarte con locura por conseguirlo. Estás acostumbrada al anhelo y al suspenso, lo cual crea una excitación muy fuerte. ¿Lo hará él, o no lo hará? ¿Lo hace o no lo hace? Tú sabes a qué me refiero.

Tilly sonríe.

—Demasiado bien. Pero, ¿como se relaciona todo esto con mis sentimientos sexuales?

—Se relaciona porque el hecho de no tener lo que quieres es mucho más estimulante que el tenerlo. Un hombre bueno, que te quiere y se dedica a ti nunca hará fluir tu adrenalina como lo hacía Jim, por ejemplo.

—¡Oh, es verdad! Siempre estoy cuestionando toda la relación porque no estoy obsesionada con Hal. A veces me he preguntado si no estaría demasiado segura de él.

Tilly ya no está enojada. Ahora está entusiasmada, como un detective que está descifrando un importante misterio.

Yo afirmo:

—Bueno, es probable que sí lo tomes por seguro en cierta medida. Sabes que él estará allí cuando lo necesites. No va a abandonarte. Puedes contar con él. Entonces no hay necesidad de obsesionarte. La obsesión no es amor, Tilly. Es sólo obsesión.

Ella asiente, recordando.

—¡Lo sé! ¡Lo sé!

—Y a veces —prosigo—, el sexo funciona muy bien cuando estamos obsesionadas. Todos esos intensos sentimientos de excitación y ansioso deseo, incluso temor, contribuyen a un poderoso conjunto que llamamos amor. En realidad, es cualquier cosa menos eso. Aun así eso es lo que nos dicen todas las canciones sobre el amor. Eso de «No puedo vivir sin ti, nena». Casi nadie escribe canciones sobre la calma y la comodidad de una relación amorosa sana. Todos escriben sobre el miedo, el dolor, la pérdida y el sufrimiento. Entonces llamamos a eso amor, y no sabemos qué hacer cuando aparece algo que no es una locura. Empezamos a relajarnos y luego tememos que no sea amor, porque no estamos obsesionadas.

Tilly asiente.

—Exactamente. Eso es exactamente lo que pasó. Al principio no lo llamé amor porque era demasiado sosegado, y yo no estaba acostumbrada a que nada lo fuera, como usted sabe. —Sonríe y continúa—: Simplemente él creció en mí durante los meses en que nos vimos. Yo sentía que podía relajarme y mostrarme tal como era y que aun así él no se iría. Esperamos mucho tiempo antes de tener relaciones sexuales; primero llegamos a conocernos como personas. Él me agradaba cada vez más, y los momentos que pasaba con él eran buenos y felices para mí. Cuando finalmente nos acostamos juntos fue algo muy tierno, y me sentí muy vulnerable. Lloré mucho. Aún lo hago a veces, pero a él no parece molestarle. —Tilly baja la vista—. Supongo que todavía me vienen muchos recuerdos dolorosos relacionados con el sexo, de verme rechazada y sentirme tan lastimada. —Después de una pausa, agrega—: Ahora, en cuanto al sexo, yo estoy mucho más preocupada que él. A él le gustaría que fuese más excitante por el bien de ambos, pero en realidad no se queja. Yo sí, porque sé cómo podría ser.

—Está bien —respondo—, dime cómo es ahora entre tú y Hal.

—Está enamorado de mí. Puedo verlo en la forma en que me trata. Cada vez que conozco a algún amigo suyo, me doy cuenta de que Hal ya le ha dicho cosas maravillosas de mí por la forma en que me saluda. Y cuando estamos solos, es tan afectuoso, tan ansioso de hacerme feliz. Pero yo me pongo dura, fría, casi rígida. Parece que no puedo reaccionar a él. No sé qué me detiene...

—¿Qué sientes cuanto tú y Hal empiezan a hacer el amor, Tilly?

Tilly guarda silencio un momento, pensativa. Luego me mira.

—¿Miedo, quizás?—Luego, respondiéndose a sí misma, agrega—: Sí, eso es. ¡Tengo miedo, mucho miedo!

—¿De...? —insisto.

Más silencio pensativo. Finalmente continúa:

—No estoy segura. De que me conozca, de alguna manera. Oh, eso suena tan bíblico. Usted sabe cómo hablan de eso en la Biblia. «Entonces la conoció.» Ese tipo de cosas. Pero de alguna manera me siento como si, si se lo permitiera, Hal podría conocerme de verdad, no sólo sexualmente, sino también de otras maneras. Parece que no puedo rendirme a él. Me asusta demasiado.

Formulo la pregunta obvia.

—¿Qué pasará si lo haces?

—Oh, Dios, no lo sé. —Tilly empieza a moverse, incómoda, en la silla—. Me siento tan vulnerable, tan desnuda cuando lo pienso. Me siento tonta al hablar así del sexo, después de todas mis andanzas. Pero esto es diferente, de alguna manera. No es tan fácil ser sexual con alguien que realmente quiere estar cerca de mí en todos los aspectos. Me cierro como una almeja o, si no, sigo los movimientos mientras parte de mí se reprime. Actúo como una virgen tímida o algo así.

—Tilly —la tranquilizo—, en lo referente a la clase de intimidad que ya tienen tú y Hal, y a la que pueden tener en el futuro, eres en gran medida virgen. Todo es nuevo, y tienes muy poca experiencia en esta forma de estar con un hombre; con cualquiera, en realidad. Tienes miedo, sí.

—Bueno, así es exactamente como me siento: autoprotectora, como si fuera a perder algo muy importante —asiente.

—Sí, y lo que temes perder es tu armadura, tu protección contra las heridas verdaderas. Si bien antes te entregabas a los hombres, en realidad nunca te arriesgaste a intimar con ninguno de ellos. Nunca tuviste que ocuparte de la intimidad porque ellos tampoco podían intimar. Ahora estás con Hal, que lo que más desea es estar cerca de ti en todos los aspectos, y sientes pánico. Está bien cuando conversan y disfrutan la compañía mutua, pero con el sexo, cuando se eliminan todas las barreras posibles entre ustedes, es diferente. Con tus otras parejas, ni siquiera el sexo eliminaba las barreras. De hecho, contribuía a mantenerlas en su lugar porque tú utilizabas el sexo para evitar comunicar quién eras en realidad y cómo te sentías. Por eso, por más relaciones sexuales que tuvieras, nunca llegabais a conoceros más. Dado que una vez usaste el sexo para controlar las relaciones, creo que te cuesta mucho renunciar a ese control, siendo sexual en lugar de usar el sexo como herramienta.

»Me agrada tu frase, Tilly, acerca de que te "conozca", porque eso es lo que significa ahora compartir el sexo. Tú y Hal han compartido tanto de ustedes mismos que el sexo se ha convertido en una manera de profundizar ese conocimiento mutuo, no de evitarlo.

Los ojos de Tilly brillan con lágrimas.

—¿Por qué tiene que ser así? ¿Por qué no puedo relajarme? Sé que este hombre no va a hacerme daño deliberadamente. Al menos no lo creo… —Cuando oye su propia vacilación, cambia rápidamente de línea—. Está bien, usted me dice que sólo sé ser sexy con alguien que no me quiere, al menos no del todo, y que no sé ser sexy con alguien como Hal que es bueno y amable y piensa que soy maravillosa, porque tengo miedo de la intimidad. Entonces, ¿qué hago?

—La única salida es pasar por ello. En primer lugar, renuncia a la idea de «ser sexy» y permítete ser simplemente sexual. Ser sexy es una actuación. Ser sexual es relacionarse íntimamente a nivel físico. Tendrás que decir a Hal exactamente lo que te pase y cuando te pase: todos tus sentimientos, por irracionales que sean. Dile cuándo tienes miedo, cuándo necesitas apartarte y cuándo estás lista para reanudar la intimidad. Si lo necesitas, asume un mayor control del acto sexual y ve tan rápidamente y tan lejos como te resulte cómodo. Hal te entenderá si le pides ayuda con tus miedos. Y trata de no juzgar lo que te suceda. El amor y la confianza no son áreas en las que hayas tenido mucha experiencia hasta ahora. Está dispuesta a ir muy lentamente y construye tu voluntad de rendirte. Tú sabes, Tilly, que para ti, en todas las relaciones sexuales que tuviste antes, había muy poca entrega, pero sí mucho manejo y control de la otra persona; lo manipulabas con el sexo, y eras muy obstinada. Estabas actuando, esperando críticas entusiasmadas. Mira lo que hacías antes y lo que tratas de hacer ahora como la diferencia entre hacer el papel de gran amante y permitir que te amen. Representar un papel puede ser muy estimulante, especialmente cuando se tiene la atención del público. Permitir que te amen es mucho más difícil porque debe venir de un sitio muy privado, el sitio donde tú ya te amas. Si allí ya hay mucho amor, es más fácil aceptar que mereces el amor de otra persona. Si hay muy poco amor propio, es mucho más difícil dejar entrar el amor que proviene de fuera de ti. Has avanzado mucho con respecto al amor propio. Ahora estás en el siguiente paso: confiar lo suficiente como para permitir que este hombre te ame.

Tilly reflexiona.

—En realidad, todo aquel desenfreno mío era calculado. Ahora lo veo. En realidad no renunciaba mucho, aunque sí era una actuación estimulante. Por eso ahora tengo que dejar de tratar y empezar a ser simplemente. Es curioso cómo eso es más difícil. Ser amada... —murmura Tilly—. Sé que en eso todavía me falta mucho por recorrer. A veces miro a Hal y me pregunto cómo puede estar tan encantado conmigo. No estoy segura de tener nada maravilloso cuando no estoy en una actuación espectacular. —Los ojos de Tilly se dilatan—. Eso es lo que lo hacía tan difícil para mí, ¿verdad? No tener que actuar. No tener que hacer nada especial. No tener que tratar. He tenido miedo de amar a Hal porque estaba segura de que no sabía hacerlo. Creía que, a menos que cumpliera mi rutina seductora, lo que hiciera con él no bastaría y él se aburriría. No podía usar la actuación seductora porque éramos tan buenos amigos antes de llegar a ser amantes que era totalmente inapropiado que yo empezara de pronto a jadear y a arrojarme hacia él. Además, no era necesario. Él ya estaba muy interesado sin que yo hiciera nada de eso.

»Es como el resto de lo que tenemos juntos. Todo es mucho más fácil de lo que pensé que podría ser el amor. ¡Sólo basta con ser yo misma! —Tilly se detiene, y luego me mira con timidez—. ¿Ve este tipo de cosas a menudo? —pregunta.

—No con tanta frecuencia como quisiera —respondo—. Lo que estás enfrentando ahora es sólo una cuestión para una mujer que realmente se ha recuperado de amar demasiado... y la mayoría de las mujeres no se recuperan. Consumen su tiempo, sus energías, su vida, usando su sexualidad como herramienta, tratando de convertir a alguien que no es capaz de amarlas en alguien que lo sea. Nunca da resultado, pero es algo inofensivo, porque mientras estén envueltas en la lucha nunca tienen que ocuparse de la verdadera intimidad, de que otro ser humano llegue a conocerlas en el sentido más profundo. Entonces, mientras su soledad las impulsa hacia las relaciones, su miedo las hace elegir a personas con quienes nunca dará resultado.

Tilly pregunta.

—¿Acaso Hal hizo eso conmigo? ¿Eligió alguien con quien no podría intimar?

—Puede ser —respondo.

—Entonces ahora estoy en el otro extremo de esto, soy la que se resiste a la intimidad. Es todo un cambio.

—Sucede muchas veces. Todos tenemos la capacidad de jugar ambos papeles, ¿sabes? El perseguidor, que es lo que tú solías ser, o el distanciador, que es lo que eran tus parejas. Ahora, en cierta medida, tú eres la distanciadora, la que huye de la intimidad, y Hal el perseguidor. Si tú dejaras de huir, sería interesante ver qué sucedería. Verás, lo que tenderá a seguir igual es la brecha entre tú y otra persona. Podrán cambiar de papel, pero la brecha seguirá constante.

—Entonces, no importa quién persiga y quién huya, ninguno tiene por qué enfrentarse a la intimidad —observa Tilly. Luego, con suavidad y cautela, agrega—: No es el sexo, ¿verdad? Es la intimidad lo que asusta. Pero realmente creo que quiero estarme quieta y dejar que Hal me alcance. Me asusta y me parece terriblemente amenazador, pero quiero cerrar la brecha.

Tilly habla de estar dispuesta a entrar a un nivel de existencia con otra persona que muy poca gente logra. La necesidad de evitarlo subyace a todas las luchas en que se involucran las mujeres que aman demasiado y los hombres que aman demasiado poco. Las posiciones de perseguidor y distanciador son reversibles, pero para que dos personas las eliminen por completo hace falta mucho coraje. Yo les doy el único consejo que puedo ofrecerles para guiarlos en su viaje.

—Bien, te sugiero que hables de esto con Hal. Y no dejen de hablar cuando estén en la cama. Hazle saber lo que te pasa. Ésa es una forma muy importante de la intimidad. Sé muy, muy honesta, y el resto se solucionará solo.

Tilly parecía inmensamente aliviada.

—Me ayuda muchísimo entender lo que ha estado pasando. Sé que usted tiene razón, que todo esto es nuevo para mí y que todavía no sé hacerlo. Tampoco me ha ayudado pensar que debería hacer las locuras que hacía antes. De hecho, me ha causado más problemas. Pero ya confío en Hal con todo el corazón y los sentimientos. Ahora necesito confiar en él con el cuerpo. —Sonríe, sacudiendo la cabeza—. Nada de esto es fácil, ¿verdad? Pero es exactamente lo que debe suceder. Le avisaré cómo van las cosas... y gracias.

—Ha sido un placer, Tilly —respondo de corazón y nos damos un abrazo de despedida.

Para ver cuánto ha avanzado Tilly en su recuperación, podemos comparar sus creencias sobre sí misma y su estilo de comportarse en una relación íntima con las características de una mujer que se ha recuperado de amar demasiado. No olvide que la recuperación es un proceso de por vida y una meta que luchamos por alcanzar, no que logramos de una vez por todas.

Éstas son las características de una mujer que se ha recuperado de amar demasiado.

1. Se acepta por completo, aun cuando desea cambiar partes de sí misma. Hay un amor propio y una autoconsideración básicos, que ella alimenta con cuidado y expande con decisión.
2. Acepta a los demás tal como son, sin tratar de cambiarlos para satisfacer sus propias necesidades.
3. Está en contacto con sus sentimientos y actitudes en todos los aspectos de su vida, inclusive la sexualidad.
4. Atesora cada aspecto de sí misma: su personalidad, su apariencia, sus creencias y principios, su cuerpo, sus intereses y logros. Se autoaprueba, en lugar de buscar una relación que le otorgue una sensación de valor propio.
5. Su autoestima es lo suficientemente grande para que pueda disfrutar la compañía de los demás, especial-

mente de los hombres, que le parecen bien tal como son. No necesita que la necesiten para sentirse digna.
6. Se permite ser abierta y confiada con la gente apropiada. No teme que la conozcan en un nivel personal profundo, pero tampoco se expone a la explotación de quienes no se interesan por su bienestar.
7. Se pregunta: «¿Esta relación es buena para mí? ¿Me permite llegar a ser todo lo que soy capaz de ser?».
8. Cuando una relación es destructiva, es capaz de renunciar a ella sin experimentar una depresión incapacitante. Tiene un círculo de amigos que la apoyan e intereses sanos que la ayudan a superar la crisis.
9. Valora su propia serenidad por sobre todas las cosas. Todas las luchas, el drama y el caos del pasado han perdido su atracción. Se protege a sí misma, su salud y su bienestar.
10. Sabe que una relación, para que funcione, debe darse entre dos personas que compartan objetivos, intereses y valores similares, y que tengan capacidad para la intimidad. Sabe también que ella es digna de lo mejor que le pueda ofrecer la vida.

Hay varias fases en la recuperación de amar demasiado. La primera fase comienza cuando comprendemos lo que estamos haciendo y deseamos poder detenernos. Luego sigue nuestra voluntad de obtener ayuda para nosotras mismas, seguida de nuestro intento inicial de buscar ayuda. Después de eso, entramos en la fase de la recuperación que requiere el compromiso con nuestra curación y la voluntad de continuar con nuestro programa de recuperación. Durante este período empezamos a cambiar nuestra forma de actuar, de pensar y de sentir. Lo que una vez nos pareció normal y familiar comienza a parecernos incómodo e insalubre. Entramos a la fase siguiente de la recuperación cuando empezamos a tomar decisiones que ya no siguen nuestros viejos patrones, sino que realzan nuestra vida y promueven nuestro bienestar. En todas las etapas de la recuperación, el amor propio crece lenta pero firmemente. Primero dejamos de odiarnos; luego nos volvemos más tolerantes con nosotras mismas. Más tarde hay una incipiente apreciación de nuestras cualidades, y luego se desarrolla la autoaceptación. Finalmente, evoluciona el genuino amor propio.

A menos que tengamos autoaceptación y amor propio, no podemos tolerar que nos «conozcan», como lo expresara tan bien Tilly, porque sin esos sentimientos no podemos creer que somos dignas de ser amadas tal como somos. En cambio, tratamos de ganar amor dándolo a otra persona, siendo maternales y pacientes, sufriendo y sacrificándonos, proporcionando una vida sexual excitante o cocinando de maravillas, o lo que sea.

Una vez que la autoaceptación y el amor propio empiezan a desarrollarse y arraigarse, entonces estamos listas para practicar conscientemente el solo hecho de ser nosotras mismas sin tratar de complacer, sin actuar de maneras calculadas para ganar la aprobación y el amor de otros. Pero el hecho de eliminar la actuación, si bien es un alivio, también puede asustarnos. Cuando nos mostramos como somos en lugar de actuar, nos invade una sensación de torpeza y de gran vulnerabilidad. Al luchar para creer que somos dignas, tal como somos, del amor de alguien que es importante para nosotras, siempre estará allí la tentación de actuar aunque sea un poquito para él, y sin embargo, si el proceso de recuperación ha progresado, también habrá una renuencia a recaer en las viejas conductas y manipulaciones. Ésta es la encrucijada que ahora enfrenta Tilly: ya no puede utilizar su viejo estilo de relacionarse sexualmente pero la asusta avanzar hacia una modalidad más genuina, menos controlada (habiendo sido su desenfreno anterior una actuación bien controlada) de experiencia sexual. Al principio, el hecho de dejar de actuar nos hace sentir heladas. Cuando ya no estamos dispuestas a hacer las maniobras calculadas para producir un efecto determinado, hay un período de tiempo durante el cual sufrimos por no saber qué hacer hasta que nuestros impulsos genuinos de amar tengan oportunidad de hacerse oír y sentir para afirmarse.

Renunciar a las viejas estratagemas no significa que nunca nos acerquemos, nunca amemos, nunca atendamos, nunca ayudemos, nunca tranquilicemos ni estimulemos ni seduzcamos a nuestra pareja. Pero con la recuperación, nos relacionamos con otra persona como expresión de nuestra propia esencia, no porque tratemos de obtener una respuesta determinada o de crear un efecto o de producir una modificación en él. En cambio, lo que tenemos para ofrecer es lo que somos de verdad cuando no nos escondemos ni calculamos, cuando estamos sin disfraz y sin maquillaje.

Primero debemos vencer nuestro miedo a ser rechazadas si permitimos que alguien nos vea de verdad, nos conozca de verdad. Luego debemos aprender a no sentir pánico cuando todas nuestras fronteras emocionales ya no estén en su lugar, rodeándonos y protegiéndonos. En el área sexual, esta nueva calidad de relación requiere no sólo que estemos desnudas y vulnerables físicamente, sino también emocional y espiritualmente desnudas y vulnerables.

No es extraño que este grado de conexión entre dos individuos sea tan poco frecuente. Nuestro terror es que sin esas fronteras nos disolveremos.

¿Qué hace que el riesgo valga la pena? Sólo cuando nos revelamos de verdad podemos ser amadas de verdad. Cuando nos relacionamos tal como somos, a partir de nuestra esencia, entonces si nos aman, aman nuestra esencia. Nada es más valorable en un nivel personal y más liberador en una relación. Sin embargo, cabe destacar que esta clase de comportamiento de nuestra parte sólo es posible en un clima libre de miedo, de modo que no sólo debemos vencer nuestros propios miedos a ser genuinas sino también evitar a las personas cuyas actitudes y conductas para con nosotras nos produzcan miedo. Por dispuesta que se vuelva usted con la recuperación a ser genuina, siempre habrá personas cuya ira, hostilidad y agresión inhibirán su voluntad de ser honesta. Ser vulnerable con ellos es ser masoquista. Por lo tanto, sólo debemos bajar nuestras defensas y, a la larga, eliminarlas, con personas —amigos, familiares o amantes— con quienes tengamos una relación llena de confianza, amor, respeto y reverencia por nuestra humanidad tierna y compartida.

Lo que sucede a menudo con la recuperación es que, a medida que cambian nuestros patrones de relación, también cambian nuestros círculos de amistades y nuestras relaciones íntimas. Cambiamos en la forma de relacionarnos con nuestros padres y nuestros hijos. Con nuestros padres nos volvemos menos necesitadas y menos iracundas, y a menudo también menos congraciadoras. Nos volvemos mucho más honestas, a menudo más tolerantes, y a veces llegamos a tener un afecto más genuino. Con nuestros hijos nos volvemos menos controladoras, menos preocupadas y menos culpables. Nos relajamos y los disfrutamos más porque somos capaces de relajarnos y disfrutarnos más a nosotras mismas. Sentimos más libertad para buscar la satisfacción de nuestras necesidades e intereses, y eso los deja a ellos en libertad de hacer lo mismo.

Las amigas con quienes una vez pudimos compadecernos sin cesar ahora pueden parecernos obsesivas e indeseables y, si bien podemos ofrecernos a compartir lo que nos ha ayudado, no nos permitiremos cargar el peso de sus problemas. La desdicha mutua como criterio para la amistad es reemplazada por intereses mutuos más gratificantes.

En resumen, la recuperación le cambiará la vida en más formas de las que yo pueda predecir en estas páginas, y a veces eso le resultará incómodo. No deje que eso la detenga. El miedo a cambiar, a renunciar a lo que siempre hemos conocido, hecho y sido, es lo que previene nuestra metamorfosis hacia un yo más sano, más elevado y de un amor más genuino.

No es el dolor lo que nos retiene. Ya estamos soportando niveles alarmantes de dolor sin perspectivas de alivio a menos que cambiemos. Lo que nos retiene es el miedo, el miedo a lo desconocido. La mejor manera que conozco de enfrentar y combatir el miedo es unir fuerzas con otras mujeres que estén en el mismo viaje. Busque un grupo de apoyo formado por esas otras que ya estuvieron donde está usted y que se dirigen o ya han llegado al destino que usted intenta alcanzar. Únase a ellas en el camino hacia una nueva forma de vivir.

## Apéndice 1

# Cómo iniciar su propio grupo de apoyo

Primero, averigüe cuáles son los recursos disponibles en el área donde usted vive. A menudo las comunidades tienen una guía de todas las agencias de servicios y fuentes de ayuda. Aun en caso de que no hubiera una publicación así, la línea de emergencia de su comunidad quizá le proporcione los nombres de diversos grupos de autoayuda o asesoramiento que puedan ser adecuados para usted. Además, la mayoría de las guías telefónicas ahora incluyen una lista de «servicios comunitarios», de modo que también puede verificar eso.

Sin embargo, no dé por sentado que una sola llamada a un grupo o a un profesional le proporcionará toda la información que necesita. Para cualquier profesional en una gran comunidad es difícil mantenerse al tanto de todos los recursos que ofrece el área, y lamentablemente muchos profesionales carecen d suficiente información sobre lo que hay en la actualidad.

Trabaje también en su casa. Haga todas las llamadas que necesite, anónimamente si lo desea. Vea si el grupo que usted necesita ya existe. No tiene sentido volver a inventar la rueda o entrar en competencia con un grupo que ya está funcionando y que podría necesitar su participación. Si usted es candidata para Gordos Anónimos, grupos de familiares de alcohólicos, los servicios de refugio para mujeres maltratadas, esté dispuesta a tomarse cierto tiempo y algunas molestias, tal vez viajar cierta distancia para asistir a las reuniones que ofrecen. Valdrá la pena.

Si, después de una asidua búsqueda, tiene absoluta certeza de que el grupo que necesita no existe, inicie uno usted misma.

Quizá la mejor manera de empezar sea publicar un aviso en la sección de Personales de su periódico local. Podría decir algo así:

> MUJERES: ¿Enamorarse les ha traído sufrimiento emocional tarde o temprano? Hay un grupo de autoayuda en formación para mujeres cuyas relaciones con los hombres han sido, hasta ahora, destructivas. Si desea vencer este problema, llame a (su nombre de pila y su número telefónico) para información y el lugar de reunión.

Publicando este aviso algunas veces podrá reunir un grupo. Lo ideal sería que el grupo tuviera entre siete y doce miembros, pero de ser necesario empiece con menos.

Recuerde que en esa primera reunión las mujeres que se presenten estarán allí porque esto es un problema serio para ellas y buscan ayuda. No pase demasiado tiempo de reunión hablando de la organización de futuras reuniones, si bien eso es importante. La mejor manera de empezar es compartiendo sus historias, porque el hecho de hacerlo forjará un vínculo inmediato y una sensación de pertenecer a ese grupo. Las mujeres que aman demasiado son mucho más parecidas que diferentes, y eso lo sentirán todas ustedes. Por eso, compartir sus historias debe ser su primera prioridad.

Pruebe este programa para su primera reunión, que no debe durar más de una hora.

1. Empiece puntualmente. Eso indicará a todas que en las reuniones futuras deben ser puntuales.

2. Preséntese como la persona que publicó el aviso y explique que quisiera que el grupo llegara a ser una fuente continua de apoyo para usted y para todas las presentes.
3. Enfatice que todo lo que se diga durante la reunión no deberá salir de allí, que nunca, jamás, se debe hablar fuera de las reuniones de las asistentes ni de lo que se dice allí. Sugiera que las presentes utilicen sólo sus nombres de pila para presentarse.
4. Explique que quizá sería útil para todas oír las razones de cada una para asistir al grupo y que cada persona podría hablar hasta cinco minutos sobre lo que la decidió a ir. Enfatice que nadie tiene la obligación de hablar todo ese tiempo, pero que si lo desea dispone de él. Ofrézcase como voluntaria para empezar dando su nombre de pila y contando brevemente su historia.
5. Cuando todas las que lo deseen hayan compartido sus historias, vuelva a alguna que no haya querido hablar en su turno y pregúntele, sin forzarla, si quisiera hacerlo ahora. No presione a nadie para hablar. Deje bien en claro que todas son bienvenidas, estén listas o no para hablar de su situación.
6. Ahora hable de algunas de las pautas que usted querría que siguiera el grupo. Yo recomiendo las siguientes, que deberán copiarse y ser entregadas a cada participante:

- No dar consejos. Todas podrán, si así lo desean, compartir sus experiencias y lo que las ha ayudado a sentirse mejor, pero nadie deberá aconsejar a otra sobre lo que debe hacer. Si alguien da un consejo, se deberá señalarlo con suavidad.
- La presidencia dentro del grupo debe ser rotativa y semanal; cada reunión debe ser presidida por un miembro distinto. La responsabilidad del que dirige es empezar la reunión puntualmente, elegir un tema de discusión, reservar unos minutos al final para cual-

quier cuestión organizativa y elegir otro que presida para la siguiente semana antes de cerrar la reunión.

- Las reuniones deben tener una duración específica. Yo recomiendo una hora. Nadie solucionará sus problemas en una sola reunión y es importante no intentarlo. Las reuniones deben empezar y terminar con puntualidad. (Es mejor que sean demasiado cortas y no demasiado largas. Los miembros pueden decidir, más adelante, prolongar las reuniones si lo desean.)
- De ser posible, el lugar de reunión deberá ser un sitio neutral y no la casa de alguien. Las casas presentan muchas distracciones: hijos, llamadas telefónicas y falta de privacidad para los miembros del grupo, especialmente para la anfitriona. Más aún, se debe evitar el papel de anfitriona. No será una reunión social entre amigas; estarán trabajando juntas como iguales para recuperarse de sus problemas comunes. Muchos bancos e iglesias proporcionan habitaciones sin cargo para reuniones grupales por las noches.
- No deberán comer, fumar ni ingerir ningún tipo de bebidas en el transcurso de la reunión: eso apartará la atención del tema que se esté tratando. Se lo puede hacer antes y después de la reunión, si el grupo decide que es importante. Nunca debe haber alcohol. Distorsiona los sentimientos y las reacciones de las personas y constituye un estorbo para el trabajo.
- Eviten hablar sobre «él». Esto es muy importante. Las mujeres del grupo deben aprender a concentrarse en sí mismas y en sus propios pensamientos, sentimientos y conductas, y no en el hombre que es su obsesión. Al principio es inevitable que se hable un poco de ellos, pero cada una, al compartir sus experiencias, deberá esforzarse por reducirlo al mínimo posible.
- No se debe criticar a nadie por lo que hace o no hace, ya sea cuando esté presente o ausente en el grupo. Si bien los miembros pueden pedir conocer las impresiones de los demás, estas nunca se deben proporcio-

nar sin que las hayan solicitado. Al igual que para los consejos, en un grupo de apoyo no hay sitio para las críticas.

- Aténgase al tema que se esté tratando. Casi cualquier tema que un líder desee tratar estará bien, excepto lo que tenga que ver con la religión, la política o temas externos como acontecimientos de actualidad, celebridades, programas de tratamiento o modalidades terapéuticas. En un grupo de apoyo no hay sitio para el debate ni las ironías. Y recuerden que no están reunidas para quejarse de los hombres. Les interesa su propio crecimiento y curación, al compartir la forma en que están desarrollando nuevas herramientas para enfrentar viejos problemas. A continuación hay algunos temas sugeridos:

Por qué necesito este grupo
Sentimiento de culpa y resentimiento
Mis peores miedos
Lo que más me gusta y lo que menos me gusta de mí
Cómo me ocupo de mí misma y cómo satisfago mis necesidades
La soledad
Qué hago respecto de la depresión
Mis actitudes sexuales: cuáles son y de dónde provienen
La ira: cómo manejo la mía y la de los demás
Cómo me relaciono con los hombres
Qué creo que piensa la gente de mí
Examino mis motivos
Mis responsabilidades conmigo misma; mis responsabilidades con los demás
Mi espiritualidad (esto no es una discusión sobre creencias religiosas sino sobre la forma en que cada integrante del grupo experimenta o no su propia dimensión espiritual)
Dejar de culpar, incluso a mí misma
Patrones de mi vida

Se recomienda que las integrantes del grupo lean Las Mujeres que Aman Demasiado, pero esto no es un requisito sino sólo una sugerencia.

El grupo puede decidir agregar unos quince minutos al tiempo de reunión una vez por mes para tratar asuntos organizativos o cambios de formato, la eficacia de las pautas o cualquier otro problema.

Ahora volvamos al formato sugerido para la primera reunión:

7. Discutan la lista de pautas en grupo.
8. Pregunte si alguien estaría dispuesta a presidir el grupo la semana siguiente.
9. Confirmen el lugar de reunión del grupo para la semana siguiente y lleguen a un acuerdo en el tema de los refrigerios antes o después de las reuniones.
10. Discutan la posibilidad de invitar a más mujeres, de publicar el aviso una semana más o de que las presentes inviten a otras mujeres.
11. Cierren la reunión ubicándose todas de pie formando un círculo, tomadas de las manos y con los ojos cerrados por unos instantes.

Una última palabra acerca de estas pautas. Los principios de confidencialidad, rotación del liderazgo, ausencia de críticas, no dar consejos, no discutir temas polémicos o externos, no debatir, etc., son muy importantes para la armonía y la cohesión del grupo. No violen esos principios con el fin de complacer a una integrante del grupo. Siempre hay que considerar primero lo que es mejor para el grupo en general.

Con todo esto en mente, usted tiene las herramientas básicas para iniciar un grupo de mujeres que amen demasiado. No subestime el gran valor curativo que estas sencillas reuniones de una hora para compartir experiencias personales llegarán a tener en la vida de todas ustedes. Juntas, estarán ofreciéndose la oportunidad de recuperarse. ¡Buena suerte!

# APÉNDICE 2

## Afirmaciones

Comenzaré con una afirmación que enfoca lo más importante y, a la vez, lo más difícil de hacer, para algunas mujeres que aman demasiado. Dos veces por día, durante tres minutos, cada vez, mírese a los ojos en un espejo y diga en voz alta: «(Su nombre), te quiero y te acepto tal como eres».

Ésta también es una excelente afirmación para repetirse en voz alta cuando usted está sola en su automóvil, o en silencio cada vez que se sienta autocrítica. No se pueden mantener dos pensamientos al mismo tiempo, de modo que reemplace sus declaraciones negativas sobre usted, tales como «¿Cómo pude ser tan tonta?» o «Nunca podré hacer esto bien», por afirmaciones positivas. Si se las repite con asiduidad, las afirmaciones positivas realmente tienen el poder de eliminar pensamientos y sentimientos destructivos, aun cuando la negatividad se haya prolongado durante años.

Otras afirmaciones que son cortas y fáciles de recordar, y que se pueden utilizar en el tiempo que usted pase conduciendo su automóvil, haciendo gimnasia, esperando, o simplemente descansando, son las siguientes:

*Estoy libre de dolor, ira y miedo.*
*Disfruto una paz y un bienestar perfectos.*
*En todos los aspectos de mi vida me dirijo a mi*
*mayor felicidad y realización.*
*Todos los problemas y luchas se desvanecen:*
*estoy serena.*

Ahora se manifiesta la solución perfecta para todos los problemas.

*Soy libre y estoy llena de luz.*

Si usted cree en Dios o en su poder superior, haga que esa creencia sea parte importante de sus afirmaciones:

*Dios me ama.*
*Dios me bendice.*
*Dios se ocupa de mi vida.*

La oración de la serenidad es una de las mejores afirmaciones posibles cuando se la dice así:

*Dios, dame serenidad*
*para aceptar las cosas que no puedo cambiar,*
*coraje para cambiar las cosas que puedo,*
*y sabiduría para conocer la diferencia.*

(Recuerde que usted no puede cambiar a los demás, pero sí puede cambiarse a sí misma.)

Si usted no cree en Dios, quizá se sienta más cómoda con una afirmación como las siguientes:

*Todo es posible con amor.*
*El amor funciona en mí para curarme*
*y fortalecerme.*
*Para calmarme y guiarme en paz.*

Es importante que usted también invente sus propias afirmaciones. Las que le parezcan exactamente correctas darán mejores resultados para usted. Entonces, practique estas hasta que esté lista para diseñar sus propias afirmaciones ciento por ciento positivas, incondicionales, completamente aprobatorias, hechas a medida para usted y por usted. No cree afirmaciones como «Todo anda perfectamente bien entre Tom y yo y nos casaremos». El «y nos casaremos» puede no ser la solución perfecta para lo que ocurra entre usted y Tom. Déjelo en «Todo anda perfectamente bien», y agregue quizá «para mi bien». No exija resultados específicos. Simplemente afírmese, afirme su vida, su valor propio y su maravilloso futuro. Al hacer afirmaciones, usted programa su inconsciente para que esté dispuesto a renunciar a los viejos patrones y a aceptar nuevas formas de vida, más sanas, regocijantes y prósperas. En realidad, esta no es una afirmación tan mala:

*Libero todo el dolor del pasado y doy la bienvenida a la salud, la alegría y el éxito que me corresponden.*

¿Ve cómo se hace? Muy bien, aquí hay un poco de lugar para sus propias creaciones.

# Índice